物語構造分析の理論と技法

CM・アニメ・コミック分析を例として

高田明典 著

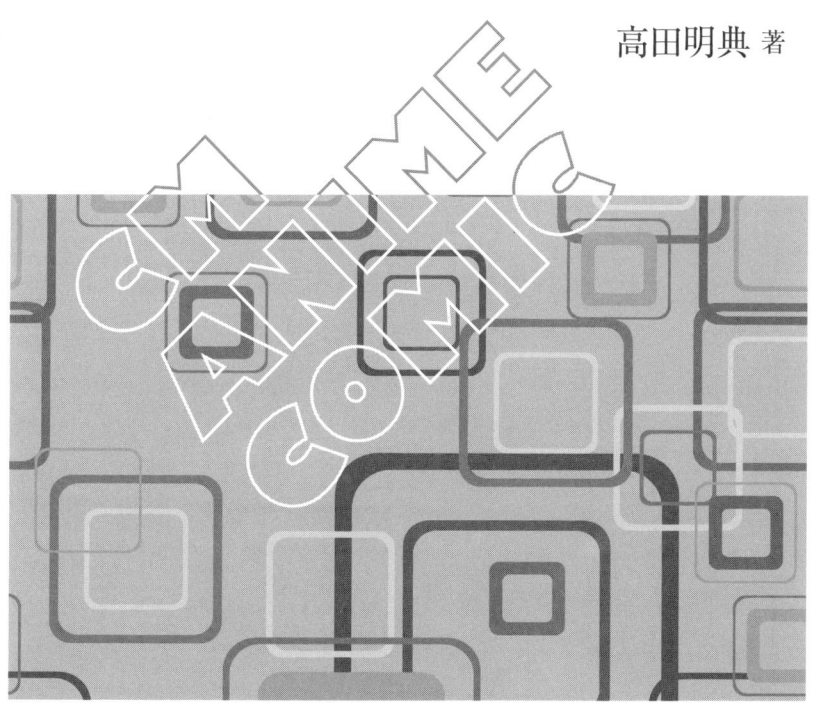

大学教育出版

はじめに
― 「現代の神話」としての映像作品 ―

　映像作品や映像表現は私たちの生活に深く入り込んでいる。「本を読まない日はあっても、テレビを見ない日はない」という人は多い。また、私たちはとても小さい頃から日常的にテレビを見てきた。

　人間は、親や教師、親戚や友人、書物や映画によって、多くの影響を受けている。多くの大人の価値観は、それらの集成として形成されている場合が多い。そして「テレビから多くの影響を受けた」という事例も、少なくはない。

　また、親たちは「良質の作品」を子どもに見せ、それによって「良き価値観」が子どもの内部に形成されることを期待する。そのこと自体は決して悪いことではない。親や教師が、子どもに良質の本を読ませようとすることに等しい行為である。しかしながら問題は「果たして、親が考えているような見方を、子どもの側がしているか」ということである。ことによると大人の視点と子どもの視点は異なっているかも知れない。というよりむしろ、大人の視点と子どもの視点は異なっていると考えたほうがよい。

　物語に類するもののうち、長い年月に渡り語り継がれるとともに、精緻化されたものが神話となる。それは、多くの時代の価値観の洗礼を受け、ある時は変容し、加筆修正削除されつつも「その本質を失わないままに現代にまで残ったもの」のことを言う。単純に断じるならば、神話は「最高の物語」「物語のなかの物語」である。

　多くの物語研究者は、決して物語自体を研究したいわけではなく、「物語を通して、私たちの社会の成り立ちや、人間精神の仕組みを知りたい」と考えている。したがって、最高の物語である神話を研究対象とするのは、きわめて自然なことである。その意味で物語分析・物語研究は、神話分析・神話研究の下位に位置する一分野なのであり、決して神話研究が物語研究の一分野なのではない。繰り返すが、この分野の研究者は物語や神話自体のことを知りたいわけではなく、「その神話物語を語り継いできた社会や人間のことを知りたい」も

しくは「知るべきだ」と考えている。

　ただし、神話をめぐる状況はこの数十年間で劇的に変化してしまった。神話は語られなくなり、神話の代替物としてテレビ番組や映画や小説が主要な文化現象となった。たとえば現代の日本において「国生みの神話」を知っている小中学生がどの程度存在しているであろう。「国生みの神話」だけではなく、あらゆる神話が語られなくなった。この状況は、日本においてのみの現象ではない。しかしそれは、現代が神話を必要としなくなったということを示しているわけではない。神話の形態が変容したと考えるべきである。現代では、テレビアニメや映画やコミックが、神話の役割を担っている。そして、それらの映像作品の中には、かつて神話の中で語られた構造が入りこんでいる。それらは神話の現代的な進化形態である。現代において「多くの視聴者を魅了する映像作品・文学作品」こそが現代の神話なのであり、神話学の研究者であっても、それらを研究対象とするべきであるとさえ言える。それは神話研究・物語研究の本来の目的に鑑みれば、あまりにも当たり前のことであると思われる。

　文化の背景となっている人間精神を直接に把握することはきわめて難しい。個別の人間をくまなく精査したとしても、そこに存在するのは個人の精神のみであり、社会の精神・文化圏の精神に至ることのできる可能性はそう多くない。しかしながら、その社会や文化圏において広範に受け入れられている表現や、語り継がれてきた表現を研究対象とすることによって、それは一部可能になると考える。現代神話学の基本的立場が、そこに存在する。単純に言うならば、「長らく語り継がれてきたこと」「多くの人間が感銘をうけるということ」自体に、何らかの理由が存在すると考えるわけである。そしてその理由を、その文化圏や社会が持っている精神構造と、神話や物語に内在している構造との間に存在する相同性であると考える。もちろん、この基本的枠組み自体が根本的に誤まっている可能性の存在は否定しえない。しかしながら、経験則という比較的弱い傍証によれば、そのような相同性は、多くの作品を分析する過程において、比較的容易に確認することができる。

　次なる問題は、現代における神話分析としての物語構造分析の目指すものが何かということである。相同性を一部抽出可能であったとして、果たしてそれ

が何になるのかという問いに答えなくてはならない。これに関しては主体問題／主体の形而上学、もしくは、主体の復権という概念を用いて説明することになろう。主体問題とは、私たちの思考や価値観の主人は、果たして私たち個人であるのかという少々面倒な問題のことである。これも簡単に断じるならば、果たして私たちは自らの魂のみによって判断し行動できているかということとなる。もちろん、私たちの日々の行動は、さまざまな外界からの刺激入力によって変容され影響を受けている。文化とは、ある程度の（もしくは「かなりの程度の」）慣性力を有している。前時代の文化はたとえそれが次の時代に否定されたとしても、否定するための精神的闘争を通してかなりの部分まで次の時代の価値に影響を与える。ましてや、何ら吟味も検討もされないまま、単なる慣性のままに、それが次の時代の価値となる場合さえも想定しうる。文化は、「神話（ここで使用している『神話』とは、コミックや映画などを含めた広い概念である）」によって維持され、次の時代に渡される。しかしながらそれを吟味することが私たちに与えられる機会はそう多くない。神話研究は、前の時代から次の時代に、どのような価値が渡されつつあるのかを明らかにする試みである。そのような研究が存在して初めて、私たちはそれを拒絶することも容認することもできるようになる。これは、単に語り継がれたものであるということによって発生する価値に疑義を差し挟み、それを詳細に吟味検討することによって、歴史や文化を主体のもとに取り戻すための一つのステップであると考える。そのような営みによってのみ、主体は私たちのもとに取り戻される。人は文化や歴史の流れに単に流される存在なのではなく、自らが歴史を選択し、文化を創造していく役割を担うべきであるという基本的認識が、その底流には存在している。

　本書では、これまで多数の文献中に散在していた物語構造分析の理論と方法について、可能な限り包括的に取り扱うことを目指している。周知のとおり、物語構造分析の手法的背景は、解釈学・神話学・民俗学・文化人類学にその端を発したものであるが、その後、言語学・心理学・映像制作論などの分野においても吟味・検討されてきた。それらの文献は、思想書の範疇にくくられるものがほとんどであり、いわゆる「マニュアル本」としての物語構造分析の手法

が説明されているものを発見することは難しい。本書は、理論的な背景を踏まえつつ、その手法としての適用を前面に置いている。また、本書においては、物語構造分析手法が主として適用されるフィールドは、現代の物語としての映像作品（テレビ番組・コマーシャルフィルム）であるべきだと考え、当該分野における従来の方法の適用可能性を模索しつつ、必要があればその改良案を提案している。本書で提案している手法をそのまま援用することも可能であるし、また、不適切な箇所があれば、各人で改良しつつ使用することも可能である。そのためには、単に「手法の（紋切り型的な）提示」ではなく、基礎理論から手法への筋道が明確にされている必要があると考えた。特に、映像作品に物語構造分析を施そうとする場合には、その分析の目的に合致する手法が使用されるべきであり、そのような手法は教条主義的なものとして使用されるべきものではないということに多大な注意が必要である。

2010 年 2 月

高田　明典

物語構造分析の理論と技法
―CM・アニメ・コミック分析を例として―

目　次

はじめに ―「現代の神話」としての映像作品 ― ……………… i

第Ⅰ部　物語構造分析の基礎理論 …………………………… 1

はじめに ……………………………………………………………… 2

第1章　言語論的転回と主体問題 ……………………………… 3
　　1．世界は言葉によって紡がれている　3
　　2．私たちの思考の「主体」はどこに存在しているか　5
　　3．映像作品分析の目的　9

第2章　解釈学概観 ……………………………………………… 12
　　1．解釈学の歴史的発展過程 ― ガダマー以前 ―　12
　　2．ガダマー解釈学 ― 解釈という行為 ―　15
　　3．リクール解釈学の視座　18
　　4．受容美学　23
　　5．図像解釈学の発生　26
　　6．パノフスキーの図像解釈学　28
　　7．現代解釈学のコミュニケーション的転回　30

第3章　神話学概観 ……………………………………………… 35
　　1．概要　35
　　2．レヴィ＝ストロースの神話分析　37
　　3．エリアーデ神話学　45
　　4．キャンベル神話学　50

第 4 章　物語論概観 …………………………………………… 54

1．概要 ― 物語とは何か ―　*54*
2．プロップの機能分析　*56*
3．バルトの物語構造分析　*62*
4．グレマスの行為項分析　*65*
5．スーリオの関係分析　*79*
6．ジュネットの「物語行為」　*85*
7．ブレモンのシーケンス分析　*88*
8．トドロフ・前田のシーケンス分析　*90*

第 5 章　隠喩理論 ………………………………………………… 92

1．隠喩理論概観　*92*
2．バルトの隠喩論　*94*
3．リクールの隠喩論　*99*
4．レイコフの現代隠喩理論　*102*

第 6 章　映画映像論 ……………………………………………*105*

1．映画論・映像論概観　*105*
2．映像作品における「比喩」　*108*
3．視覚的隠喩　*111*
4．バルトの「第三の意味」　*116*

第 7 章　心理学的基礎概念 ……………………………………*121*

1．ユングの元型理論　*121*
2．ビルクホイザー ― オエリによる分析例 ―　*136*
3．ベッテルハイムの「物語の機能」　*138*

第Ⅱ部　構造分析手順 …………………………………………………143
はじめに ……………………………………………………………… 144

第8章　典型ストーリーの抽出 ………………………………………150
1．概要　*150*
2．毎回繰り返されるパターンの「典型ストーリー」の抽出　*151*
3．視聴による典型ストーリーの抽出　*153*
4．シーケンス分析による典型ストーリーの抽出　*154*

第9章　シーケンス分析 ………………………………………………155
1．概要　*155*
2．シーケンス分析の手順　*156*

第10章　行為項分析 …………………………………………………164
1．概要　*164*
2．シノプシスの作成　*164*
3．話素の抽出　*165*
4．機能の同定　*170*
5．行為項の機能の同定　*171*
6．対象の同定　*173*
7．主題と主人公の同定　*175*
8．関係の抽出　*180*
9．登場キャラの位置付け　*184*
10．暗喩の同定　*185*

第11章　シーン分析 …………………………………………… 188
　　1．概要　*188*
　　2．シーン分析の手順　*190*
　　3．シーン分析の具体例（Nissan・Fairlady Z）　*198*

第12章　元型分析 ……………………………………………… *206*
　　1．概要　*206*
　　2．元型の抽出　*209*
　　3．元型同士の関係の同定　*215*

第13章　深層構造の抽出 ……………………………………… *216*
　　1．概要　*216*
　　2．対立軸の抽出　*217*
　　3．記号論四辺形もしくは記号論六面体の構築　*220*

第14章　訴求構造の同定 ……………………………………… *222*
　　1．概要　*222*
　　2．訴求構造同定の手順の概略　*223*
　　3．鑑賞者が自己移入する物語構造の同定　*227*
　　4．鑑賞者が感情移入する登場人物の認知的スクリプトの同定　*229*

第Ⅲ部　応　用 ………………………………………………… *233*

はじめに ……………………………………………………………… *234*

第15章　CMの構造分析 ……………………………………… *235*
　　1．はじめに　*235*
　　2．ナイキ・リマッチ　*236*

3．大塚製薬・オロナイン軟膏　*239*
　　　4．シャネル N°5　*246*

第16章　子ども向けテレビ番組の構造分析……………………*253*
　　　1．はじめに　*253*
　　　2．デジモンアドベンチャー　*254*
　　　3．名探偵コナン　*265*
　　　4．おじゃる丸　*269*

第17章　コミックの構造分析　………………………………*273*
　　　1．はじめに　*273*
　　　2．『DEATH NOTE』　*273*
　　　3．『デビルマン』　*281*

　文　献……………………………………………………*299*

第Ⅰ部　物語構造分析の基礎理論

はじめに

　第Ⅰ部では、第Ⅱ部「分析手法」において使用されるさまざまな手法の基礎となる理論の概略を示した。分析手法の基礎理論は、実際の分析とあわせて理解することが必要であると思われるが、分析手法はあくまでも技術であるので、その手順を解説する部分に理論的な背景の説明が存在するのは煩雑であると考え、ここに理論の概要をまとめることとした。

　手法を、その目的や基礎的な理論を省みずに適用した場合には、本来想定されていないことまでもが抽出されてしまう可能性が存在する。基礎理論の理解は、その意味できわめて重要である。手法は、それのみで単独で存在しているものではなく、何らかの分析の目的を有している。したがって、その目的を越えて当該手法を使用することのないよう、細心の注意を払わなくてはならない。しかしながら一方で、手法が一人歩きし、それが良い結果を生むという場合がないわけではない。その場合においても、それが逸脱適用であることを認識しつつ使用する必要があると考えられる。

　ただし、ここで最初に断っておかなければならないのは、この第Ⅰ部基礎理論における各論のさらに基礎を成すと考えられる構造主義の基礎的な概念の説明を割愛したことである。構造主義は決して難解なものでもなく、また、現代においては広く普及し、よく理解されている思想の枠組みであるので、本書でことさらに解説する必要がないと考えたことによる。必要であれば、拙著（高田 1997）などを参照されたい。

第1章

言語論的転回と主体問題

1．世界は言葉によって紡がれている

　ローティ（Rorty, Richard）は、20世紀初頭から進行した思想的潮流を「言語論的転回（＝ Linguisitc Turn）」と呼んだ（Rorty 1967）。おおむね19世紀終盤までのものの考え方の基底には「事物＝モノ」を価値の中心と考える傾向が存在していた。もちろんこの考え方の尻尾は現代にも残っている。この世界の価値の基底を形成しているのは「物質」であり、物質の成り立ちや性質を明らかにすることが「真理」への到達の近道であるとする考え方は、現代でも広く信奉されている。

　しかし、すでに20世紀初頭にウィトゲンシュタインは『論理哲学論考』において、世界は「事物」の総体ではなく「事実」の総体であると看破した（Wittgenstein 1922）。ここでの「事物」とは物質もしくは実体のことである。私たち人間が認識する限りの「事実」こそが世界を形作っている要素なのであって、そこにおいて「事物＝モノ」をことさらに問題にする必要はない。

　私たちの社会において、価値を底で支えているのは「事実」である。たとえば、現在でこそ高価な貴金属とされるプラチナは、長い間「未熟な金」などと呼ばれ、決して高い価値を持つものとは考えられていなかった。16世紀の終わり頃に南米でプラチナを発見した金の採掘者たちは、それを捨てたり、埋め戻していたとされる。それが高い価値を持つと考えられるようになるのは、18世紀中頃であり、それ以降、服飾品などに多用されるようになって現代に至っている。プラチナが高い価値を持つとされるのは、それが何らかの実利的な価値を生むからではない。それを「美しい」と考えた人間たちがその価値を創出

してきたのだと言える。金であっても、ダイヤモンドであっても、ルビーであっても、状況は同じである。人は、それらに「物質的な有用性があるから」という理由で高額で売買するわけではない。端的に言うならば、モノは、その本来的な性質によって価値を有しているわけではなく、言語によって価値を付与されているに過ぎない。事物に価値を付与しているのは事実であり、事実とは言葉である。

　この考え方の端緒は、ソシュール（Saussure, Ferdinand de）の言語学にある。ソシュールは、言語の機能を記号作用であると考えた。記号作用とは、ある聴覚表象（たとえば「ki」という音声の表象）と、映像表象（木の映像など）が結びつきを持つことを指す（Saussure 1916）。ソシュールのこの考え方の重要な点は、そこにおいて「外部世界の実体」をまったく考えなくてもよいということである。つまり、私たちの内部で記号が記号として機能することを考えるうえで、外部に実在する「実体」を想定する必要はない。私たちの外部に実在する（かもしれない）何らかの実体は、もはや問題ではない。記号作用が発生する（つまり記号が成立する）ためには、外部の実体の存在は必要ない。必要なのは、（上記の例では）聴覚表象と映像表象であり、それらは双方とも私たち人間の内部に存在するものである。

　ソシュールによるこの思想は、それ以前の言語学に存在していた実体論を遠ざけ、表象と表象の関係こそが重要であるという意味において「関係論」とも呼ばれる。実体論を排したという意味において「反実体論」と呼ばれることもあるが、この反実体論という名称は、「実体は存在しない」という意味にとられるという誤解を招くこともあり、好ましくないとも言える。重要なのは「実体の存在を問題としなくても、哲学や思想は十分にやっていける」ということが示されたという点である。

　「十分にやっていける」だけではなく、むしろ、この世界を底で支えている価値を問題にしようと考えるのであれば、モノではなく、言葉を対象として研究することが近道であるということになる。

　このような考え方は、ソシュールやウィトゲンシュタインによるものばかりではない。ラカン（Lacan, Jacques）は、フロイト（Freud, Sigmund）の研

究を参照しつつ、無意識は言語と同様の構造を有していると指摘した（Lacan 1966）。もちろん、その先駆的業績を残したフロイトは、人間の欲望は人間の内部に存在するものではなく、外部に存在する言葉によって生成されていると指摘する（Freud 1920）。

　物語構造分析を考える場合に基礎となる思想の最たるものは、この「言語論的転回」に関するものである。物語構造分析が意味を持つのは、私たちが認識する「事実」の多くが、物語によって提供されていることによる。この世界の価値を底で支えているのは物質でも事物でもなく、「事実」であり、事実を構成しているのは言葉であり、また事実は、物語を媒介として私たちの内部に侵入する。つまり、この世界の価値を底で支え、また、規定しているのは「物語」であるということができる。私たちは、何らかの物語を見聞きし、そのうちのあるものを自分の物語として採用する。それによって、何に価値があり何に価値がないか、また、何が美しく何が醜いか、さらには、何が善であり何が悪であるか、などといった判断の基礎が私たちの内部に形成される。その意味において、物語構造分析とは、この世界を支えている価値を研究対象とする学問領域において使用される、研究手法の一つである。

2．私たちの思考の「主体」はどこに存在しているか

　「私の思考の主体」がどこに存在するかという問題は、思想の分野において過去から現代にいたるどの時代においても、その中心的な問いであったといえる（Nancy, J.L., et.al. 1989）。これは「主体問題」と呼ばれるものであり、思想系の研究者であればその重要性を誰もが深く認識しているはずであるし、また、そうでなければならない。この問題は現代哲学の中核に位置している。

　「私の思考の主体は『私』に決まっている」と誰もが考えるこの質問を、ここで問い直さなくてはならない。ことによると、自分こそが思考の主体者であるという考えは、決定的に間違っている可能性がある。すべての人間の思考の主体者がそれぞれの個人であるなら、個々人の行動や思考が完全に自立してい

ることになる。自立した思考をもつ人間が大多数である集団においては、その思考の集成が現実化されると考えるのが普通である。

　私の思考は私に所属していると、誰もが考える。「私以外のものに、私の思考が駆動されている」と考えるのは、少なくとも現代においては病理の対象となる事例である。

　デカルトが"cogito ergo sum（思考する、ゆえに、存在する）"と主張したのは、「私の思考は、私以外のものには所属していない」ことをことさらに強調するためであり、自己の存在証明のためなどでは決してない（高田 1997）。しかしながら、現代においてこのデカルトの言説を必要としている人間の数は、限りなくゼロに近い。現代においては、「私の思考は私に属している」という考え方が強固に支配的であるからだ。

　ニーチェを引くまでもなく、もちろん思考の主体は神ではなくなった。過去において、私の思考の一部（もしくは全部）を駆動していたと目されていた超越的な意思の存在を否定するのは、たやすい。自分は自由に考えることができる、と多くの人は疑わない。

　私たちの主体もしくは思考における主語は、完全に回復されたかのように見えていた。確かに「神からは（幾分かは）自由になった」かも知れないが、私たちの主体の自由や自律性は、決して完全なものではない。

　現代における「主体問題」は、上記のように簡略化して説明される。この問い自体はそれほど難しいものではない。私たちの自由がどこまで担保されているのかということを考える問題だからである。もしくは、神の束縛を離れた人間において、本当に自由が確保できているのかという問題であるからだ。この議論に関しては、後に「現代解釈学」における検討を通して明らかにされるが、ここで指摘しておかなければならいのは、「私たちは、決して完全な自由を保持してはいない」ということである。

　文化は世代間で伝播される。一つ前の（たとえば親の）世代で支配的だった価値観がそのまま受け継がれるわけではないにしても、それは変形されて受け継がれていく。そのこと自体は問題ではない。そもそも文化とは世代間の伝承がその基軸にある概念である。私たちの文化は、それを伝承する方法として、

言語や民話や神話を利用してきた。

　大衆媒体（マスコミ）が登場するまでのかなり長い間、この「言語・民話・神話」による文化の伝承は効率的に行われていた。すべての伝承は、長老や親などという、文化の伝承者であることを自ら任じ自覚する者たちによってのみ行われ、そこに他者が介入する余地はなかった。せいぜい攪乱要因として、旅芸人の一座や吟遊詩人、もしくはそれらの職業ではない旅人らの言説が存在するぐらいであり、また、それも全体としてみれば、きわめて適切な、もしくは必要であるレベルの、外部からの攪乱要因であったと言える。なぜなら、ある集団において伝承される価値・文化のほとんどは、伝承者である人間（長老や親など）の口を通して語られるものであり、それらが伝承を受けた者によって積極的に選択されるためには、外部からの攪乱要因の存在が必要不可欠だからである。それらの攪乱要因の存在によって、伝承を受けた者たち（子どもや若者たち）は、どちらを選ぶかを決定できる。この自由が担保されていない状態では、文化が効率的に伝播されることはありえない。なぜなら、文化的価値とは単に伝承されるものなのではなく、その伝承を受けた人間たちがそれを積極的に（何らかの他のものと比較して）選択することによって、はじめて意義を持つようになるからである。選択の自由が担保されていない状態においては、伝承は為されない。

　当然のことながら、若干の逸脱者の発生と引き換えに、選択の自由が担保されていたわけであるから、旅芸人や吟遊詩人の価値観に心酔し自ら率先してその道に入っていく者も存在した。攪乱要因が継続して提供されるためにも、そのような状況は必要であったのだが、それは全体の総数からすればわずかなものでしかなく、システム全体の安定動作に必要となる攪乱要因として十分に機能しているというレベルの数でしかなかった。

　もちろんその意味においても、私たちは完全な自由からは程遠い状態にいる。私たちは伝承された文化による束縛を受けているし、文化の文脈にのっとった思考を展開している。また、私たちが求めている主体の自立、主体の自由は、決してその意味のもの（完全な自由）ではない。言語は文化の重要な一側面であるが、同時に言語は私たちを完全な自由からは遠ざける。ある言語によって

しか思考を展開できないという状況を考えれば、それは明らかである。私たちは自らの文化からさえも自由になることを主張しているわけではない。むしろ立場としてはそのまったく逆のところに位置している。問題なのは、ある集団の価値が伝承されるという過去の構図が、失われつつあるということのほうである。

　もちろん、たとえば「暴力」は私たちの文化に塗り込められているものであるかもしれないし、「差別」「迫害」「収奪」などさえもその範囲に含まれているということを傍証する事例には事欠かない。それらを文化から「効率的に」排除されるべきものであると考えるのは当然のことであるが、そのような営みは、少なくとも現代においては達成されていない。私たちは、私たちの多くが否定し、排除しようと試みているそれらの現象を、排除できないでいる。そしてさらなる問題は、一見したところでは誰もそれらの現象を維持しようとしてはいないように見えることである。

　誰もが望ましいと考える社会を実現できていないとするならば、その原因は限られる。一つは、私たちの目に見えないところに、それに抗っている者たちが存在するという可能性である。現代の社会において既得権益をむさぼる人間たちがどこかに存在し、暴力や戦争や差別や収奪や貧困を必要としているという構図である。もちろんこの可能性も十分に吟味しなくてはならない。しかしここにさらにもう一つの原因を考えておかなくてはならない。それは、私たちの誰もが、その排除に反対していない（排除されることが望ましいと考えている）にもかかわらず、私たちの社会に存在する慣性力によって、その達成が不可能となっている、という可能性である。もちろんここで慣性力と表現しているのは、文化的な伝統や、継承された価値観の表現としての作品に含まれる力である。そして、この要素の厄介な点は、それを流布し喧伝している人間たちも、それに気づいていないことにある。

　ここにおいて、私たちの主たる目的は明らかになりつつある。文化的伝統や、継承されてきた価値観は、表現制作物に多く内在している。私たちがそれを愛で、賛同することによって、文化的伝統や価値観は継承されていく。しかしながら、同時に、それらの作品に含まれる「排除すべき価値」までもが伝承され

ることになる。その際、私たちの意図とは異なる方向へと社会の価値観が動いていく可能性がある。

　さらにまた、現代においてきわめて多くの影響力を有しているのは、映像作品であると言える。テレビ番組やCM、映画やゲームなどの映像系の表現制作物は、ほぼ毎日のように私たちの上に降り注いでいる。それらに内在されている構造を分析することによって、私たちにどのようなことが起こりつつあるのかを予測し、可能であれば制御しようと試みることは、この社会の進むべき方向を吟味する上で、重要な作業であると考えられる。

3．映像作品分析の目的

　映像作品を物語構造分析の手法に基づいて分析する目的に関しては前二項で検討したが、その際における具体的な動機としては、いくつかが想定される。
① 人気を得ている作品の「深層」に潜む構造を知ることにより、現代社会に生きる人間たちが、「何を求めているのか」もしくは「何に欠乏を感じているのか」などということを推測し、提示する。
② ある作品の構造を分析することにより、その作品によって示されている価値観の方向や、基軸とされている概念を知る。
③ 人気を得た作品の構造を分析することにより、新たな作品を構築する上での示唆を得る。

　もちろん、さらに何を目的として上記①〜③を遂行するのかという上位の問題も存在する。前述のとおり、物語を分析することの主たる目的は、ある時代もしくは現代において支配的である価値の枠組みを知ることを端緒として構成される。しかし単に知るだけではなく、それを提示することを通して、私たちの社会の来歴を知り、さらには社会の行く先を予測し制御するための一助するという目的が存在している。それは、私たちが採用している「価値」を自覚することを通して、よりよい未来を紡ぐための一助となるよう目論むということである。

すべての物語が「よい」価値を含んでいるわけではないし、現代において支配的な物語の中には、この社会を腐敗させる可能性のある「価値」が含まれている場合もあるだろう。しかしながら、「よりよい価値」とは何であるかということについて、十分な議論が行われる可能性はそう多くない。分析者として私たちができるのは、「その物語には、このような価値の枠組みが含まれている」と指摘することでしかない。それを廃棄するのか、それとも採用し続けるのかは、分析者が関与すべき事柄ではなく、また、実際問題として一研究者がそのような選択に影響できる可能性は著しく小さい。ここで重要な問題として指摘しうるのは、私たちが、その意味や意義もしくは効果に気づかないままに、ある物語の価値を採用してしまっている可能性がある、ということである。もしも自覚的にある物語に含まれる価値をよしとするのであれば、たとえそれによって好ましくない状況が出現する可能性があるとしても、それを指摘する以上のことはできない。もとより、分析者による分析は絶対的なものではないし、普遍的な真理に近づこうとする営みにもなりえない。

　分析者としての責務は、ある物語の価値の枠組みが無自覚に採用されることに対して注意喚起するという程度のことでしかないとも言える。これは、どのような研究においても同様である。私たちは、選択肢を提示することしかできず、実際の選択は、同時代人の選択の集成でしかない。しかしながら、少々楽観的な展望に基づくならば、もしも私たちの分析が十分に広範かつ詳細に行われたとすれば、この世界はその行く末を自覚的かつ自律的に選択することができると考える。そして、その選択が仮に間違ったとしても、その責任は（それを自覚していたのであるから）選択者たちが負うべきものとなる。おそらくそのような失敗の過程を通してしか、私たちの世界はよりよいものにはなっていかない。そして、個別に物語の採用を繰り返す個人のそれぞれの営みが、未来を紡ぐことそのものである。

　ここで、多くの物語構造分析の初学者が犯しがちな誤謬について、この段階で強調しておく必要を感じる。まず、物語構造分析は決して「隠し絵の中に含まれている何らかの記号や画像を探り当てる」という類のものではない。分析において制作者・表現者の意図はきわめて小さい意味しか持っていない。重要

なのは、「その作品が、どう読まれるか」であり、また、「その作品によって、どのような〈物語＝行動のパターン〉が視聴者の内部に醸成されるか」ということである。「この映像は、実は、これこれのことを暗喩しているものである」というように断定することはできない。これに関しては続く章で検討するが、ある作品が「どのように解釈されるか」は、原則として人それぞれである。したがって、本書の「分析の実際」編で披瀝されている構造分析に納得できない人が一部に存在するのは当然である。

　リーチ（Leach, Edmund）は、『聖書の構造分析』において、構造主義的分析方法は正誤のはっきりした解決をもたらすものではないと指摘する（Leach 1983）。リーチは、繰り返し読んだことのある物語の中に、それまで気づかなかった意味や次元が含まれていることを指摘できれば、構造分析の目的は半ば達成されると言う。リーチの主張は、本書の目的とすることに比較すると少々消極的であるが、同じ方向を向いていると言える。つまり、物語構造分析の結果もまた、解釈の対象となるということである。

第2章 解釈学概観

1．解釈学の歴史的発展過程 ― ガダマー以前 ―

　テキストを分析するという行為は、解釈学の流れの中で検討されてきた。ここではまず、現代解釈学の祖とされるガダマー解釈学を中心としつつ、シュライエルマッハーからデュルタイ、ガダマーにいたる解釈学の流れを概観する。

　解釈学は、その多くの部分が聖書解釈学に由来している。ディルタイ（Dilthey, Wilhelm Christian Lutwig）によれば、トリエント公会議派の神学者たちとプロテスタント神学者たちの議論を契機として、プロテスタントが自らの聖書理解を妥当なものであると論証するために、キリスト教神学の一分野としての新・旧約聖書解釈学が発生したとされる（Dilthey 1900）。それは伝統的解釈もしくは教条主義的・教義的解釈を排し、「テキストに真摯に向き合うこと」を押し立てたことを意味する。すなわち、解釈学の合言葉ともされる「テキストに還れ」という言葉が、反権威主義、反教条主義という意味を持っているとされる所以である。伝統的にそう解釈されてきたからでも、権威者がそう解釈するからでもなく、純粋にテキストを分析した結果としての解釈こそが「正しい」という考え方が発生した経緯に関しては、現代において解釈的行為を行うすべての者が気に留めておく必要があることであると思われる。

　このディルタイの論点は、解釈学における客観主義の意味するところを理解するうえで重要である。なぜなら、ディルタイの説明によれば、解釈学における客観主義とは、結局のところ権威主義的解釈に対しての抵抗として発生してきたと理解することができるからである。

　新約・旧約聖書解釈学と古典文献解釈学はそれぞれ独自に発展していた。

それらの個別解釈学を統合しうる可能性について言及したのはダンハウザー (Dannhauser, Johann Konrad) であるとされる。ダンハウザーによる著作『聖なる解釈学、あるいは聖なる文献についての解釈の方法』(Hermeneutica sacra sive methodus exponendarum sacrarum litterarum, 1654) においては、一般解釈学の萌芽を見ることができる。しかしながら、個別解釈学を統合して一般解釈学が創出されるには、さらにアスト (Ast, Georg Anton Friedrich) による検討を経由する必要があった。

アストは、『文法・解釈学・批判綱要』において「解釈学的循環」の問題を定置したことで知られるが、シュライエルマッハー（シュライアマハー Schleiermacher, Friedrich Daniel Ernst）は、アストこそが「一般解釈学」への道筋を示唆したと指摘する (Schleiermacher 1959)。もちろん、解釈学的循環という問題は、現代でも解釈学の喉に刺さる小骨であるが、それは個別解釈学が一般解釈学へと発展する過程において、避けて通ることのできない問題であったと言える。

解釈学的循環とは、解釈という作業における「全体」と「個別要素」の間の関係によって発生する哲学的問題であり、個別の表現（論文・テキスト）の解釈が全体の理解に基づくのであれば、その「全体の理解」はどのようにして得られるのか、という問いに端を発する。なぜなら、全体は、個別のテキストの寄せ集めによってしか把握することができないからである。

アストは、全体と個別要素が対立するものではなく、調和し協調するものだと考えることによって、この問題を回避しようとした。ある個別要素の意味を理解しようとしたときに、その全体の意味の予見が発生し、その予見のもとで、個別要素の意味が次第に固まっていく。そして、個別要素の意味が固まってくると、それに付随して全体の意味も固まっていく、という。

シュライエルマッハーは、そのようなアストの考え方を批判しつつ、「全体の予見」がどこから訪れるのか、と問う。ここにおいて、シュライエルマッハーは、「全体と個別要素は対立している」と考えている。アストの言うように、個別要素と全体が調和していくのであれば、個別要素の中に「全体」の予見を生じさせる何かが存在していなければならない。また、個別要素を理解する場

合にも、最初に予見が存在していなければならないが、もしも「全体」が、個別要素の中に包含されているとするなら、それはどのようにして「認識」「理解」もしくは「予見」されるのか、ということである。

　また、シュライエルマッハーは、「全体」は二重化されていると指摘した（Schleiermacher 1959）。つまり、

　①　個別のテキストは、「言語体系」という全体の中で理解される
　②　個別のテキストは、「表現者の生」という全体の中で理解される

という。この考え方は、後にディルタイに受け継がれることになる。ディルタイは、二重化の中に率先して身を置くことにより、著者以上にその作品を理解し、その「著者そのもの」を理解できるという可能性が発生すると指摘した。また、本書で扱う範囲を逸脱するので詳述は避けるが、ハーバーマス（Habermas, Jürgen）の「生活世界」の概念の萌芽がここに存在している。

　シュライエルマッハーは解釈学的循環を解決すべき問題とは捉えず、その循環の中に率先して身を置くことによって、解釈者自身が発展していく過程が重要だと考えた。つまり、個別要素は異質なものであり、解釈学とは「異質なものを理解する過程」であると捉える。

　しかしながら、後にガダマーが指摘するように、この洞察をより先鋭化すれば、おのずと、ロマン主義的な解釈概念の突破に行き着くはずである。ガダマーは、「作品を作り出す芸術家は自己の作品の適切な解釈者ではない」と指摘する（Gadamer 1960:319）。

　ディルタイは、シュライエルマッハーの考えを継承しつつ、それを現代解釈学へと昇華させるための道筋を作ったといえる。ディルタイは、テキストの部分と全体の関係を相互補完的なものであると考え、意味を発生させる「全体」としての「生」を重視した。それは、分析者自身が歴史的存在であるからこそ歴史を認識することができるという文言に如実に現れている。ディルタイは、テキストの部分はその全体からしか理解できず、全体は部分からしか理解できないと指摘し、そのとき個別の生の体験が、解釈において重要な位置を占めると考えた（Dilthey 1900）。しかし、ガダマーは、「個人の体験の関連的構成」から、「個人によって体験も経験もされない歴史的連関」がどのように理解さ

れ、認識されるのかという問いを通して、ディルタイのこの考え方に疑義を投げかけた。ガダマーによれば、「ディルタイは、歴史意識は自らの相対性をそれ自身で乗り越え、それによって精神科学の客観性を可能にする」（Gadamer 1960:377）と考えていた。しかしディルタイは、結局「ヘーゲル主義」に陥ったのだとガダマーは指摘する。ディルタイは Leben（生）を、Geist（精神）と言い換えるようになっていく。このディルタイの考えに対しての批判的検討を通して、ガダマーは、再生産的解釈という概念に到達した。

2．ガダマー解釈学 ― 解釈という行為 ―

　テキストの解釈は、テキストの理解であると言い換えることができる。このとき、ガダマーが指摘するように、テキストの解釈（あるいは表現制作物の意味の読み取り）は著作者の意図を理解することではない。著作者の意図を超えた何らかの要素が存在し、ある先入観を持つ解釈者が主観的にそれに参与していくことによって、そこに意味が発生する。たとえば、ある哲学者や作家などの伝記を読んだとき、その伝記の表現を解釈するという行為の目的は、対象となる哲学者や作家などの「意図」を知ることではないし、また、伝記作者の意図を知ることでもない。たとえ意図を知ろうとしたとしても、その努力の結果として得られたものが本当にその著作者の意図であるかどうかはわからないのであるし、どのように精密な読みを施したとしても、ある観点からの解釈でしかない。伝記ばかりではなく、どのような表現制作物においても同様のことが言える。

　ガダマー以降の現代解釈学における一つの重要な帰結は、「解釈とは応用である」ということだと言える。ガダマーは、古典音楽や演劇などの再演性芸術の検討を通して、「再演性」が決してそれらの分野に特有なものではないことを指摘した。

ここで私が念頭に置いているのは、詩を朗読し音楽を演奏する再生産的解釈である。再生産的解釈は朗読し、演奏されてはじめて独特の存在となる。（中略）しかし同様にして、テキストを眼や耳で知覚できる形に置き換える際に、規範的というもうひとつの契機に注意を払わずには、だれもこの再生産的解釈を遂行できない。(Gadamer 1960:485)

　ガダマーが指摘するのは、テキストが制限もしくは規範として機能し、その枠内で再生産（再演）が行われるということである。ガダマーの指摘する再生産的解釈とは、そのような再演を通して、解釈者が、テキストが示す枠組みの中で個々に特殊な応用を模索するということである。そのとき当然、解釈者は何らかの歴史的存在であり、ある先入観もしくは前理解を持ちつつ、それを基礎として「再演」を行う。それはきわめて個人的な営みであるが、テキストが示す枠組みを無視して再演することはできない。この再演は、個人の前理解に基づくものであると同時に、提示された枠組みや条件のもとで、その個人の前理解がどのように機能し効果を持ちうるかのシミュレーションともなる。そのような営みを通して、その個人は、新たな「前理解」を獲得したり、また、そのテキストを無意味なものとして無視したりする。提示されたテキストとは、その意味で、ある個人の前理解（先入見／先行判断）の実験場であり、テキストが提示する枠組みと、解釈者との闘争である。

　テキストは、ある「物語の枠組み」を提示している。その枠組みの中で、個別の前理解（先入観／先入見）を保持した解釈者が再演／再生産を行う。たとえば小説であるならば、読者は、その小説の物語の枠組みの中で主人公がある行動をとるのを観察する。しかしそこで行われる「解釈」は、その主人公の行動を読者がなぞることによって発生する。解釈者と小説のどちらの物語が優位であるかは事前にはわからない。また、再生産が遂行されたあとでどちらの物語が支配的なものとなっているかも、事前にはわからない。ある場合には解釈者の物語が優勢であり、テキストによって示された枠組みは（解釈者の内部で）改変される。またある場合にはテキストの物語の枠組みが優勢であり、解釈者の物語はテキストが提示した枠組みによって変更を余儀なくされる。このとき、テキストの提示する物語の枠組みと、解釈者が保持する物語の、どちらでもな

い新しい物語が生産される。たとえその小説が旧式の勧善懲悪的な物語であろうと、解釈者によって再生産された物語は、新しいものとなっている。これが、ガダマーの言うところの「共通の意味への参与」である。私たちは、ある意味もしくは解釈を生産するために、別の物語を必要としているのであり、解釈とは「意味を紡ぐ営み」であると言える。現代解釈学が物語論と密接な関係を持つと考えられるのは、そのような事態が想定されるからである。したがって、現代解釈学を推し進めた地点に物語解釈学／物語論が存在すると言える。なぜなら、すべてのテキストは「物語の枠組み」提示するものであり、すべての解釈はその枠組みのもとでの「各自による物語の再生産」によって得られるものだからである。

　さらに議論を進めるならば、上記の構図によって再生産された解釈とは意味の生産と同義であり、また、価値の生産と同義である。つまりガダマーの言う「共通の意味への参与」は「価値への参与」と換言することができる。そのような、価値を紡ぐという営みの継続的な遂行によって、この世界は底支えされている。

　前述のとおり、ウィトゲンシュタインは、世界はモノ（事物）の総体ではなく、コト（事実）の総体であると指摘した（Wittgenstein 1922）。そのとき「事実」を担保しているのは、人間の言葉であり、また言葉によって紡がれた価値の体系である。この価値の体系を発生させているのが、解釈であり、さらには、その解釈を発生させるために、人は物語を必要とする。私たちは、個人として「主観」の中に生きているが、そこにおいて価値は発生しない。私たちが、価値の生産に参与しうるのは、解釈という営みを通してでしかない。ガダマーが指摘する「共通の意味への参与」において重要なのは「参与」であり、私たちは参与することによってしか価値を紡ぐことができない。そのとき生成された価値とは、ヘーゲル的な「絶対知」の概念に類似するものではなく、ある先入見を有する歴史的存在である個人が、別の個人によって提示された物語と出会うことによって生じる、新しい価値である。

　物語構造分析とは、物語そのものに興味を持って行われるものではない。私たちの世界が、どのような価値を生産していくかというその方向を知り、同時代人に対して選択のための材料を提供するという目的で行われるものである。

物語には、ある枠組みが存在しており、その枠組みによって、私たちの価値の再生産の方向がある程度制限される。私たちは、ある物語に出会ったとき、これまでにないほど新しく、かつ、よりよい未来の創造に資すると考えられる価値を生産することがある。また、ある物語に出会ったとき、どす黒く後ろ向きな価値を生産することもある。何が良くて何が悪いかは分析者が関知するところではないが、分析者であっても同時代人の一人であり、分析を通して「共通の意味への参与」を担う者である。当然、その参与は主観的な意味合いを色濃く有しているのであるが、そのとき「誰もが歴史の外には立てない」ということを思い出す必要がある。分析者は、同時代において「忌避されるべきとされている価値観」を知っている。たとえばそれは暴力であり戦争であり差別である。そしてそれらの価値は、いたるところに存在し、現代においても自己保存的に維持されている。それらは、ある意味において、現代社会を構成してきた基礎的な価値観であるとさえ言える。もしもそれらの価値観を忌避し、排除したいと考えるのであれば、私たちは、私たちに振りそそぐ物語を分析し、その構造を知らなくてはならない。私たちは、歴史に対して透明な存在にはなりえない。どのような研究者・分析者であっても、歴史の外に立つことはできないのであり、逆に言えば、純粋な分析者は存在しえない。

3．リクール解釈学の視座

　リクール（Ricoeur, Paul）はガダマー解釈学の中に、ディルタイによって示された「経験的なもの」「生」を求める方法論の存在を認めるとともに、ハイデガーによって示された真理概念を求める方向性の存在も認めた。リクールは、『解釈の革新』において以下のように言う。

> 事実、彼の著書の表題は、ハイデガー的真理概念と、ディルタイ的方法概念とを対決させているのである。とすると問題は、この著者が『真理か方法か』と題するのではないとすれば、どの程度まで「真理と方法」と題するのにふさわしいか、という点にある。（久米博、清水誠、久重忠夫（編訳）　解釈の革新　白水社　1985、p.170）

リクールは、「疎隔」と「帰属」という概念によって、ガダマーの方法を説明する。人間は歴史的存在であり、歴史に帰属しているものの、その帰属の状態から離れる（疎隔する）ことによって、「新しい自己」への変革の道筋を得ることができると考えた。私たちは何らかの先入見（あらかじめ持っている何らかの思考の枠組み）を持っていなくては、理解することができない。つまり「帰属」という状態にある。しかし、これまで自分が知らなかった新しい概念を了解する場合には、その帰属の状態から一歩離れなくてはならない。つまり「疎隔」することによって、私たちは新しい物事を了解することができるのであり、逆に言えば「疎隔」なしには、新しい了解は発生しえないと言える。リクールが、ガダマーの『真理と方法』を半ば揶揄ぎみに「真理か方法か」と表現するのは、「真理の了解」と「方法の理解」の二つが両立するものとして説明されているか否かを問うているからであり、また、これを統合することによってはじめて「一般解釈学」が成立すると考えたことによる。

　つまりリクールは、言語に着目し、その認識論的意味が、どのように存在論的意味における「了解」に到達するのかを考えた。巻田悦郎は、リクールによる「疎隔」の概念に含まれるこの存在論的意味と認識論的意味の二重性を批判し、リクールの試みはうまくいっていないと指摘する（巻田 1985）。認識論的意味の地平において「理解」が発生するためには、当然、その地平において「疎隔」が発生していなければならない。同様に、存在論的意味の地平においても別の疎隔が発生している。巻田はこれを認識論的疎隔と存在論的疎隔と呼び、この二つの統合は結局為されていないと指摘する（巻田 1985:92）。

　この指摘は、現代解釈学においても、また物語構造分析を手法として採用する研究においても、きわめて重要である。なぜなら、何らかのテキスト（もしくは表現制作物）の分析は、ここで言うところの「存在論的意味」に到達することを目的とする場合が多いからである。私たちは、表面的なテキストの分析から入り、その深層に存在する「意味」を知ろうとしている。もちろんその「意味」とは、一定のものではなく、受容者によってさまざまなものとなるが、そこに何らかの共通した構造や意味を見いだそうとするという方向性を有している。そしてその「構造」や「意味」とは、認識論的意味の地平におけるものではな

く、往々にして存在論的意味の地平に属するものである。この乗り越えは、リクールの指摘するように、ディルタイやガダマーにおいては問題とされなかった。ディルタイ、ガダマーの流れの解釈学においては、当初から存在論的意味の地平が問題とされているからである。

　このリクールの考え方の道筋は、聖書解釈学の文脈によって説明されている。つまり、聖書というテキストを読むことによって、読者はそこから何を得られるのか、もしくは、どのような自己変化を遂げることができるのかをリクールは追究した。もちろん、リクールもガダマー解釈学を基礎としており、聖書に書かれたテキストの「意図」もしくは「真意」を知ることは重要な目的ではないとする。

　リクールは、聖書を読むことによってその読者の側に「聖の顕現」が発生することを想定した。しかしながらこれは、いわゆる「解釈学的循環」の問題から逃れることができない考え方であったと言える。なぜなら、あるテキストを読んだ場合には当然そこに何らかの「顕現」が発生するものの、聖書に「聖性」が含まれているとしない限り、「聖の顕現」なるものが発生するとは考えられないからである。もちろん、聖書を読む側の構えとして「聖性」が存在しているという全体像に関しての予見（先見）があることにおいて、「聖の顕現」は担保されるようにも見える。しかしそこにおいて「聖性」とは、結果として発生するかもしれないものであり、当初からその存在が仮定されているわけではない。端的に言うならば、リクールは、現代解釈学の文脈に則って、そのような「聖性」がどのようにして受容者の側に発生しうるかというその条件を探究したと言える。

　もちろんリクールは、一般解釈学の文脈においては「聖の顕現」ではなく、単に「顕現」が発生すると指摘する。しかし、リクールは「聖性」の顕現についての検討を重ねる。

　「神話学概観」の章でエリアーデの神話学に関して検討するが、エリアーデとリクールの研究は一部重なっている。特に、本書で説明している「聖書」もしくは「キリスト教」の機能に関しては、この二人の傑出した研究者の思想の流れを追うことによって、より明らかになると考えられるので、少々説明が前

後するものの、ここでその両者の考え方を簡単に比較検討する。

　まず、エリアーデは、「出来事の一回性」を信奉する近代人（エリアーデの言うところの「歴史的人間」）について検討し、そのような近代人（現代人：つまりこれは私たちのことである）が、「歴史の恐怖（出来事の一回性に由来する絶望）」から救われるためにキリスト教の「万能神」という概念が必要とされたと指摘する。このエリアーデの考え方そのものは、方向性としてリクールのものに等しい。しかしながら、エリアーデがそこで探究を止めるのに対して、リクールはさらに一歩も二歩も踏み込み、そのような「万能性＝聖性」がどのようにして読者の側に発生するかを考えたと言える。つまり、リクールは、一般解釈学の範疇における一つの事例としての「聖書解釈学」の特殊性について検討し、そこには「神の名指し」という特徴的な構造が存在しており、それが読者において「聖なる顕現」を発生させると指摘した（Ricoeur 1977）。

　まず、「万能＝どのようなことでも可能」という概念を示すために必要となるテキストの構造を考えるとき、「aができる、bができる……」というような列挙的な方法によって、それを指し示すことは不可能であると考えられる。「～ができる」という表現をどのように網羅的に重ねていっても、そこには、必ず「語りえないこと」が残る。したがって、そのような列挙的表現によっては「万能性」を顕現する（受容者の内部に発生させる）ことはできない。

　リクールは、聖書の構造分析を通して、そこに「神の名指し」の構造を見る。つまり、「aもできる、bもできる、……」と列挙していくことによってではなく、比喩的もしくは寓意的事件を提示することによって、疎隔を誘導する。ここで疎隔とは、日常的な価値観から「離れる」ことを指す。それは、ある人間が日ごろ慣れ親しんでいる価値や規範の否定によって行われる。リクールは、新約聖書のテキストにはこの種の疎隔を惹起する出来事が多く存在することを指摘する（Ricoeur 1977）。そのような出来事を知ることによって、受容者（読者）は、自身が属している価値の体系から遊離することを余儀無くされる。そして、一般の物語においては、疎隔→帰属という流れのもとで、新しく帰属しうる（採用しうる）物語が、出来事として提示されるのであるが、聖書においては、それは為されない。そこにおいては、非日常的な出来事が提示され、その出来事

自体が「神を名指す」という特殊な構造を有している。この「神の名指し」は、さまざまな方法で暗喩される。このような構造によって、日常の価値観から遊離した受容者は、どのような価値観にも回収されずに漂うことになる。回収される場所を失った受容者（読者）は、自らその場所を見いだそうとする。これが「神の名指し」の構造であり、そのとき「聖の顕現」もしくは「聖性」が受容者の内部に発生するとリクールは指摘する。新約聖書の最後の章が「黙示録」であるのは、その意味で象徴的であると言える。「黙して示す」とは語らずに示すことであり、そこで「語らず＝黙して」示されているのが「神」であり、その「万能性」もしくは「汎神性」である。それは、「それが何であるか」を語ることによっては決して示すことができず、ある価値から疎隔することをもってしか指し示されない。つまり「それではない何か」として示すことでしか、示されえない。

デューイ（Dewey, John）は、『芸術論』において芸術の価値について以下のように述べる（Dewey 1934）。

> 全体であるというこの性質、そしてすべてを包容するいっそう大きい全体、つまりわれわれの住む宇宙に所属するというこの性質を取り出して、これを強調するのが芸術である。（デューイ（著）鈴木康司（訳）　芸術論　春秋社　1969、p.213）

デューイは、その性質を「全一体」と呼び、それを感じ取ることによって、「強度の美的経験に伴う宗教感情」さえもが発生すると説明する。そのとき、受容者は「自己を見いだすために、自己の外に連れ去られる」。デューイによる芸術的意義の解釈は、リクールのものと相同である。そこにおいて「自己の外に連れ去られる」とは、「疎隔」を表し、それを通してデューイの言う「全一体」つまり「聖の顕現」もしくは「顕現」に逢着することができる。デューイはその過程を示唆したものの、その具体的な機序の説明にまでは至らなかったが、リクールはそれを明確に示したといえる。

つまりリクールは、「一般解釈学」の特殊事例として、「聖書解釈学」を位置づけることに成功した。逆に言うならば、聖書は特殊なテキストではあるものの、「一般解釈学」の文脈において了解しうるものであるということを示した。このリクールの業績は、少なくとも現代解釈学の研究の文脈においては、きわ

めて重要である。前述したように、聖書解釈学は、一般解釈学に先行した存在であり、多くの「個別解釈学」に共通する方法論として確立されたのが「一般解釈学」である。しかしながら、聖書における「聖性」「聖の顕現」という特殊性については、十分に説明されないままに「一般解釈学」への統合が行われていた。リクールは、それを論理的に整合な形によって統合したのであるが、さらにその過程において重要な副産物を残した。それは、表現制作物やテキストが、「何かを示す」ことによって価値を紡ぐのではなく、疎隔を発生させることによって、読者や観者や視聴者の側に価値が発生することを期待することができる、ということである。もちろん、一般的な表現制作物においては、疎隔と帰属の表現の双方が存在しているが、「疎隔」において遊離した状態になった受容者の価値を回収する「受け皿」としての「帰属すべき価値」の表現は、存在しなくても問題ない、ということである。むしろ、「帰属すべき価値」の表現が存在しないところにこそ「聖性」もしくは「聖の顕現」が発生する余地が存在しうる。そしてその「聖性」とは、聖書の範囲を超えて、広く芸術全般に適用されるとき、デューイが指摘した「全一体」と同様の概念を指し示している。

4．受容美学

　ガダマー解釈学は、1970年代以降、多くの隣接領域に対して影響を与えることとなった。文学においては、ヤウス（Jauss, Hans Robert）などに代表される「コンスタンツ学派」に取り入れられ、「受容美学」として定式化された。
　美学は、作者や表現者の意図の分析に中心をおく「生産美学」、作品が成立した時代の背景や文化的基盤を中心として論じる「叙述美学」と、受容者（観者・読者）の解釈に中心を置く「受容美学」とに分けて論じられるようになっていく。また、受容美学は美術分野にも影響を及ぼし、ベルティング（Belting, Hans）、ケンプ（Kemp, Wolfgang）らによって美術史学の一つの分野を形成するようになっていく（三浦篤 1997）。

それまでの美術史において、観者（鑑賞者＝受容者）の立場を考慮に入れた分析が存在しなかったわけではなく、19世紀の美術史学者リーグル（Riegl, Alois）は、レンブラントの作品を受容美学的な観点から分析しているとされる（加藤哲弘 1992）。しかしながら、受容美学という概念を成立させ、さらにそれによって具体的な作品を分析していくという枠組みの定式化は、ケンプの業績によるところが大きい（加藤哲弘 1992）。ただし、ケンプによる受容美学の考え方は、ガダマー解釈学にその思想的基盤を置きつつも、基本的には「生産美学」的な観点との折衷であると考えられる。たとえば、ケンプによるレンブラント「聖家族」の分析においては、受容者がそれをいかに解釈しうるかという観点よりも、作者（表現者）が観者（受容者）の観点をあらかじめ想定して作品を創出するということが基礎とされており、作者の視点や文化的背景などについての言及が中心となっている。もちろんそれは決して悪いことではなく、むしろ、生産美学および叙述美学の観点のもと、そこに受容美学を組み込んでいるという点で、美学美術史学の分野においては重要な論点であると思われる。しかしながら、現代解釈学の中心的な論点とは多少異なっていると言わざるをえない。なぜなら、前述のとおり現代解釈学においては、表現者の思想や視点は、受容者における「意味の再生産」を促す枠組みでしかなく、実際に作者が何を想定していたか、もしくはどのような観点を有していたかは、ほとんど問題にされないからである。たとえばケンプは、レンブラントの弟子であるニコラス・マースの「立ち聞きする女」の分析で、以下のように言う。

　　マースは、このシチュエーションをたくみに演出して、観者であるわたしたちが、立ち聞きする者の共犯者になるように仕組んだ。（ケンプ（著）加藤哲弘（訳）　レンブラント【聖家族】三元社　1992、p.81）

　ここで分かるように、そこでは観者の観点があらかじめ組み込まれていると考えられているものの、作品分析の視点は表現者の側のものである。現代解釈学においては、表現者がどのようなことを意図していたかはほとんど問題ではない。それが受容者によってどう受け取られるかということにのみ注意を払うのであり、逆に言えば、意図がどうであろうと、受け取られたもの（受容者によって再生産された意味）が解釈であるという立場をとる。

もちろん、ケンプにおける分析は見事なものであり、きわめて多くの示唆を含んでいる。さらに言えば、ケンプの分析の道筋そのものは、構造分析の手法にきわめて類似している。前述のレンブラントの分析において、ケンプは、「母と子ども」「火と猫と粥」「人間と動物」「男と女」「大人と子ども」「働く男と子どもを抱く女」などの対立概念を抽出し、それらが意味するものを受容者の観点から紐解いていく（Kemp 1992）。この分析の枠組みや分析手順そのものは、本書で論じようとしている構造分析の手法を考えるにあたって、たいへん大きな意味を持っていると言える。

　一方で、エーコ（Eco, Umberto）は、「開かれた作品」において、鑑賞者の側において解釈の余地が十分に残されていることを「開かれ」呼び、その検討を通して現代のさまざまな表現制作物のありようを分析した（Eco 1962）。アレナス（Arenas, Amelia）は、この「開かれ」の概念をもとに、印象派絵画や現代美術などが訴求力を構成する様子を明快に解説した（アレナス 1998）。アレナスは、鑑賞者の解釈は作者の意図を超えることができるのだと指摘し、以下のように続ける。

　　美術史上起こったもっとも重要な変化のひとつは、アーティストがこの奇妙な現象を、時代とともにますます認識しつつあるということだ。そしてこうした状況のもとで生まれた、『開かれた作品』と呼べるものの出現こそが、近代美術を発展させるきわめて重要な要素となったのである。（アレナス 1998：42）

　もちろん、エーコやアレナスの想定している「開かれ」とは、多くの場合において、表現者がそれを作品に内在させようとする意図によって発生するものであるだろう。しかしながら、そのような意図が無くとも「開かれ」は発生する。逆に言えば、そのような明確な意図をともなっていても、開かれが発生しないこともありうる。たとえば、日本には「水石」という芸術分野が存在する。これは、川原などに転がっている自然石のうちから特に形のよいものを選び出してその色や形やたたずまいなどを愛でるという特殊な芸術であるが、そこにおいて「表現者」は存在していない。つまり水石という芸術を成立させているのは、端的に鑑賞者・受容者の側の解釈のみである。「表現者」が存在しないので、本来は「受容者」という概念が成立しているかどうかさえあやしいのであるが、

実際には、ある自然石を「選び」「飾る」者を表現者に位置づけることもできる。しかしその場合の「意図」は、一般的な芸術分野における作者や表現者の意図とは、まったく異なる構成を有しているとも考えられるが、ひとたびガダマー解釈学の観点をとることによって、この特殊な芸術分野も、絵画や文学などの芸術と同じ構成を有していると言うことができる。つまりそこにおいて「芸術」をそれとして成立させているのは受容者の解釈のみであり、それ以外のものは必要ない。意味とは、受容者の側において常に新しく生産されるものであり、受容者こそが芸術的価値の創出者である。「開かれ」とは、受容者が何らかの芸術的価値を創出する際に邪魔となるものを排除することを意味しているにすぎず、そこに誘導や命令などは必ずしも必要ではない。

5．図像解釈学の発生

美術史学においては、ある作品群に共通して見ることのできる特徴的な表現形式を「様式（スティル）」と呼び、作品分析を行う場合の基本的な概念として使用されてきた。様式として定置されるものには多数の種類が存在しているが、それらをまとめ、分析の際の方法論として精緻化したのはヴェルフリン（Wölfflin, Heinrich）とされる（三浦篤 1997）。ヴェルフリンは、その著書「美術史の基礎概念」において、16 世紀の古典主義と 17 世紀バロックの様式を分析し、五組の対概念（「線的―絵画的」「平面―奥行」「閉じられた形式―開かれた形式」「多様性―統一性」「明瞭性―不明瞭性」）によって説明されることを示した(Wölfflin 1943)。ヴェルフリンが提示したこの概念とその分析手法は、現代においても重要な意義を含んでおり、多く参照されているものでもある。

ヴェルフリンに代表される様式論は、異なる時代における様式を比較することから「比較様式史」としての意味合いを含んでおり、作品群の分析を基礎としている。つまり、様式論とは、複数の作品群に共通して存在する相同な構造を抽出し、それらの対立構造を明らかにする試みに等しい。

それに対して、個別の作品の「意味」を了解しようとする研究としての図像

学（イコノグラフィー）と呼ばれる分野が存在していた。それは、ある作品に表現されている図像の「意味」を探るという学問的研究であるといえる。図像学は、聖書をモチーフとした画像の意味を解釈する方法として発展してきたという経緯が存在する。図像として「林檎」が表現されていれば、それは（文脈にも依存するが）「禁断の愛」を意味し、「蛇」が表現されていれば「死と再生」を意味する、というような「表現―意味」の目録をもとにして、作品全体が示す意味を解釈するという試みであったといえる。マール（Mâle, Emile）は、聖書関連文献などの記述を丹念に追うことによって、キリスト教美術において用いられてきた多くの図像・形象の「意味」を明らかにした（Mâle 1945）。マールの研究は、過去においてキリスト教文化において常識的に用いられていた（つまり、受容者＝観者も当然そのように解釈・理解した）図像の意味の目録を作ることにあった。うがった見方をすれば、20世紀になって、そのような「表現―意味」の組み合わせが理解されなくなってきたという背景があったと考えることができる。つまり、キリスト教絵画を見る者たちが、その意味を了解することができなくなっていた。マールの研究は、「生産美学」（表現者の側が意図した意味を探るという方向性を有するという意味で）もしくは「叙述美学」の範疇に分類されるものであるが、そのような時代状況からして、芸術学が「受容美学」に一歩足を踏み入れる端緒となったとも言える。

　マールの「イコノグラフィー」において、その「表現―意味」の組み合わせを探求する際の源泉は聖書関連文献であり、ある意味においては文献学的研究であったといえる。しかしながら、直接的に文献として示されていない「文化的価値」によって、表現―意味の組み合わせが構成されていることをも想定しうる。そのような状況を想定することによって、マールのイコノグラフィー的な概念を一歩踏み越えた「イコノロジー」という概念が発生する。

　ヴァールブルク（Warburg, Aby Moritz）は、聖書関連の文献のみならず、ある時代の文化的価値を示すと考えられるさまざまな文献を渉猟し、それを生んだ背景について検討を重ねた。このヴァールブルクの研究が、「イコノロジー」の端緒を示すとされる（三浦篤 1997）。マールの研究は、美学が受容美学へと一歩足を踏み入れる端緒となったが、ヴァールブルクの膨大な研究（いわゆる

「ヴァールブルクコレクション」は、叙述美学の端緒であったとも言える。それは、ある作品が成立した自体の文化的背景を研究することによって、その作品に塗りこめられている価値や意味を知ろうとする目論見であった。もちろんこのヴァールブルクの観点は、現在の美術史学においてもなお、広く画像全般の解釈の方法として使用されている。

しかしながら、マールやヴァールブルクに代表される美術史学の考え方とは別に、受容者がある作品に直面したときに、それをどう了解しうるのかということを念頭に置く考え方が発生していた。その代表が、パノフスキーの図像解釈学である。

6. パノフスキーの図像解釈学

パノフスキー（Panofsky, Erwin）は、多くの絵画の分析を発表している図像解釈学の大家であるが、その解釈の手法は必ずしも構造主義の文脈に則ったものではなく、その研究を本書における他の研究との関係で位置づけるのは難しい。さらに言えば、パノフスキーが依拠する解釈学は、前述したような現代解釈学の文脈に必ずしも一致しているとは言いがたい。ただし、パノフスキーの基本的立脚点は「表現者・作者の意図を知る」というところにはないという点では、現代解釈学の考え方に近いと言える。たとえば、パノフスキーは、ある作品の「象徴的価値」は、表現者自身にも知られていないものであり、表現者が意識して表現しようとしたものとは異なっていることもあると指摘する（Panofsky 1962）。この考え方は、ガダマーの定置したものにきわめて近いと言える。パノフスキーは、解釈のそのような段階を「深い意味におけるイコノグラフィーによる解釈」と位置づけ、その「内的意味」を知ることが図像解釈の目的であると指摘する。

パノフスキーは図像の解釈を三つの段階で説明する。第1段階は、「自然的意味」の段階と呼ばれるものであり、そこでは、ある線や色を持つ形が何らかの「対象」の表現であることが知られる。たとえば、ある形状をもって描かれ

た絵の具の単純図形の配列を、私たちが「石である」と認識するというような段階である。

　第2段階は「慣習的意味」の段階と呼ばれる。これは、画像として表現された何らかの対象が、その社会における通例に照らし合わせて「どのような意味」を表しているのかを知ることを指す。たとえば、「招き猫」の「招く」手は、日本では猫の体の外側に手のひらがあるのに対して、欧米で売られているものでは手の甲が外側となっている。これは、欧米では、手のひらが体の外側に向いている場合、「招く」という意味にはならず、「別れの挨拶」の記号となってしまうことに由来して行われた変更であるとされる。パノフスキーは、この段階の作業を「狭義のイコノグラフィー」もしくは単に「イコノグラフィー」とした。

　第3段階は「内的意味」の段階と呼ばれ、第2段階の「慣習的意味」からさらに一歩踏み込んで、その作品が示している「象徴的意味」もしくは「本質的意味」を知る段階であるとされる。たとえば、パノフスキーは、ブロンツィーノの「寓意図（愛の寓意／逸楽の暴露）」を分析し、そこに「当てにならぬ快楽と明白な悪の擬人像や象徴にとりまかれた『逸楽』を表している」と指摘する。これは、第2段階において行われる「仮面＝欺瞞」「鳩＝愛撫」などの分析を基礎としてその上に構成されている。この第3段階は「イコノロジー」と呼ばれ、第2段階である「狭義のイコノグラフィー」もしくは「イコノグラフィー」と区別される。

　パノフスキーの図像解釈学を構造主義の文脈上に位置づけるのは無謀であるが、その方法に構造主義的分析との類似点を見るのはそれほど難しくはない。たとえば以下のような記述は、構造分析での記述にきわめて類似している。

　　仮面が物欲や不誠実や偽りを象徴するものであることは、周知のことで、殊さら論ずるまでもない。しかし、仮面が一つならず二つまでも存在し、しかも若さと老齢、美と醜という対象を示している事実は、それらの仮面が陽気な男の子の背後に姿を見せる像と結びつくことによって、さらに特殊な意味を伝えることになる。（パノフスキー（著）　浅野徹　阿天坊耀　塚田孝雄　永澤峻　福部信敏（訳）　イコノロジー研究（上）　筑摩書店　2002、p.177）

もちろんこれは、パノフスキーの記述のうちから「対立関係」に関する部分を特に抽出したものであり、他の作品においては、必ずしも対立関係や相同関係（類似）をもとに分析されているわけではない。しかしながら、対立や相同という関係についての記述が行われているのはこの部分だけではなく、むしろ分析手順において大きな位置を占めているとも言える。

7．現代解釈学のコミュニケーション的転回

「解釈」という理性的営みに全幅の信頼を寄せることはできない。また、「理性」という道具を適切に使用することによってこの社会をよりよい方向へと変化させることができると考えるのも早計である。少なくとも20世紀の百年間においては、理性が私たちを幸福にした面もあるものの、それ以上に不幸にもした。

アドルノ（Adorno, Theodor Ludwig Wiesengrund）とホルクハイマー（Horkheimer, Max）は『啓蒙の弁証法』において、道具的理性の到達点が過去においていかに人類を不幸に陥れてきたかについて考察した（Horkheimer/Adorno 1947）。道具的理性という考え方は、コント（Comte, Auguste）に由来する。コントは、科学／産業もしくは学問の目的は「自然支配」にあると考えた（Comte 1822）。自然という「荒ぶるもの」を予測・制御することを通して、人類が至福を追求していく過程こそが科学の進歩であり、すべての学問はそれに供することを主たる目的としているという考え方である。この基本的な思想の枠組みは、現代でも変わっていない。というよりもむしろ強化されている。しかしながら、そのような思想的枠組みが極度に推進された果てに、20世紀の人類はアウシュビッツという惨劇を目にした。さらに言えば、同様の惨劇は、現代でも進行している。理性という力は、自然を支配し、自らのもとに自然を屈服させ、制御すると同時に、自らの欲望を具現化していくためにさまざまな営みを行う。ここでいう「自然」とは人間の外部に存在するものばかりを指すわけではなく、人間の内部に存在する欲望や欲動なども、自然支配の対象とされる。20世紀を席巻した「心理主義」的な考え方でさえ例外ではない。

むしろ人類の道具的理性の対象は「人間」となった。

　これは決して理性や知性の暴走なのではなく、当然の帰結であるというのが、ホルクハイマー／アドルノの指摘であり、多くの議論は存在するものの、この指摘自体は十分に検討しなくてはならない類のものである。ホルクハイマー／アドルノが指摘したように、「道具的理性」の行き着く果てに悲惨な結末が待っている可能性も存在するし、事実、いくつかの事例も存在している。もちろん、理性的営みである「物語構造分析」についても同様である。私たちは「何かのために」分析を行うわけであり、その意味においては、物語構造分析も「道具的理性」の一つの形態に他ならない。

　端的に言うならば、ガダマーの言う「地平融合」が仮に達成されたとして（実際には達成することのない営みであるはずであるが）、そこに垣間見える風景はどのようなものであるのか、ということを考える必要がある。ガダマーの「地平融合」は、私たちの文化が本質として有している方向を向いているはずである。もしもホルクハイマー／アドルノの考えが正しいのであれば、それは決して「幸福な風景」ではない。なぜなら、道具的理性とは「力」を希求し、力によって自然という他者を屈服させるという方向性を有しているからである。もちろん、「他者」は自然ばかりではない。さらに換言するならば、「理性」「知性」とは（つまりこれはアドルノとホルクハイマーの用語による「啓蒙＝enlightment」を意味するのであるが）、「正しい方向」を向いているのか、という問題でもあり、またそのとき「正しい」とは何のことを指すのかを考える必要がある、ということである。

　一方、ホルクハイマー／アドルノと同じくフランクフルト学派に分類されるハバーマス（Habermas, Jürgen）は、ガダマーの解釈学的方法論に潜む問題点を指摘した（Habermas 1970）。前述のように、ガダマー解釈学の基礎となる概念の一つに「先入見」がある。ガダマーによれば、私たちは歴史の外に立つことができない。私たちの思考や価値観を規定している「先入見」は、文化・歴史的なものであり、それを捨象することはできず、常にそのフィルターを通してしか認識／思考することはできない。ハバーマスは、もしもガダマーの考え方が正しいのであれば、私たちはいつまでも歴史に規定されたままで、そこ

から抜け出すことのできない状態に束縛されていると言う。フランクフルト学派の批判哲学の流れを汲むハバーマスは、批判的に思考することを通して、歴史の束縛から逃れる方法を考えた。しかし、ガダマーは、「ハバーマスのそのような考え方自体が、すでに文化・歴史的先入見に囚われているものである」と指摘した（Gadamer 1971）。いわゆる「ガダマー－ハバーマス論争」と呼ばれるものであるが、この論争はハバーマスが「コミュニケーション的転回」「コミュニケーション的行為の理論」を構築する上で、きわめて重要な位置を占めた（五十嵐 1996）。

　この問題は、いわゆる「解釈学的循環」と言われるものと相同の構造を有している。解釈学においては、部分は全体に規定され、また、全体は、部分の解釈の積み重ねによって得られるとされるが、もしも部分の解釈が全体に規定されるのであるなら、私たちの解釈という営みは、結局のところあらかじめ存在が想定されている「全体」を超えることはできない。ここで「全体」とはガダマーの言う「地平」であると考えるならば、私たちの「解釈」という営みは、決して創造的なものではなく、結局のところ「地平」にいたるための「部分」を構築するものとなってしまう。

　私たちは言語を用いて世界を把握／認識し、また、言語を用いてしかそれを行うことはできない。言語は文化によって規定されているのであるから、私たちは「文化」に束縛された状態でしか、世界を把握／認識しえない。いわゆる「言語の専制」と呼ばれる状態である。この状態を脱し、言語や文化に隷属するのではなく、それらを生成／創造していく立場に立つ必要があるのだが、果たしてそれがどのようにして可能であるのかについては、多くの議論が行われてきた。私たちは、言語を辞書的に正確な意味で使用することができない。個別の二名が同じ単語を使用したとしても、それぞれの使用における意味には偏差が存在する。また、同一人でさえ、二度同じ意味で一つの単語を使うことはできない。たとえば、「水」は、物理学者にとっては、「固体になると体積が膨張するきわめて特殊な物質」という意味を持つが、一般の人にとっては、そのような意味を持っていない。そして、そのようなことを聞く前と後では、同じ人間でも「水」の意味は異なってしまう。「水は、水ではない」（「水」は、（それま

で考えられていた)「水」ではない)ということになる。たとえば、「ある講義を聴き、その内容を自分のものとする」ということの意味を考える必要がある。それは、ある講師の解釈を見聞きし、それに対して受講者が自ら意味を再生産するという過程を伴うが、その営みのどこに、どのような意義が存在しているのかを考えなくてはならない。これに関しては、ギアーツ（Geertz, Clifford）の「厚い記述」という概念を検討する必要がある（Geertz 1973）。

　ギアーツは、エスノグラフィーが単なる認識された事実の報告ではなく、「十分な解釈の結果として記述されていること」が重要であると考え、それを「厚い記述」と呼んだ。文化においては「文脈＝コンテクスト」が重要であり、ある事実が発生した際に、それが発生した文脈を含めて十分に（つまり「厚く」）記述することが重要な意味を持つ。ギアーツはそのような「文脈と行動」の対を規定しているものを「文化的プログラム」と考えた。つまり文化とは、「行動を支配する制御装置としてみられるべき」であるという。ここで「制御装置」とは、いわゆる「コンピューターで用いられるプログラム」のことを指す。この「文化的プログラム」は、それぞれの文化圏によって異なり、また、個人個人においても偏差が存在している。しかしながら、ある事例をエスノグラフィーとして「厚く」記述することによって、それを読む者が「自分が採用しているものとは異なるプログラムではあるが、こういうプログラムも実際に動作しうる」と理解することができる。それは、ある文化に属する人間が、自文化の文脈において、別の文化における事例を「解釈する」ことを指す。ある意味でそれは「自文化の論理体系の中に引き込んで理解する」ことであるが、それが十分な密度で行われていれば、それを目にした人間の価値体系の変容が惹起される可能性がある。ギアーツは自らの研究の目的を「人間相互の対話による、世界（論理体系）の拡大」であると位置づけている。この考え方自体は、形は少々異なるがガダマーの「地平融合」が横断的に（同時代の文化間で）行われるという概念と類似している。

　しかしながら、この「横断的な地平融合」でさえ、解釈学的循環の問題の範疇にある。ハバーマスはその解決を「コミュケーション的行為」に求めたが、それはギアーツの考え方と方向性を同じくしている。

私たちの理性や知性は、単に「力への意志」を希求するばかりではなく、その「力」の意味を吟味検討しうる。ホルクハイマーとアドルノはある文化を「解釈」したが、私たちはさらにそれを解釈することができる。そのような解釈の連鎖によって、私たちは順次「新しい理解」を得ることができる。

第3章

神話学概観

1. 概　　要

　現代神話学は、レヴィ＝ストロース（Levi=Strauss, Claude）にその端を発する研究分野であるが、そこでは、物語構造の分析を契機とし、そこからその物語が示す何らかの精神構造・文化構造を明らかにする試みが行われる。

　もちろん、神話や物語を何らかの構造に還元した上で理解しようとする試み自体は、レヴィ＝ストロース以前の神話学にも存在した。たとえば、デュメジル（Dumézil, Georges）は、インド・ローマ・ゲルマンにおける神話の分析を通して、それらの神話が「聖性／戦闘性／生産性」というの三つの概念によって構成されていると指摘した（Dumézil 1958）。いわゆる「三機能仮説（三区分イデオロギー）」である。この手法は、現代神話学においても頻繁に用いられる研究方略であると言える。すなわち、数多くの「ヴァリアント（派生形）」を収集し、それらに共通する関係構造を抽出し、関係構造から「主要概念・主たる構成要素」を抽出するという方略である。このようなデュメジルの研究方略は、それ以前の神話学（たとえば、マックス・ミュラー（Muller, Friedrich Max）やフレイザー（Frazer, James George）における神話学）には存在しないものであった。

　レヴィ＝ストロースはこのデュメジルの立場をさらに進展させ、力動的心理学のフロイトや、分析心理学のユングなどの創出した概念を援用しつつ、神話に内在している構造と人間精神の相同性を基礎とした分析を行った。本書においても、基本的な立場としてこのデュメジルおよびレヴィ＝ストロースの立脚点を踏襲する。なぜなら、現代神話学において重要な概念が、この「相同性」

であると考えられるからである。神話分析の結果得られた構造と、人間精神あるいは文化の間には、何らかの相同である性質・類似点が存在しているという考え方である。

　さらに、20世紀神話学のもう一方の流れとしてキャンベル（Campbell, Joseph）の神話学が存在する。これらを果たして研究と呼べるかどうかに関しては、さまざまな考えが存在する。全体的に見れば、神話学の分野における職業的研究者の間では、必ずしも好感されてはいないと言えるだろう。これらの流れは、デュメジル－レヴィ＝ストロースの流れとは一線を画している。そこでは分析研究という側面は比較的強調されず、神話の持つ豊かさや意味などに脚光を浴びせる類の記述が続く。それらはむしろデュメジル以前の（マックス・ミュラーやフレイザーの）神話学に近い立場をとっているとさえ言える。

　キャンベルの著作はどれも面白く、また示唆に富んでいるものの、そこにおいては分析の方法や手順などが明らかにされることは少なく、彼の直観に基づく解釈が中心となっていることが問題とされる場合も少なくない。ただし、たとえばキャンベルの「英雄神話の12ステージ」の理論などは、そのままでは研究に応用できる可能性は少ないものの、きわめて示唆に富んだ解釈であることは間違いない。

　レヴィ＝ストロース以降、神話学は、客観的分析・科学的分析という立脚点を標榜しつつ輝かしい成果をあげては来たものの、その過程で失った、もしくはそぎ落とした部分が存在するという考えにも一理ある（「分析」とは情報量を軽減させる営みであるから、そのような方向に進むことは当然のことである）。そのそぎ落とした部分に再び脚光を浴びせるという揺り戻し的な意味合いがキャンベル神話学には存在していると言うことができる。職業的研究者以外で神話に興味を持つ人達の間でのキャンベルの人気は高く、むしろ、神話学の中心は、キャンベル神話学だと感じている人の存在さえ指摘できる。

2．レヴィ＝ストロースの神話分析

（1）概　要

　プロップが「物語論の祖」であるとするならば、レヴィ＝ストロース（Levi=Strauss, Claude）は「物語構造分析の祖」であるといえよう。物語分析に「関係（構造）」という概念を導入したのはレヴィ＝ストロースの偉大な功績の一つである。

　まず「意味が発生する」とはどういうことかを考える必要がある。端的に言うならば、意味は、少なくとも一組の対立関係の提示によって発生する。白とは「黒でないもの」という含意を第一義的に含んでおり、「絶対的な白」という概念は（理論的には存在するものの、一般的な文脈では）機能しない。「黒－白」という「一組の対立関係」こそが意味を発生させる仕組みである。これは構造主義的分析の基本的な立脚点であるともいえる。

> 　言語的表出の意味論とは違った基礎的意味論の計画は、意味の理論に基づくことしかできない。したがってそれは意味の把握の諸条件の明示化と、そこから演繹することができ、その後で公理系という形を取るだろう。意味作用の基本構造に直接的に結びつくことになる。前に分析し、記述したこの基本構造は、白対黒の型の二項的意味素範疇の論理的展開として考えられねばならない。（アルジルダス・ジュリアン・グレマス（著）　赤羽研三（訳）　意味について　水声社　1992、p.185）

　上記は、レヴィ＝ストロースによるものではなく、グレマスによる説明であるが、「構造主義的分析」の基本的立場をよく表しているものであるといえる。

　物語表現の契機は、まず、対象となる何らかの観念が存在するところから始まる。この観念は、そのままでは把握も表現もできないものであり、「意味」と言い換えてもよい。この観念を表現するために、分化・分離を行う。すなわち「一組の対立する概念を提示する」ことによって、当該の観念を表現しようと試みる。したがって、物語分析とは対立する概念を抽出するという作業を経由して、そこに内包されている「意味」「観念」を同定するという営みであるといえる。この考え方は、デュメジルにその端緒を見ることができるが、デュ

メジルの方法が社会学分野における概念に依拠するものであったのに対して、レヴィ＝ストロースの方法は音韻論における構造の概念に依拠している。

　レヴィ＝ストロースは、プエブロ族の神話分析に際して、以下の対立関係を抽出する。

　　［生］と［死］

　　［農耕］と［狩猟］と［戦争］

　　［草食動物］と［死肉を食う動物］と［捕食する動物］

　　　こうして、対立と相関により、各項が次の項を誕生させて、第一、第二、第三段階等々の媒介者が得られる。（クロード・レヴィ＝ストロース（著）荒川幾男・生松敬三・川田順造・佐々木明・田島節夫（訳）　構造人類学　みすず書房　1972、p.248）

　分析手順の詳細は後に記載することとして、ここではさらなる問題点に関して注意を喚起しておく。

　レヴィ＝ストロースにおける「神話分析」や「民族学的分析」の目的は、必ずしも本書で提示した物語分析の目的と一致してはいない。ある物語に内包されていた「意味」「観念」を同定するところまでは同じだが、レヴィ＝ストロースは、さらにその先を見ている。それは、レヴィ＝ストロースの著作としては少々目立たないものである「人種と歴史」において詳細に語られているものであり、「文化とは何であるかを明らかにする」ことの意義である。

　ブイヨンは、「クロード・レヴィ＝ストロースの業績」と題された小論の中で、「単なる比較は、文化を理解するうえで十分ではない」とし、以下のように述べる。

　　　実際には、誤りは、一般性の探求において、比較が第一歩なのだと思い込むことである。その場合、ひとはなんであろうと比較しようとする。というのは、さまざまな文化体系をただ関係づければ法則ないしは一般的機能があらわれるだろうと期待するのである。つまり、一般化を基礎づけていると思われるものは比較だ、というわけである。同じようにまた、ひとは単なる類比に行きつく。そこからは、空虚で観念的な一般性しかひき出すことができず、それとのかかわりでいえば、調査されたすべての相違は、正確にいえば無差別である。つまり、人間はこのようなものであり、あのようなものであり、またこうでもあって、それはいつも同じものを意味するのである。それは、文化的相対主義と呼べるものである。（ジャン・ブイヨン「クロード・レヴィ＝ストロースの業績」（クロード・レヴィ＝ストール（著）荒川幾男（訳）人種と歴史　みすず書房　1970、p.83））

ブイヨンは、レヴィ＝ストロースが目指すものは「文化相対主義」ではないと指摘し、以下のように続ける。

> レヴィ＝ストロースが異議を唱えるのは、このような自然主義的相対主義に対してである。彼は、このような誤った綜合に満足するにはあまりに強く、人類を異なった文化に分けて考える考え方と、科学的体系化への関心をもっているのである。この差異が乗越えられねばならぬとしても、それは外的な一般性に向って外から乗越えられることはできない。一般性に到達することが可能としても、あらゆる比較を行って確固たる基礎の上に一般性が見いだされるのは、まさに差異そのものにおいてなのである。このように問題を取り扱うためには、一つの文化を構成する差異ないしは諸々の相違の総体が、ただ集めればよいといった自然的所与なのではなくて、構造的分析だけが説明しうる体系的組織が問題なのだということを認めなければならない。（同前、pp.84-85）

「構造主義」を「ニヒリズム」であるとか、「文化相対主義を標榜するものだ」とかという誤解は後を断たないが、構造主義の開祖の一人であるレヴィ＝ストロースの以下の文章を読めば、その誤解も払拭されると思われる。彼の目的は明確である。

> 要するに、やっと生物学的基盤から断絶した人種主義的偏見が新しい地盤に形をかえてあらわれる危険を犯しても、この差異が何であるのかを問わなければならない。なぜなら、もし生まれつきの人種的素質がないのなら、白人が発展させた文化が人も知るような巨大な進歩を遂げたのに、一方、有色人種の文化が後進的で、あるものはまだ中途にあり、あるものは何千年、何万年もの遅れにさらされているということをどのように説明するかという、経験が示すように、誰しもがごく身近に抱いている問いを不問にしておいて、一般のひとびとに、白や黒の皮膚、真直なあるいは縮れた毛髪をもっていることに知能上、道徳上の意味を付与しないでもらったところで、無駄であろうからである。もし実際に公衆の心のなかで密接に人種の不平等の問題と結びついている人類文化の不平等－－ないしは差異－－の問題をとりあげなければ、人種の不平等の問題を否定的に解決したとはとうてい主張できないだろう。（クロード・レヴィ＝ストロース（著）荒川幾男（訳）人種と歴史　みすず書房　1970、pp.9-10）

手法を、その目的と切り離して使用することの危険性に関しては前述したとおりである。したがって、レヴィ＝ストロースの物語分析（神話分析）の手法の援用に関しては、彼の目的をしっかりと認識しておく必要があると考えられる。ただし、前述した本書における物語分析の目的と、レヴィ＝ストロースの目的は異なるものではあるものの、その差異は、志の高さであると言っても

過言ではない（もちろん、本書で定置している目的は、レヴィ＝ストロースのものに比べて、かなり志が低い）。

以下に再掲するが、

① 人気を得ている作品の「深層」に潜む構造を知ることにより、現代社会に生きる人間たちが、「何を求めているのか」もしくは「何に欠乏を感じているのか」などということを推測し、提示する。

という目的は、しかし、途中のゴールでしかないということにも注意してほしい。「何を求めているのか」「何に欠乏を感じているのか」ということを推測したあとでどうするかというのは、それぞれの分析者があらかじめ定置しなければならない真の目的である。たとえるならば「分析手法」とは、刃物のようなものである。刃物の目的は、対象物を切り刻むというものであるが、切り刻んでどうするのかというのは、その道具の使用者が決めなければならない。分析手法が目的として定置できるのは道具の使用による直接的な帰結のみである。刃物を使って人を傷付けることも可能であるように、物語構造分析の手法を悪用することさえ可能であると思われるものの、手法の披瀝とは常にそのような危険性を併せ持っているというのも事実である。

（2）神話分析の手順

レヴィ＝ストロースの分析手法は、むしろ愚直とも言える方法で進められる。

> われわれは、これまで、次のような技法を用いてきた。各神話は、できるだけ短い文によって出来事の継起を翻訳することにつとめながら、独立に分析される。各文は、物語の中でその位置に応ずる番号のついたカードに書きとめられる。そうすると、各カードに記された内容は、ある述語をある主語に割り当てることでできていることが分かる。換言すれば、この大構成単位の各々は、関係としての本質をもっているのである。（クロード・レヴィ＝ストロース（著）荒川幾男・生松敬三・川田順造・佐々木明・田島節夫（訳） 構造人類学 みすず書房 1972、p.243）

詳細手順の実際に関しては、「第Ⅱ部 分析手法」の章を参照してもらうとして、ここでは手順を概念的に追っていく。

1）シノプシスの作成

まず、上記引用のように、「できるだけ短い文によって出来事の継起を」記述していく。本書ではこの「短い文」を「シノプシス」と呼称する。シノプシスは、少なくとも「主語と述語」を持つ。また、述部として「目的語」を持つ場合もある。

2）シーケンス（もしくはシェーマ）の抽出

シノプシスは、「語られた時系列」順に並べられているが、その中からシーケンスを抽出する。レヴィ＝ストロースはシーケンス分析の手法に関して多くを語っていないが、オイディプス神話の分析においては「シノプシスの相同性」に着目した抽出を行っている。

以下、レヴィ＝ストロース自身によって手順が詳細に解説されている「アスディワル武勲詩」での例を追いながら説明する。

> われわれはこの神話を、地理・技術－経済・社会学・宇宙観の四つのレベルに分けて分析した。（C・レヴィ＝ストロース（著）西澤文昭（訳）アスディワル武勲詩 青土社 1993、p.34）

これは、何らかの手続きによって、四つの「枠組み：シェーマ」を抽出したと解釈される。つまり、次の4つである。

① 「地理」に関するシェーマ
② 「技術－経済」に関するシェーマ
③ 「社会学」に関するシェーマ
④ 「宇宙観」に関するシェーマ

> 今までの分析から、神話構成の二つの側面、場面（sequence）とシェーマ（schema）とを区別することが必要になる。
> 場面は、神話の表にあらわれた内容であり、二人の女の出会い、超自然の庇護者の出現、アスディワルの誕生、その少年時代、天上への旅、相次ぐ結婚、狩猟・漁撈の旅、義兄弟たちとの反目などの時間の経過に従う出来事である。
> しかしこれらの場面は、同時的にまた重なって存在するシェーマに従い、さまざまな次元で、構成されている。ちょうどそれは、何声部にも分かれた声楽曲の旋

律が二つの決定因、すなわち旋律自身の直線的な-水平方向の-決定因と対位的シェーマの-垂直方向の-決定因、に従うのに似ている。(同前、pp.43-44)

　これは、「構造人類学」で説明されていることの繰り返しであるが、より明確に表現されている。

　ここで、一つの疑問が生じる可能性がある。オイディプス神話の分析においては、シーケンスの抽出に際して相同性に基づくシーケンスが用いられ、アスディワル武勲詩においては「シェーマ」が用いられているという、「手法の整合性」の問題である。しかしながらこれは、「シェーマ」を抽出する際に「行為（シノプシス）」の相同性を使用するか、もしくは「内容的な類似性」を使用するかの違いである。アスディワル武勲詩の分析においては「相同性」がそれぞれの行為の相同性ではなく「内容的な相同性」に着目したと解釈しうる。レヴィ=ストロースによれば、シーケンスは「水平方向の決定因」であり、シェーマは「垂直方向の決定因」である。つまり「構造人類学」で述べられている例に従えば以下のように説明される。

　仮に、語りの時間的順序によってシノプシスを配置した場合に以下のようになったとする。

　　　A－B－C－D－E－F－G－H－I－J

これらは、「語り」としては単に時間的に「一次元(直線)」上に配置されているが、「物語」としては、「二次元(平面)」上に配置されるべきものであると考えられる。すなわち、

　　　A　　－C　　　　　　　－I
　　　　　　－D　　　　－H　　　　－K
　　　　－B　　　　－E－F
　　　　　　　　　　　　　　－G　　　　－J　　－L

空白を詰めると、以下のようになる。

　　　α－β－γ
　　　①A－C－I
　　　②D－H－K
　　　③B－E－F

④G－J－L

　このときの垂直方向の流れが「シーケンス」であり、水平方向のまとまりが「シェーマ」である。

　「シーケンス」を中心に分析する場合、継起する出来事の相同性によって（上記の場合）［A－C－I］などという「まとまり」を得ることができる。オイディプス神話の分析の場合、それによって「得る（失う）－殺す－怪我をする」という「シェーマ」が得られる。これは「α（＝得る・失う）－β（殺す）－γ（怪我をする）」という「シェーマ」である。［A－D－B－G］というまとまりが「α」にくくられる。

　オイディプス神話の分析においては、先にシーケンスが抽出され、シーケンスの反復を観察することによって「シェーマ」が抽出されているが、そのときに「シーケンス」をまとめる要素となるのが相同性である。逆に、アスディワル武勲詩においては、先に「シェーマ」が抽出されている。それは、「地理的」「技術－経済」「社会学」「宇宙観」という「枠組み（シェーマ）」が、物語言表によって明確に存在していたことによると推測される。そのような場合には、煩雑な「シーケンス分析」を行わなくても、「シェーマ軸」を抽出することが可能となる。なぜなら「地理的シェーマ」にくくられるシノプシスには明確に「東西南北」や「地名」が表現されており、「技術－経済シェーマ」にくくられるシノプシスには、道具や獲物や食料などが表現されているからである。

　もちろん、ことさらに相同性に着目して分析手順を披瀝することが不可能であるわけではないが、明確なものに関してはその必要はないと考えられる。

　レヴィ＝ストロースの分析手法から少々離れる議論になるが、このシーケンス分析に関しては、レヴィ＝ストロース以降の研究においても詳細に検討されている。それに関しては後述するが、基本的な方向性は、レヴィ＝ストロースが提起したものに等しい。

3）対立関係の抽出

　次に、それぞれの「シノプシス」の中に存在する概念を参照し、その中から対立関係を構成する要素を抽出する。

　はじめの状況を次のように図式化することができよう。

母　－　娘
年上　－　年下
下流　－　上流
西　－　東
南　－　北（同前、pp.35-36）

　これが、「準備段階」として語られている内容に存在する「対立関係」である。
　次に、アスディワルが冒険に出る部分の分析が行われ、以下の関係が抽出される。

低　－　高
地　－　天
男　－　女
内婚　－　外婚

さらに、以下の対立関係が抽出されている。

山の狩　－　海の狩
地（陸）　－　水（海）（同前、同頁）

4）「意味」の同定
　対立関係を基軸として、それらの「意味」、もしくはそれら使用されたことの「意義」を推測する。
　本書で採用している分析手法は、基本的流れとして、上記の手順を踏襲している。愚直ではあるものの、これ以外の手順によって分析が可能であるとは思われないからである。少々苦言に類することを言うならば、世間に存在する分析の多くは、上記の手順を披瀝していないものが多い。もちろんそれは紙幅の制限による場合が多いであろうと類推されるし、また筆者自身も、同じ制限から上記の手順部分を披瀝せずに分析結果のみを提示することがないわけではないが、少なくとも構造分析と呼称する限りにおいては、上記の手順が（披瀝するか否かは別としても）存在していなければならないと考える。このような当然のことをあえて言うのは、上記手順そのものが行われていない（と推測される）にもかかわらず、構造分析を標榜する分析を目にすることが多いことによ

る。もちろん、娯楽的研究の場合には、面倒なシノプシスの抽出を読まされること自体苦痛になる可能性があることは容易に想像される。しかしながら、それは構造分析では決してなく、構造分析を標榜する単なるエッセイでしかない。これも当然のことであるが、私たちの目的はエッセイを書くことではない。

3．エリアーデ神話学

(1) 概　要

　エリアーデ（Eliade, Mircea）は神話学者というより、宗教学者として知られていると思われるが、その分析の基礎として神話分析を用いており、神話学の分野においても重要な業績を残した研究者である。ただし、エリアーデがどのような分析手法を用いていたかに関しては、それが定かにされている論文は見当たらず、その方法的側面はレヴィ＝ストロースに比べても謎に包まれている。エリアーデの著作のうち、神話学を中心としているものには『聖と俗』『永遠回帰の神話』『神話と夢想と秘儀』などがあるが、松村一男はその書名に見られる二項対立概念に着目し、そこにエリアーデの神話分析の手法を垣間見ることができると指摘する（松村 1999）。エリアーデの手法が構造主義的なものであるとまでは言えないだろうが、「祖型（アーキタイプ＝元型）と反復」などのようにユングが使用した概念と類似したものも使われており、『永遠回帰の神話―祖型と反復』などの著作では、神話学の分析手法の確立期の様子を見ることができる。

　エリアーデの問題意識は、神話を分析すること自体やその手法にあるのではなく、神話が持つ「反復性」と、「歴史性」との対比にある。神話の持つ役割や意義、ひいては宗教の役割や意義についてのエリアーデの指摘は、物語構造分析を行ううえでもきわめて重要な意義を持つと考えられる。

（2）エリアーデの「歴史の恐怖」

　エリアーデの問題の中心には、出来事が非因果的かつ非周期的に発生するという「歴史」の中において、人間たちがどのようにして耐えてきたかということであり、また、現代、どのようにして耐えているか、ということである。エリアーデの言う「歴史性」とは、ある時間軸を透徹した何らかの基本原理や精神性のことではなく、「出来事の連鎖」としての歴史の持つ性質のことを指す。

　エリアーデは、まず、意識的かつ自発的に歴史を創造する人間を「歴史的人間（近代人）」と定義し、それに対して歴史に対して否定的態度をとる人間を「伝承文化人」と定義する（堀一郎（訳）　1992　永遠回帰の神話　未来社、p.183）。ここで注意が必要なのは、「歴史」の意味である。エリアーデが「歴史に対して肯定的」と言うとき、それは「何ら反復性や原理性なしに、出来事が突発的に発生すると考える」立場を指し、逆に「歴史に対して否定的」というときには、出来事や事件が何らかの原理性に基づいて周期的に発生したり、それらの出来事や事件の背景に、それを発生させている「アーキタイプ（元型・祖型）」があると考え、歴史事件にそれ自体としての価値を与えない立場を指す（同前、同頁）。

　出来事や事件が突発的に、かつ何ら原理性なしに発生すると考えるとき、人は、そのような事態に直面して絶望せざるを得ないのだとエリアーデは指摘する。エリアーデにとって神話とは、そのような出来事の単なる連鎖としての「歴史」を否定し、何らかの規則性・周期性の中に出来事を回収することによって、人びとを「歴史の恐怖」から救う手立てであった。一見何の関係もなく発生するさまざまな不幸な出来事は、起源神話の中に見いだすことができる祖型（アーキタイプ）が繰り返し具現されているにすぎないのだと考えるとき、人は救われると指摘する。そのとき、出来事は独立して存在するのではなく、神話によって示された摂理の中に回収され、それはむしろ必然であったのだと考えることができる。この「神話の機能」なしに、人びとは、日々において絶望や厭世を回避することはできないとエリアーデは指摘する。

　一方、「歴史主義」とは、出来事が原理性を帯びずに発生するという事態を認めることと引き換えに、人間自らが出来事（歴史）を創造することができる

という考えを与えることができた。それが自由であり、近代人（歴史的人間）が信奉する考え方であると指摘する。

　このエリアーデの指摘は、神話や物語の役割と機能を考える上で、きわめて重要なものであったと言える。現代の物語においても、そこにエリアーデの指摘する機能が存在すると考えることができる。私たちは、ある神話や物語を読み、そこに何らかの原理性を見いだし得る。この原理性は、私たちを「歴史の恐怖」から——すなわち出来事が何ら理由なしに発生するということによる絶望から——救い出してくれる。

　この考え方そのものは、ガダマー解釈学の中にもその片鱗を見ることができる。ガダマーは、人間が何らかの予見（先入見）を持って出来事や事件（つまり歴史）を解釈することは避けられないことであり、むしろその先入見こそが解釈を可能とする素地であると考える。そして、この先入見とは、「歴史の反復性・原理性」を基礎としており、その意味において先入見によって出来事や事件を解釈する人間は「伝承人（伝承文化人）」であると考えることができる。

　一方で、エリアーデの言うところの「近代人（歴史的人間）」とは、出来事や事件の反復性やその背後の原理を鑑みない人間のことであり、その二つ（近代人としての性質と、伝承人としての性質）は、現代においてせめぎあってはいるものの、多くの場合において、出来事の一回性を信奉することが支配的な考え方になりつつあるとエリアーデは指摘する。しかし近代人は自由を得ることができたが、同時にそれは絶望と厭世をもたらした。

　自由であるためには、歴史の「反復性」を否定しなければならない。もしも歴史が何らかの原理に基づいて反復的に出現する出来事の羅列であるならば、そこにおいて、人間の意志による自由な事象の創出は不可能ということになる。したがって、近代人は「伝承」を捨て、自由をとった。しかしまた、伝承（反復性＝祖型と反復）を捨てることは、一回性の出来事が羅列するという「歴史の恐怖」にさらされることを意味する。

　エリアーデは、ここにおいて、キリスト教信仰が、その解決を提供したと指摘する。つまり、「自由」であることが究極的に推し進められたとき、そこに「神」なる概念が発生し、神の存在を前提とすることによって、それを信仰する人間

たちが絶望から免れることができると言う。「神にとってはすべて可能となる」という概念によって、それを信仰する人間たちにとっても究極の自由が担保されることになるのだとエリアーデは言う。つまり、一回性の出来事の羅列としての歴史であったとしても、その出来事は、人間が自らの力で十分に制御しどのようなことでも創出しうるのだという考えを信奉することによってのみ、人は歴史の恐怖から解放される。

> ユダヤ・キリスト教的意味における信仰の『発見』（＝神にとってすべては可能である）以降は、祖型と反復の平面を棄て去った人間は、もはや神の観念を通さずしてこの恐怖に対して自ら守ることは出来ない。事実、一方では自由（それは法によって支配される世界に自律性を授ける自由、いいかえれば、この世界に新しくユニークな生存様式を『開始』する自由）を克ちとり、そして他方、歴史的悲劇が一つの歴史を貫く意義、現在の段階では人類につねにはあらわに見られなくとも、その意義を有することの確信を獲るのは、実に神の存在を前提として初めて可能となるのである。（エリアーデ（著）　堀一郎（訳）　永遠回帰の神話　未来社　1963、p.207）

（3）エリアーデの「祖型（アーキタイプ）と反復」

　エリアーデは、前項で述べた問題意識のもと、神話（特に起源神話）に内在する「祖型（アーキタイプ）」の抽出を行っていく。エリアーデが起源神話にこだわるのは、その意味において当然であるとも言える。なぜなら、神話とは、すべての出来事（＝歴史）を、ある世界（もしくはある社会・共同体）が発生したというそのこと自体、もしくは発生時に存在していた原理によって駆動されていると「考える」ためのものだからである。世界に発生するさまざまな事象の雛形は、その発生時点に用意されているとするわけである。そして、起源神話に内在している祖型が反復して具象化されるのが、この世界の「出来事」であるとすることを示すために、効率的に神話が形成されていく。

　端的に言うならば、神話とは、「歴史の恐怖」から人びとが救われるための考え方の枠組みを提供するものとしての機能を有していた。それは、その時代の「価値」となり、多くの人間（というよりもむしろ古代から近代に至るまでのすべての人間）がそれを信じ、それによって出来事を解釈するということになる。つまりエリアーデにとって神話の機能とは、それが示す「祖型」によっ

て実現されるものである。
　エリアーデがそこに何らかの祖型を抽出したものとして、以下をあげることができる。
・建造物・都市
・儀礼
・世俗的活動
・神話
　これらから抽出された祖型としては、「中心（天─地─地下）」「聖─俗」「あらわなもの─あらわでないもの」「はかないもの─実在」「カオス─コスモス」などがあげられている。しかしながら、エリアーデの研究の具体的な進め方は、抽出された祖型がいかに反復されているかを示すという方法で進むため、祖型の抽出の手順などは明らかにされていない。むしろ、複数の対象物（神話のテキストや、建造物の様子など）に共通する要素をくくりだしていくという作業が中心となっているように思われる。おそらくエリアーデは、研究の方法論をそれほど重要なものとは認識していなかったと考えられるが、もちろんそれによってエリアーデの研究がその意義を失うわけではない。むしろ、研究の方略としては、重要な示唆に富んでいると考えるべきである。なぜなら、エリアーデは「祖型と反復」という研究モデルをその初期において明確に示し、それに合致する事例を収集していくという方法をとっているからである。『永遠回帰の神話』『聖と俗』などにおいて収集されている事例は、当然網羅的ではないものの、十分に「祖型と反復」という初期の仮説を支持しうる質と量を有している。特に、「祖型と反復」というモデルが、建造物においても、儀礼においても、また世俗的（狩や日常生活などの）活動においても見いだすことができるというエリアーデの分析は、言わずもがなのことではあるが、特筆に値する。その分析に基づき、主として古代人が、「模倣」によって非歴史的（＝出来事の一回性の拒否）事象を具現化しようと目論んだというエリアーデの指摘は、十分な説得力を有している。

4. キャンベル神話学

（1）概　要

　こと映像作品の構造分析に関しては、キャンベル（Campbell, Joseph）の神話学は特徴的な位置を有している。それは、ここに別立てで一つの項目を設けるに値するほどの影響をキャンベル神話学が有していることによる。周知のとおり、ハリウッドにおいて作成される映画の多くは「キャンベルの12ステージ」の理論に準拠して作られている。これは、キャンベル自身の研究を基礎とはしているものの、純粋にキャンベルが参照されることは少なく、キャンベル神話学の作劇術への応用を解説したヴォグラー（Vogler, Chistpher）によるところが大きい（Vogler 1998）。

　上記のような状況は、映画の構造分析においては、少々複雑な関係性を惹起してしまう。なぜなら、Aという理論に基づいて作成された映像作品を分析した場合に、Aの理論に合致する分析結果が得られるのは当然であるからだ。たとえば「スターウォーズ」をキャンベル神話学の理論に基づいて分析すれば、そこには「キャンベルの12ステージ」が見事なまでに綺麗に抽出されてしまう。それは当然で、スターウォーズは、キャンベル神話学の12ステージをもとにして作られているからである。実際には、スターウォーズ以外でも、きわめて多くのハリウッド映画がキャンベル神話学を踏襲していることが知られている。すなわち、「あらかじめAという構造を想定して作成されている映画を分析して、Aという構造を抽出する」ことには、とりたてて何の意味も存在しないとさえ言える。

　キャンベル神話学そのものに対しては、反感も多いものの、神話の持つ豊潤な世界を思い起こさせてくれるという意味では特筆に価する。それは「なぜ私たちの社会は神話を必要としてきたか」という根源的な問いに対しての、一定の答えを与えてくれるものだからである。

　キャンベルの理論は経験的に強力である。錯視のメカニズムを十分に熟知している視知覚認知心理学者においても錯視が生じるように、キャンベル神話学

を知っており、かつ、ある作品がそれに基づいて作られているとわかっていても、その作品を視聴すれば感動してしまう。それはむしろ「どうしてキャンベルの理論は、ここまで強力なのか」を明らかにするという研究法略が存在するべきであるとさえ思われるほどである。

さらには、キャンベルの著書は例外なく面白い。ことによるとそれは「物語分析の枠では分析しきれない何か」が存在し、それがキャンベルの著作の中に存在しているという感覚をも醸成する。構造分析は対象としてのテキストを関係構造をもとに切り刻むようなものである。このとき切り刻むとは、情報量の減衰を意味する。重要な情報を切り捨てないように分析していくことは当然であるが、実際うまくいかない場合は少なくない。もちろん研究法略としての分析は、必ず情報量の削減の方向を持つが、その過程で本質的な情報を切り捨ててしまっているのではないかということは、常に検討しなくてはならないことである。

もしも分析の結果を分析者自らが見直して、元のテキストに存在する中心的な「意味」が失われていると感じた場合には、その分析はおそらく「誤っている」。その意味で、キャンベルの著書にある豊潤さとは、私たち分析者に「誤り」の可能性を思い起こさせるという意味を持っているとさえ感じる。

しかし（気をとり直して）、私たちは、冷徹に「研究の目的」をしっかりと見据えなくてはならない。ある物語に存在する訴求構造を分析し、それによって現代に存在する問題を明らかにするのが目的であったことを忘れてはならない。物語に触れたときに感じる直観は重要ではあるものの、直観のみでは分析になりえない。

構造主義的分析（物語構造分析）に多数の取りこぼしがあることは、ある意味で当然である。

（2）英雄の旅

キャンベルは英雄譚を分析し、そこに典型的なシーケンス構造が存在することを指摘した。このキャンベルの分析は、単純に考えれば類型論であるが、単に類型論としての範疇を超えた意味を有している。それは、ヴォグラーが指摘

するように、多くの神話がそのシーケンスを有しているだけではなく、このシーケンスが現代において多くの視聴者に訴求しうるものであるということに付随する「意味」である。

つまり、キャンベルが指摘したシーケンス構造（「英雄の旅」）は、過去から現在にいたるまで多くの受容者にとって大きな訴求力を有しており、それは、そのシーケンス構造そのものに「訴求因」が存在していることを意味している。以下に、キャンベルの指摘した「英雄の旅」のシーケンスを示す（Vogler 1998）。

　　Stage 1：英雄は、「日常世界」において紹介される。
　　Stage 2：冒険への誘い。
　　Stage 3：英雄は、冒険に気乗りしない。もしくは、「冒険の拒絶」をする。
　　Stage 4：賢者（メンター）によって励まされる。
　　Stage 5：第1関門（第1の試練）を突破（門番の撃退）。「特別な世界」へと一歩踏み出す。
　　Stage 6：「特別な世界」で、「試練」「仲間」「敵対者」に次々と遭遇する。
　　Stage 7：「最も危険な場所」への接近。
　　Stage 8：「最大の試練（オーディール）」＝「第2の関門」の突破。
　　Stage 9：英雄は「報酬」を受ける。
　　Stage10：「日常の世界」への「帰路」を捜し求める。
　　Stage11：「第3の関門」を通りぬけ、「復活」を経験する。
　　Stage12：「宝を持っての帰還」。日常世界へと帰着する。

（3）分析手順としての応用の可能性

キャンベルの神話学における類型的研究を物語構造分析に適用することに関しては、十分な注意を払う必要がある。その理由は、一つには、ヴォグラーの「神話の法則」を下敷きにして作られている映像作品が多数存在すると思われることである。前述のとおり、ヴォグラー「神話の法則」はキャンベル神話学に依拠している。したがって、そのような映像作品を分析した結果キャンベルの12ステージに当てはまるのは、むしろ当然のことであり、分析としての意

義が存在しないと考えられるからである。これはキャンベルの研究のみならず、後述するプロップやグレマスの研究についても該当することであるが、類型的研究の成果物を「規範的型枠」などと考えてはならない。分析的研究の成果物としての類型は、ある手法にのっとって分析し抽出されたものが提示されているに過ぎないからである。重要なのは、その類型が抽出された手順である。もちろんキャンベルの研究成果は特筆すべき重要性を有している。それは、現代人の多くが、この「類型」によって訴求されているということであり、そこに何らかの訴求因が存在すると考えられることである。この訴求因がどのような構造を有しているのか、もしくはどのようなものなのかは、キャンベルの類型論をあてはめて分析するというような方法によっては決して探求されえない。さまざまな手法によって多くの作品を分析し、それによって得られた構造と、キャンベルの指摘する構造との間で、類似や差異を同定し、吟味検討することによって行われるものであると考える。

第4章

物語論概観

1．概要 ― 物語とは何か ―

　本書の分析手法は、物語構造分析として研究されてきた分野の成果に拠っている。物語構造分析は、物語の中に出てくる登場人物や要素の間の関係性の分析を基礎として、その物語によって表現されている深層構造を抽出することを基本的な目的としている。そしてその場合において深層構造は、その多くが文化の枠組みに由来している。私たちのこの社会の文化は、多くの物語によって維持されてきたと言っても過言ではない（もちろん、現代においては一般的な意味での「物語」の力は、かなり弱くなっていることも事実である）。

　現実においては「正義が負けることの方が多い」にもかかわらず、物語の世界では「正義が勝つ」場合が多い。「ほぼ負けることが確実」であるとわかっている戦いに挑んで「勝利を得る」ことなど現実社会ではほとんど見られないが、物語の世界にはそれがあふれている。そしてそれらの物語は、「私達の社会がそれを必要とした」から存在してきたのだといえる。

　ベッテルハイムは、以下のように指摘している。

> 　たとえば、ある子どもが、昔話によって、はじめはよそよそしく恐ろしげだったものが、魔法によってこの上なく親切な友だちに変わることがある、と知ったとする。すると、その子は、知らない子どもにあって恐いと思った時、もしかすると、昔話にあったように、この子もいい仲間になるかもしれない、と考える。昔話に良く出てくる「ほんとうは……」を信じていれば、最初の見かけによって、見知らぬ人からたやすく退却しない勇気を与えられる。（ブルーノ・ベッテルハイム（著）波多野完治・乾侑美子（訳）　昔話の魔力　評論社　1978、pp.78-79）

　教育課程においては、たとえば予告されていた試験に関して、まったく勉強

しない状態でその朝を迎えたとしても、その試験を受ける必要がある。そのとき、不思議な力や魔法を少しでも信じていれば、「挑む」勇気が生まれる（もちろん、そのような不思議な力は訪れないのであるが）。もしもそのとき、合理的な判断をするということになれば（たとえばそれが大人であるなら）、多くの場合「試験を欠席する」だろう。しかしそれでは初期教育は成立しえない。失敗を経験することが必要であるし、失敗する勇気を持たなくてはならない。そして、その勇気を与えてくれるのは、多くの場合昔話や物語である。

　それらの物語によって示された価値は、社会の成員によって遂行される。つまり「負けが確実な戦いであっても、挑まなければならないものがある」という物語や、「正義が行われなければならない」という物語が機能してきた。それらは部族の物語であり、共同体の物語として機能し、成員の犠牲を伴いつつも、共同体の維持発展に寄与してきたという構図が存在する。

　しかしながら一方で、そのような「共同体によって維持・発展してきた物語」が力を失い、安易で口当たりのよいテレビやゲームの物語がその代替物として浮上してきた。現代においては、物語の代表格は、アニメやコミックである。それらの物語は、歴史の洗礼を受けたものではなく、単に商行為の一環として生産され、普及されている。もちろんその中にも良質の物語が含まれている場合もあるだろうが、それは保証されない。なぜなら、それは共同体が求めた物語なのではなく、視聴者・読者が求める物語でしかないからである。

　そのような状況を指弾することには、実は、あまり意味がない。それは単に事実としての現状でしかないからだ。重要なのは、「この状況をどう認識し、どのように制御（もしくは予測）するべきか」であると考える。

　私たちは、共同体が必要とした物語の代替物として供与され影響を持つようになった現代の物語を分析し、その影響や効果を予測し、また、可能であれば制御しなくてはならない。もちろん、そのような現代の物語の代表格は、アニメであり、ゲームであり、CMである。

2．プロップの機能分析

（1）概　要

　ウラジミール・プロップ（Propp, Vladimir Aioakovlevich：Пропп, Владимир Яковлевич）は、物語論の始祖とされる。プロップが1928年に著した「昔話の形態学」は、長らく省みられることがなかったが、1960年代以降、レヴィ＝ストロースやグレマス、トドロフなどの研究に大きく影響することになる。その意味では、物語論の始祖であるばかりではなく、物語構造分析の実質的な開祖であるとさえ言えるだろう。

　プロップの形態学的分析は、まさに構造主義的分析の要素を兼ね添えていた。表現されたそれぞれの物語をヴァリアント（派生形・異本）であると考え、それらのヴァリアントを多数重ね合わせることによって物語の原形を探ろうという試みは、プロップの方法にその端緒が見られる。プロップは「ロシア昔話百集（アファナシエフ民話選集の50番から150番）」を分析し、それらに共通する構造を見いだした。ちなみに、この、プロップが抽出した構造のみが議論の対象とされる場合が少なくないが、それは一部に誤解を伴っている。プロップはロシア民話や魔法昔話の中に存在している共通する構造を見いだすために形態学的分析を行ったのであり、それら以外の民話の中に「プロップの見いだした構造が存在するか否か」は問題ではない。特に、本書での目的に照らすならば、「プロップの抽出した構造」が重要なのではなく、「プロップが抽出のために使用した分析手法」が重要であるといえる。

　現在では、プロップの見いだした31の機能の構成は十分ではないとされる場合が多く、それぞれの研究者が改良を加え、その分析をより精緻なものへと進化させている。「物語構造分析」分野における研究の進展とは、「プロップの方法の改良の変遷」であるとさえ考えることができる。その結果、現代における物語構造分析の手法はかなり精緻化されている。しかしながら、およそ80年前に出版された「昔話の形態学」において示されているプロップの方法や要素が、現在の物語構造分析の中に多数残存していることは驚異であり、プロッ

プの研究がいかに先端的であったかの傍証であるとさえいえるだろう。

（2）プロップによる「機能」の概念

プロップは、物語を、その登場人物の果たす「役割・機能」に着目して分析した。すでに多くの物語に接している読者であれば容易に推測がつくであろうと思われるが、多くの物語には「類似した登場人物」や「類似したできこと」が繰り返し登場する。表面的な「行動」や「目的」は異なっていたとしても、それらには共通した特徴が存在している。

さらに、プロップの方法の特筆すべき点は、「登場人物の機能」にのみ着目し、登場人物そのものや、その登場人物が求める対象などという要素は可能な限り捨象するというところある。そこでは、「登場人物が何をするか、どういう機能を果たすか」ということが重要であり、「登場人物がどのような手段を使うか」や「登場人物が何であるか」「登場人物がどのような目的でそれを行うか」などは、副次的なものであるとされる。

物語は、何らかの「状態の変遷」であると捉えられる。ある状態 a から別の状態 b への変化が連鎖しているのが「物語」であり、登場人物や出来事は、それらの状態変化を惹起するために何らかの行動を行う。物語をそのように捉えるななならば、「機能」とは、物語を進展させる要素であるといえる。換言するならば、機能とは関数（ファンクション：function）である。

$f1(a) \rightarrow b$［状態 a で、f1 という関数が適用されると、状態 b となる］

繰り返しになるが、このとき、f1 という「関数（もしくは機能）」は、「誰が」「何の目的で」行おうとも、それに関係なく、状態 a から状態 b への変化を惹起する。物語全体としては、以下のような構成となる。

$f1(a) \rightarrow b$

$f2(b) \rightarrow c$

$f3(c) \rightarrow d$

$f4(d) \rightarrow e$

したがって、

$f4(f3(f2(f1(a) \rightarrow b) \rightarrow c) \rightarrow d) \rightarrow e$

となる。これは、

  f1（a）→ b

である状態（b）に f2 という「機能（関数）」が作用し、

  f2（b）→ c

となることを示している。このとき、f1（a）→ b を代入すると、

  f2（f1（a）→ b）→ c

が得られる。また、二つの状態に一つの「機能（関数）」が適用されるという事態も想定可能である。

  f5（e, f）→ g

 端的に言うならば、プロップが考える「物語」とは、上記の関数関係［f1（a）→ b］をその「話素（物語の最小単位）」とするものである。そして、この考え方そのものは、現代における「物語構造分析」においても「中心的」なものであると言える。ただし、プロップの方法においては、上記において「a、b、c……」によって示された「状況の変遷」は、あまり重視されていない。つまり、上記のような物語構造は、

  f1 → f2 → f3 → f4

というように、「機能の連鎖」として表現されるのみである。

 もちろん、プロップ自身が上記のような関数関係をどこまで認識していたかに関しては、疑問が残る点もある。それは、もしも明確に「関数関係」を認識していたのであれば、抽出された構造の表現は、少々異なったものになったはずであると考えられるからである。プロップ以降の物語構造分析の研究の文脈においては、上記の「話素」を構成する「関数（機能）」をいかに抽出しうるかに研究の重心が置かれるようになっていく。それはつまり、

  f1（a）→ b

において、プロップがあまり省みなかった a、b などという「物語における状態」をどう認識するかということの検討であったと言える。

 上記の考え方に基づき、プロップは素材とした物語の各句を「機能」に置き換え、「機能」のリストを作り上げた。以下にそれらの機能をあげておく。

第4章　物語論概観　59

α　導入の状況
β　家族の成員のひとりが家を留守にする（不在）
γ　主人公に禁を課す（禁止）
δ　禁が破られる（違反）
ε　敵対者が探り出そうとする（情報蒐集）
ζ　犠牲者に関する情報が敵対者に伝わる（情報獲得）
η　敵対者は、犠牲となる者なりその持ち物なりを手に入れようとして、犠牲者となる者をだまそうとする（謀略）
θ　犠牲となる者は欺かれ、そのことによって心ならずも敵対者を助ける（幇助）
A　敵対者が家族の成員のひとりに害を加えるなり損傷を与える（加害）
B　被害なり欠如なりが知らされ、主人公に頼むなり命令するなりして主人公を派遣したり出立したりする（救援依頼あるいは派遣）
C　探索型の主人公が、対抗する行動に出ることに同意するか、対抗する行動に出ることを決意する（対抗開始）
↑　主人公が家を後にする（出発）
D　主人公が試され・訊ねられ・攻撃されたりする。そのことによって、主人公が呪具なり助手なりを手に入れる・下準備がなされる（贈与者の第一機能）
E　主人公が、贈与者となるはずの者の働きかけに反応する（主人公の反応）
F　呪具が主人公の手に入る（呪具の贈与・獲得）
G　主人公は、探し求める対象のある場所へ、連れて行かれる・送りとどけられる・案内される（二つの国の間の空間移動）
H　主人公と敵対者とが、直接に闘う（戦闘）
J　主人公にしるしがつけられる（しるしづけ）
I　敵対者が敗北する（勝利）
K　発端の不幸・災いか発端の欠如が解消される（回復）
↓　主人公が帰路につく（帰還）
Pr　主人公が追跡される（追跡）
Rs　主人公は追跡から救われる（救出）
O　主人公がそれと気づかれずに、他国かに到着する（秘かな到着）
L　ニセ主人公が不当な要求をする（詐欺）
M　主人公に難題が課される（難題）
N　難題を解決する（解決）
Q　主人公が発見・認知される（再認）
Ex　ニセ主人公あるいは敵対者（加害者）の正体が露見する（暴露）
T　主人公に新たな姿形が与えられる（変身）

U　敵対者が罰せられる（処罰）
　W　主人公は結婚するか王位につく。或いはその両方（結婚）
（クロード・ブレモン（著）阪上脩（訳）物語り可能なものの論理『物語のメッセージ』1975、審美社）

　ここにおいて、冒頭の a は「機能」ではない。したがって、その一つを除き、全部で31個の機能が定置されている。また、$a \sim \theta$ までは「準備」であり、Aによって「最初の行動が生じる」とされる。

　ここで「類型研究」に関しての注意を喚起しておかなくてはならない。プロップは、ロシア昔話を分析として上記の「類型の抽出」を行った。したがって、その他の物語を分析した場合には、当然、プロップの抽出したものとは異なる可能性が存在する。少なくとも本書の目的からするかぎり、既存の類型は、あまり重要ではない。重要なのは、「類型の抽出において用いられた分析手法」である。キャンベル神話学が「分析的研究になり得ていない」とされるのは、そこにおいて分析手法が明確化されていないことによるということは前述したが、もしもこの「類型」のみを重視するのであれば、同様な問題点を抱えることになる。物語構造分析とは、決して「既存の類型に、ある物語をあてはめて解釈すること」ではない。したがってプロップの研究において重要なのは、「プロップが上記の31の機能を抽出した際に使用した分析手順」であるといえる。もちろん、上記の類型が特筆に価する一般性を持っていることを否定するものではないし、事実現代においても「剣と魔法もの」のアニメや小説などにおいては、プロップが抽出した類型がそのまま適用されると想定されるものが多いのも事実である。しかしながら、重要なのはむしろそれらの類型にくくられない物語構造が抽出されたときに発生する何かであるということを念頭に置いておかなくてはならない。逆に言うならば、既存の類型に物語をあてはめて解釈するという研究の方向にどのような目的が存在しているかは、非常に想像しにくい。

（3）機能による「登場人物の類型化」

　前述のように、プロップの研究の主たる目的は「一群の物語に共通して存在する物語要素の抽出」であった。すなわち、抽出された類型が重要であり、逆

に言えば、抽出の方法はそれほど重視されていないとも言える。また、プロップが対象としたテキストは、比較的偏差の少ない物語群であったために、分析（もしくは抽出）の手法がさほど精緻化されていなくても、問題に逢着することは少なかったのだと考えることもできるだろう。

　プロップが提示した登場人物の類型は以下である。
　① 敵対者
　② 贈与者
　③ 補助者
　④ 王女とその父
　⑤ 派遣者
　⑥ 主人公
　⑦ ニセ主人公
　　主人公は、派遣者（依頼者）の命を受ける（依頼を受ける）。
　　主人公は、王女を探しに行く。
　　敵対者は、主人公の探索を妨害する。
　　補助者は、主人公を助ける。
　　ニセ主人公が、王女を騙して連れ去る。
　　主人公が、王女を救出する。
　　贈与者が、主人公に恵みを与える。

これら七種類の登場人物は、前述の 31 の機能との間で、プロップの用語によるところの「行動領域」と対応関係を有している。以下に、それぞれの対応関係を示す。
　① 敵対者の行動領域
　　加害行為（A）／主人公との格闘その他の闘い（H）／追跡（Ｐｒ）
　② 贈与者の行動領域
　　呪具贈与の交渉（D）／呪具の贈与（F）
　③ 補助者の行動領域
　　主人公の空間移動（G）／不幸あるいは欠如の解消（K）／追跡からの救出（Ｒｓ）／難題の解決（N）・主人公の変身（T）

④　王女とその父の行動領域

難題を課すこと（M）／標をつけること（J）／正体を暴露すること（Ex）／発見・認知すること（Q）／第二の加害者の処罰を行うこと（U）／結婚すること（W）

⑤　派遣者の行動領域

派遣すること（B）

⑥　主人公の行動領域

探索に出立すること（C↑）／贈与者の求めに応ずること（E）／結婚すること（W）

⑦　ニセ主人公の行動領域

探索への出立（C↑）／贈与者の求めに応ずること（E）／不当な要求をすること（L）

これらの「登場人物の類型化」に関しては、「行為項」としてグレマスによってさらに精緻化されることとなる。

3．バルトの物語構造分析

(1) 概　要

　物語構造分析について語る場合には、どうしてもバルトの『物語の構造分析』に触れないわけにはいかない。しかしながら、バルトのこの著書においては、確立された利用可能な手法が説明されているわけではない。

　バルトの著作を読んだ分析者の多くが感じることは、「内容的には素晴らしく示唆に富むものではあるが、どう分析するのかはわからない」というものである場合が少なくない。バルトによる手法の説明が為されているのは、むしろ『記号学の冒険』（Barthes 1985）においてであるのだが、この本は、邦訳を含めて、現在では入手が容易ではない。

　もちろん『物語の構造分析』『第三の意味』などに代表される著作の内容は

非常に多くの示唆を含むものであり、思想書として読む限りにおいてはきわめて有意義なものであることは議論を待たない。しかしながら一方で、「バルトの分析手法とは何か」と問われたとき、困惑する研究者は少なくないであろう。バルトの分析も理論も見事でははあるが、多くの著作においては、ハウツーもののような懇切丁寧な分析手法の開示は存在しないからである。しかしながらこれは当たり前のことで、『記号学の冒険』において提示した手法を、ことさらにそれ以外の書籍で述べることはしなかったとも考えられる。ちなみに、バルトに関しては、その記号論的な概念の解説は「記号学の原理」（Barthes 1964）（『零度のエクリチュール』所収）で最も詳細に述べられており、また、物語構造分析の具体的手順の解説は前述のとおり『記号学の冒険』（Barthes 1985）に最も詳しい。

　本章で説明するように、バルトの業績は、物語論における具体的な作業手順の方向性を定式化し、さらにそれに基づいて実際の構造分析を行っていることにある。バルトが参照されることが多いのは、それまで個別の研究者において行われていた物語構造分析の手法が、バルトによって有機的に結合され、その結実が示されていることによる。異論はあるだろうが、およそ1970年代までの物語論の研究成果の大半がバルトに流れ込み、バルトを通して具体的な手法として確立されたと言っても過言ではない。ただし前述のように、その「具体的手法」の説明の方法が決して懇切丁寧とは言えないというところが、多くの研究者の悩みの種であったと言えよう。

（2）構造分析手法に関して

　バルトは『物語の構造分析』において、物語の構造を探求する際における方向性として三つをあげる。一つは、ブレモン（Bremond, Claude）の方法で、物語の進行において登場人物が行う何らかの「選択」の道筋を追うことであるとされる。二つ目は、レヴィ＝ストロースとグレマス（Greimas, Algirdas Julien）による方法で、「対立関係」を見いだすことによって物語の構造を明らかにしようとすることを指す。三つ目は、トドロフ（Todorov, Tzvetan）による方法で、物語の最小構成単位を「属性の付与」と「属性を変化させる行為」という観点から考

える（Barthes 1966）。これらについては後にそれぞれの項目で説明する。
バルトは、その具体的な手順を以下のようにまとめている。
　①　テキストの切り分け
　②　テキストで引用されているコードの目録作成
　③　関係の抽出と調整

　もちろんこれは、構造分析の作業手順であり、これらの作業が行われた後に、さらにその意味についての分析が行われることになる。

　さらに上記①〜③についてのバルトの説明を見ていく。①は、分析対象としたテキストを章や節に分けていくことを指す。これは、純粋に作業のための前処理であると言える。②は、それぞれのテキストの中から、そこで使用されている重要な「コード」を抽出し、その目録を作成することを指す。ここでコードとは、意味を構成する基本的な要素という程度の意味で用いられている。バルトは、「コード」として、以下に示す12個をあげている（Barthes 1985）。

　1　語りのコード：「昔々……」など
　2　地誌的コード：土地の名前
　3　行為のコード：「問いかける」「答える」「戦う」など
　4　象徴的コード：「高い場所」「屋根の上」「空」など、象徴的意味を持つと考えられるもの
　5　固有名コード：固有名詞
　6　歴史的コード：歴史的知識を含むもの
　7　意味素コード：コノテーションの記号内容
　8　修辞学的コード：通例の修辞法にしたがった表現
　9　時間的継起のコード：時間的表示
　10　話しかけコード：呼びかけや接触を示す表現
　11　秘儀解釈的コード：そのテキストの意味を一意に示すために隠された表現
　12　メタ言語的コード：テキスト内の言語活動について語ること。たとえば「要約」など。

（これらとは別に「象徴の場」というものもコードに類似するものとして扱われている。）（花輪光訳　記号学の冒険　みすず書房　1988、pp.158-168）

　さらに上記③で示したように、これら抽出された「コード」の相互関係を抽出し、調整する。そのときに重要となる関係として、「内的相関関係」と「外

的相関関係」があげられている。たとえば「姿を現す」「姿を消す」という二つの行為のコードがその物語のテキストの中に存在している場合、それは「内的な相関関係」とされる。また、「外的な相関関係」とは、そのテキストの外部に存在する何らかのテキストや文化的コードなどとの間に「関係」を有することであるとされる。たとえば、他の物語において語られていることとの間に存在する関係などである。

　ここで「相関関係」の詳細についてはあまり説明が行われていないが、バルトがあげている例示からすると「対立関係」および「相同関係」が想定されていると考えられる。前述の「姿を消す／表す」は行為のコードの対立関係である。

4．グレマスの行為項分析

(1) 概　要

　アルジルダス・ジュリアン・グレマス（Greimas, Algirdas Julien）は「物語構造分析手法の完成者」であると言ってよいだろう。もちろん、手法そのものにはまだ精緻化の余地が存在するが、プロップが提示した分析手法を著しく精緻なものとし、さらにレヴィ＝ストロースやスーリオよる理論などを取り込むことによって実用的なレベルにまで発展させたのは、グレマスの偉大な功績である。端的にいうならば、プロップ、レヴィ＝ストロース、スーリオの分析手法が、「グレマス」によって統合整理され、さらに深化されたということができる。もちろん、グレマス自身もそれを明確に意識している。

> 　第一段階で、個々別々になされた研究成果－民間伝承についてはプロップのもの、神話構造についてはレヴィ＝ストロースのもの、演劇についてはエティエンヌ・スーリオのもの－の比較によって、自律的な研究分野が存在することを断言できるようになった。次いで新たな方法論上の堀下げ－決定の論理の展望にたって語りを解釈するクロード・ブレモン、あるは語り文法という形態を物語の組織に与えることを目指すアラン・ダンダスの掘り下げ－は理論的アプローチのしかたを多様化した。」（アルジルダス・ジュリアン・グレマス（著）　赤羽研三（訳）　意味について　水声社　1992, p.181）

66　第Ⅰ部　物語構造分析の基礎理論

　グレマスの分析手法はきわめて難解であるとともに、その「記号の使用」は非常にユニーク（悪く言えば特殊）なものであり、その著書を熟読しつつ練習しても、なかなかを分析するところにまでは到達できない場合が多いとされる。しかしながら、グレマスの着想と問題意識は「プロップの機能分析」のものをほとんどすべて踏襲しており、その手法の「精緻化」という明確な方向性を有していると考えることができる。つまり、プロップの機能分析においては、登場人物の「機能」を中心として物語の類型化が行われたが、グレマスはそれに「行為者」の概念を加えることによって、より抽象度の高い「話素」の抽出を試みた。

　しかしながら、物語を「ある状態から別の状態への変遷の連鎖」であるととらえる基本的姿勢はプロップのものと何ら変わるものではない。また、「物語における状態の変化を惹起するもの」として「行為（機能）」を置いていることも同じである。

　ここではまず、物語の構成要素としての「行為」と「状態」に関して、グレマスの分析を見るところからはじめる。

（2）状態言表と行為言表

　グレマスの分析をわかりにくくしている原因の一つとして「記号の特殊性」を指摘したが、ここで説明する状態言表と行為言表に関するグレマスの説明は、その「わかりにくさ」が前面に出ている部分である（Greimas 1966）。

> 　実際意欲は、行為者を主体、つまり行為のありうべき操作子とする擬人的分類素なのである（しかしそれが必然的に形象的というわけではない。「この規則は……ということを要求する」参照）。それゆえ記述言表（ED）の隣に、新しいタイプの語り言表、すなわち様態言表（EM）を設けることができる。
> 　実際、言語的見地からすると、意欲は、本来的に記述言表を支配する様態述辞なのである。たとえば、
> (1) ジャンはピエールが出てゆくことを望む（Jean vent que Pierre parte）
> (2) ピエールは出かけたい（Pierre vent partir）
> 　これらの言語的言表はひとたび意味論的言表に転記されると、次のような形になる。
> (1) F：意欲／S：ジャン；O（F：出発；A：ピエール）／
> (2) F：意欲／S：ピエール；O（F：出発；A：ピエール）／

〔F：機能、S：主体、O：対象、A：行為者〕」
(アルジルダス・ジュリアン・グレマス（著）赤羽研三（訳） 意味について 水声社 1992、p.195)

この箇所は、よりわかりやすく表現すると、以下のようになる。

「意欲」は、行為者の「状態」を表している。

（1）ジャンはピエールが出てゆくことを望む

は、以下のように変換できる

　［ジャン］は［ピエールが出て行くこと］を（意欲）する。

これを、［ジャン］を［S］とし、［ピエールが出て行くこと］を［O］とすると、

　［S］は［S］を（意欲）する。

となる。ここで、［ピエールが出て行くこと］を細分化する。

　［ピエールが出て行くこと］＝［ピエール］が（出て行く）

とし、「出て行く」という行動をFとおき、「ピエール」をAとおく。

ここで、ある対象aが、ある行動Fをすることを「関数表記」にならって、

　F（a）

とおく。つまり上述の例では、

　（意欲する）（出て行く）

という二つの「行動」が存在するので、（意欲する）をF1とおき、（出て行く）をF2とおく。となると、まず

　［ピエールが出て行くこと］＝［ピエール］が（出て行く）

は、

　F2（A）

となる。さらに、

　［S］は［O］を（意欲）する。

は、

　F1（[S], [O]）

となる。ここで、［O］とは、［ピエールが出て行くこと］であり、あらかじめF2（A）に変換していたので、それに置き換える。つまり、

　F1（S, F2（A））

となる。これは、以下のようにも書ける。

　　F1（S, O = F2（A））

ここにおいて、

　　S：ジャン
　　A：ピエール
　　F1：意欲する
　　F2：出発する

である。このうち、F1：意欲するは、二つの引数をとる「機能（関数）」であるので、

　　F1（S, O）

となっており、この願意は、「SはOをＦ１する」となる。つまり、

　　「意欲する（ジャン、O）」

であり、

　　「ジャンは、Oを意欲する。」

と読む。ここで、Oは、さらに別の機能を持つものであり、

　　O:〈F2（S）〉

となっている。F2は「出発する」という機能（関数）であり、一つの引数を持つ。したがって、

　　F2（A）

とは、

　　出て行く（ピエール）

となる。すべての記号表現を日本語に戻すならば、以下のようになる。

　　意欲する（ジャン、（出て行く（ピエール）））

これはすなわち、「ジャンは、ピエールが出て行くことを、意欲する」となる。同様に、

　　（２）ピエールは出かけたい

は、以下のように記号化される。

　　意欲する（ピエール、（出かける（ピエール）））

　今、「出て行く」と「出かける」に意味の差異が存在しないものとし、それ

らを「出発する」という動詞で代表させることにすると、
「ピエールは、ピエールが出発することを、意欲する」
となる。さらに、この機能（意欲する）の「意義」を「接近」か「分離（離れること）」かのいずれかに分類する。「意欲する」という動詞の「意義」をこのように「二つの概念のいずれかに分類する」というは、少々大雑把すぎるように思われるが、重要なのは、「それを目指している」のか、それとも「それを回避しようとしているのか」ということであり、これは、グレマスによる方法の優れた点であると思われる。（意欲する）は、「接近」であるので、以下のように記号化される。

F1（S∩O（F2（A））

ちなみに本書では∩∪（もしくは∧∨）の記号が煩雑であることから、よりわかりやすいと思われる＋−を使用しているので、以下のようになる。

F1（S+O（F2（A））

ちなみに、∧のかわりに∩、∨のかわりに∪を使用する場合もある。その「煩雑さ」を回避するといういみもあって、本書での分析においては極力＋−を用いることとしたが、個々の事例における分析担当者によっては使用している記号が異なる場合もあることに注意されたい。まとめるならば「∧＝∩＝＋」であり、「∨＝∪＝−」である。

グレマスは、上記のような「意欲」の機能を「状態言表」とおいた。これは、登場人物Ｓの「状態」を記述するものであるとする考えによる。

さらに、「状態」を変化させる言表として「行為言表」を置く。つまり、

行為（状態a）→（状態b）

（［状態a］は、［行為］が遂行されることによって、［状態b］となる）

という「関数関係」が置かれることになる。これを、行為を関数f1と置き、状態a、状態bをそれぞれ、a、bとして、

f1（a）＝（b）

とすれば、まさに「関数関係」となる。よりグレマスの「記号表現」に近い形で表記するならば、以下のようになる。

EF1（EMa）→（EMb）

ここで、
　EF1：行為言表（Ennonce Faire）
　EMa, EMb：状態言表（Ennonce Modal）
である。
　上記のように、「状態」と「行為」を物語の「構成要素」とするところからはじめ、それら「行為」と「状態」をさらに構成単位に分解していく。

(3) 端緒と欲望の関係

　グレマスは「魔法物語」の分析を通して、「喪失したもの・失ったものを取り戻す物語」もしくは「得たもの・付着したものを除去する物語」の存在を指摘した。すなわち物語は、以下のように書き下される。

① 当初、「状態の主体（以下S1）」が「対象（以下O）」とが「結合している状態（∪）」にあるか、もしくは「分離している状態（∩）」かのいずれかである。これは「様態言表」となる。

② 「行為の主体（以下S2）」が、何らかの行為を行うことによって、上記1）のそれぞれの状態を変換する。つまり、
　　S1 ∪ O　→　S1 ∩ O
　　S1 ∩ O　→　S1 ∪ O

となる（この関係は、「行為言表」として記述されている）。
　上記①②を「欲望の関係」と呼ぶ。
　グレマスによるこの構造の発見はきわめて画期的なものであり、ここにこそ科学としての「現代における物語の構造分析」の端緒が存在すると言える。なぜならば、この「欲望の関係」の定置により、ほぼすべての物語が「3段階」のシーケンスを持つ「きわめて単純な枠組み」へと還元され得るからである。
　つまり、
〈第1段階〉状態の主体（S1）は、対象（O）を喪失している（S1 ∩ O）。
〈第2段階〉行為の主体（S2）は、状態を（S1 ∪ O）に変換するために必要な
　　　　　行為を行う。
〈第3段階〉状態の主体は、対象（O）を得る（S1 ∪ O）。

が、一つのシーケンスとなり、この系列は前述の
　　EF1（EMa）→（EMb）
に等しい。これは、物語の典型として、
　　D→O
のパターンとなる。このとき、
〈第1段階〉= D
〈第2段階〉= D→O
〈第3段階〉= O
が定置される。実際の物語としては、
〈1〉秩序ある状態が提示される。
〈2〉秩序が乱される（S1がOを失う。もしくはそれに気づく）
〈3〉S2が秩序を回復しようとする。
〈4〉秩序が回復される（S1がOを得る）。
となり、4段階となるが、上記〈1〉は、「喪失」を強調するために必要となる段階である。

　つまり、上記 D→O のシーケンスを持つ物語の多くは、その前提としてO（秩序）の表現を伴っているので、結果として、（O→D→O）の物語として語られる。

　ここでは、O:Order（秩序）→ D:Disorder（無秩序）→ O:Order（秩序）のシーケンスを示している。この(O:D:O)はグレマスによる記号表記法とは異なるが、意味は同じである。

　さらに、始点が（S1∪O）である場合には、以下のようになる。
〈第1段階〉状態の主体（S1）は、対象（O）を持っている（S1∪O）。
〈第2段階〉行為の主体（S2）は、状態を（S1∩O）に変換するために必要な
　　　　　行為を行う。
〈第3段階〉状態の主体は、対象（O）を喪失する（S1∩O）。

　たとえば、対象（O）が「不安」を象徴する何かである場合、このシーケンスが該当する。しかしながら、対象（O）が「負の価値（たとえば不安）」である場合には、「安心を失う状態」であるとも考えられるので、これらの二つのシー

ケンスは、対象の符号（＋－：正負）をいずれにとるかによって決められるものでしかないとも言える。

　もちろん、対象（O）が「正の価値」を持つ場合であってもS1∪Oが始点となる場合はあるが、物語の枠組みとしては存在するものの、その訴求力は大きくないと言える。なぜなら、「物語は、喪失の回復であるときに訴求力を持つ」と考えられるからである。

（4）契約関係

　上述の「欲望の関係」においては、行為の主体者、状態の主体者、対象という三つの要素の関係が定置されているが、それだけでは物語の構造として十分ではないとグレマスは考えた。なぜなら、そこには「意志」もしくは「物語を駆動する原動力」が存在しないからである。グレマスは、「物語を駆動する原動力」として「送り手」という行為項を想定したが、それは同時に「意志の主体」であると考えることができる。

　意志の主体が、行為の主体とは別物として定置されていることや、また「状態の主体者」とも別であると想定されていることに多少の違和感を感じる人も多いだろうと思われる。なぜなら、一般的な生活空間においては、人は「自分の意志で、自分のために、自分で行動をする」からである。物語においては、この三者の乖離が存在するというのが、グレマスの到達した二つ目の重要な点である。

　神話や民話などの物語が語られる目的は、長い間「その物語を伝承する共同体において、推奨される行動を伝達する」というものであった。そのとき、「意志」「行為」「状態」は、それぞれ別物として語られる必要があった。なぜなら、当該の物語を「語られた側」の人間にとっては、それは「直接経験」ではないからである。物語は、それを聞く者にとっては、「どこか別の世界の物語」でしかない。その中に身をおき、主人公に感情移入し、もしくは同一視を果たすためには、「意志」「行為」「状態」が段階的に語られている必要がある。それらのそれぞれに「YesもしくはNo」の選択をしうる「自由」が与えられていて始めて、その物語を「自らの物語」として選択することが可能となる。「意志」「行

為」「状態（欲望）」がいっしょくたに一つの行為項（登場人物）のものとして表現されている物語が訴求力を持たないのは、それらの個々に関して「選択の自由」が与えられていないからである。物語は、結局のところ「虚構」でしかない。その虚構の世界の中への「没入」や、主人公への「感情移入」の可能性は、「選択の自由」が与えられていることによって担保される。

　この選択の自由は、「依頼と代行」とも呼ばれる。もしも「依頼と代行」という構図が存在しなければ、そこには「選択の自由」は存在しない。「意志の主体」と「行為の主体」の乖離が存在してはじめて「依頼と代行」の構図が出現し、「依頼の拒否」という選択の自由を担保する行為の可能性が存在することに注意するべきである。事実、多くの神話においては、初期に「依頼の拒絶」という段階が含まれている。

　端的に言うならば、「契約関係」もしくは「依頼と代行」という構図は、自己移入しやすいものであると言える。なぜなら、そこには「自らの意志によって遂行されるものではない」という構図が、あらかじめセットされているからである。

　また、神話・民話を語る側の気持ちとしても、この「依頼と代行」という構図は好まれたと推測される。当然のことながら、物語の語り手は、依頼する側であり、共同体の意志を具現する者であった。

　契約関係についてのグレマスの説明は、非常に煩雑である。そこでは移動言表（ET：Ennonce Translatif）が置かれ、

　　ET ＝ F：移動（D1 → O → D2）

〔ET：移動言表、D1：送り手、D2：受け手〕
という記号化が行われている。

　単純化するならば、「移動言表」とは、「行為言表」の下位概念であり、三つの引数を持つものとして定義されている。

　より妥当な記号化に換言するならば、以下のようになろう。

　　ET（EMa）→ EMb

　（移動言表 ET は、状態言表 EMa を EMb に変化させる）

　ただし、

EMa ＝ EM（D1、O）
　　（状態言表 EMa とは、送り手 D1 が対象 O と接合している状態を指す）
　　EMb ＝ EM（D2、O）
　　（状態言表 EMb とは、受け手 D2 が対象 O と接合している状態を指す）
　つまり、
　　f1（Di、x）→（Dj、x）
なる関数（機能）f1 の表現が、「移動言表」となる。ここで、
　　Di：行為項 i
　　Dj：行為項 j
　　x：x ∈ O（O は対象）
である。対象 O は、呪具であったり、力であったり、求められる登場人物であったり、さまざまなものとなる。ちなみに、
　　ET ＝ F：移動（D1 → O → D2）
という記号表現は、一般的な記号表現の方法からあまりにも逸脱している。グレマスの説明がともすれば難解で理解しにくいとされるのは、この種の逸脱した記号表記法にその原因の一つが存在すると考えられる。

（5）敵対の関係

　「意志」「行為」「状態」という三つの要素に加えて、グレマスは「敵対」という要素を定置した。

　もしも、ある「状態 a」を「状態 b」にしたいという意志が存在し、それを主人公が何らかの「行為」によって実現するのであれば、それで問題はないのだが、実際には物語としては成立しにくい。

　神話・民話は、その共同体や部族における「行動規範」という要素を多分に有しているが、その意味を超えて「行動のマニュアル」であったと考えるべきである。

　行為の主体者の行為を f とおくと、その関数関係は、
　　f（状態 a）→（状態 b）
であり、これは、「行動の規範」ともいうべき構造を持っている。もちろん、

この関数関係を「意志」するものは「意志の主体者」である。

　しかしながら、もしも上記の関係のみを提示するのであれば、マニュアルとしては不出来であると言わざるを得ない。なぜなら、状態aを状態bに誘導することは、それほど簡単ではなく、また、非定型業務であることが想定されるからである。端的に言うならば、「こういうトラブルが発生する可能性があるが、その場合にはこう行動する」というトラブルシューティングの記述が十分に備えられていて、はじめてマニュアルとして機能する。

　グレマスは、物語における「トラブルシューティング」を「敵対者の存在と、その解決」という形で定置した。そこにおいて「反対者」は、単に「反対する勢力や人物の存在」のみを示すものではなく、広く「反対する力」「物語の目的を阻害するさまざまな要因」と考えるべきである。

　さらに、「補助者」の行為項を置き、補助者の協力があってはじめて目的を完遂することができるという構造を定置した。もちろんこれも「反対者」同様に、「そのような能力や道具が、目的遂行には必要となる場合がある」ということの例示であると考えることができる。

　これは、神話・民話が共同体・部族におけるマニュアルだと考えると、よく理解できる。敵対者の属性や、補助者（協力者）の適格性などを、物語の中に織り込むことによって、より効率的に目的を達成しうるよう構成することが可能となる。

(6) グレマスの分析手法のまとめ

　グレマスの理論は、難解に見えるが、その実、構造的にはきわめてエレガントな構成を有している。

① ［物語］は［語り言表：EN（Ennonce Narratif）］のシーケンスである。
② ［語り言表：EN］は、［状態言表：EM（Ennonce Modal）］と［行為言表：EF（Ennonce Faire）］で構成される。
③ ［状態言表：EM］は、［行為項：D］と［対象：O］の［接合および分離］で表現される。
④ ［行為言表：EF］は、ある状態言表EMaを、別の状態言表EMbに変

化させる。
⑤　［行為言表：EF］の下位区分として以下の言表を置く。
⑤-1　［獲得言表：EA］は、行為項 Di が、何らかの対象と接合することを示す言表である。
⑤-2　［移動言表：ET（Ennonce Translatif）］は、行為項 Dj が、何らかの対象と接合することを示す言表である。そのとき、当該対象と以前に接合していた行為項 Di は、対象と分離する。すなわち、行為項 Di から Dj へと「対象」が移動することを指す。
⑤-3　［上記以外の行為言表］として、多種を想定することが可能であるが、それらは「対象の性質」および「接合／分離」に依存して決定される「機能名」で表される。

　上記の①～⑤という「きわめて単純化された構成要素」によって、物語を分析しうるというグレマスの着想は、驚嘆に値する。
　本書では、上記のグレマスの行為項分析を分析手法の基軸においている。

（7）グレマスによる物語の類型化

　グレマスは、上記の分析手法を用いて、民話の「類型化」を行った。そしてこの「類型化」と「分析手法」の峻別をきちんと認識しておかなければならない。当然のことであるが、「分析手法」は道具であり、「類型化」は成果物である。本書の読者であれば、ことさらなそのような忠告を必要としないであろうと思われるが、この種類の誤解は世間に蔓延していることもまた周知のことであろうと思われる。神話・民話分析の研究者の多くの目的は、「類型化」を経由した「共通の構造（相同の構造）」の抽出である。繰り返しになるが、神話や民話において表現されていることの深層に存在する何らかの人間精神を知ろうとするがために、まず分析手法を開発し、そしてその手法を用いて「類型化」を行うという研究法略をとってきたといえよう。そして、決して間違ってはならないのは、手法とその適用結果としての類型化は、別物だということである。ともすれば、グレマスの類型化の方にのみ着目し、その「類型」という「マス目」

に物語をあてはめるがごとき構造分析が散見されるが、それは決定的な誤解に基づくものであると言わざるを得ない。ここまで何度も（読者がいやになるほど）繰り返してきたことであるが、構造分析とは、既存の「枠組み（ここで言う類型）」へのあてはめではない。グレマスやプロップが類型化しているのは、彼らの目的が類型化であったことによる。端的に言うならば、本書における物語構造分析の目的と、神話学・物語論の目的との間には、微妙に偏差が存在する。ある文化圏における一群の物語に共通して存在する構造を抽出することは、すなわち「類型」の抽出に等しく、当然のことながら、現代神話学・現代物語論の目的はその過程を経由する。しかしその結果抽出された「類型（＝構造）」に、あてはめることには、何の意味も存在しない。私たちは、現代の物語に関して、新たな分析を施し、新たな何らかの構造の抽出を行おうとしているはずである。もちろん実際には、その結果として、プロップやグレマスが抽出したものと同じものが出てくることが多いということも事実であるが、それは「彼らの類型化を意識せずに行ったにもかかわらず、そうなった」ということに、意味が存在する。つまりその場合、「時代が変化しても、私たちが必要としている物語の構造は変化しない」ということが驚嘆に値する。もしも当初から彼らの類型化を意識してあてはめを行うのであれば、そのような帰結は得られない。当然ではあるが、グレマスの類型化に当てはめた結果、同じだったことがわかっても、何も意味もない。

したがって、いかにグレマスが抽出した構造を披瀝するものの、それは参考の意味でしかないということに注意しなければならない。

グレマスが提唱した行為項は、以下のとおりである。

① 主体
② 対象
③ 送り手
④ 受け手
⑤ 補助者
⑥ 反対者

これらは、それぞれが「対」になっているとされる。

主体　―対象
送り手―受け手
補助者―反対者

これらを模式的に示すと以下の図式となる。これがグレマスの行為項分析による行為項の類型（モデル）である。

送り手　→　対象　→　受け手
　　　　　　↑
補助者　→　主体　←　反対者

(8) 意味空間

　グレマスの理論は、その多くをプロップの着想によっている。しかしグレマスの目的は、プロップのものとは大きく異なっているといえる。グレマスは、プロップの物語分析から一歩踏み込み、物語に含意されている意味構造（意味空間）を抽出することを試みた。このグレマスの試みは、決してうまくいっているとはいえず、また、現代の物語構造分析に適用できるほどにまで理論的に整理されているかというと、否定的にならざるを得ない。

　まず、グレマスは、「ある観念が分離すること」によって意味が発生すると考えた。この考え方自体は、構造主義言語学における帰結に等しい。

　「概念」とは、「何であるか」を示すものではなく、「何でないか」を示すものとなるという考え方は、構造主義言語学の基本的な立場である。ちなみにこの方向性は、レヴィ＝ストロースの研究によるものであり、グレマス自身もそれに言及している。

> 　神話研究において、とりわけクロード・レヴィ＝ストロースの仕事のおかげで近年成し遂げられた進歩は、意味理論に反省の材料と反省の基本原理(エレマン)をもたらしている。御存知のとおり意味理論は、テクストの読解可能性に関する一般的問題を己れに提起し、テクストの記述手続きの目録を作り上げようとしている。（同前、p.215）

　したがって、物語から抽出した話素中に、それらの「分離」を発見することが「意味構造」を同定する上での最初の作業となる。「分離」とは、語りのレベルでは「対立関係」として表現される。

5．スーリオの関係分析

(1) 概　要

　エチエンヌ・スーリオ（Souriou, Etienne）は美学者であり、演劇論や映画論の分野でも非常に顕著な業績を残していることで知られる。演劇の世界におけるスーリオの「論」の評価は定かではないものの、名著である『二十万の演劇状況』（Souriou 1950）の邦訳は、現在では入手が困難な状態となっている（つまり、ことによるとそれほどの影響力は存在していないのかもしれないと推測しうる。仮にそうだとすれば、きわめて残念なことである）。スーリオが提示した方法は、「分析のためのもの」というよりはむしろ「作劇術」であるとも考えられる。スーリオ自身は以下のように述べている。

>　われわれの目的は次の諸点にあった。
> 1　演劇力学を構成する主な《作劇術上の諸機能》を分析的に識別すること。
> 2　それらの機能の原理的組合わせを形態学的に考察すること。
> 3　それらの多様にして変化に富む組合せ（つまりは《状況》の美学的得失の意義を探求すること。
> 4　これらの状況がいかに連鎖するか、またはなにかの逆転によっていかに変化するか、そして変化することによって劇的行為をどう活気付け、進展させるかを観察すること。（エチエンヌ・スーリオ（著）　石沢秀二（訳）二十万の演劇状況　白水社　1969、p.8)

　つまり、「作劇術」の基礎的な理論として提示された手法であるととらえることができる。ただし、スーリオの方法はきわめて分析的であり、演劇のみならず、表現芸術を分析する上で利用可能なものであると考えられる。

　本書においては、スーリオの分析を補助的に用いることの必要性を提示している。物語の中には、「明確なプロット」や「シーケンス」を持たないものがある。しかしそれらの物語が何も表現していないわけではない。そのような場合、「登場人物の人間関係の配置」がきわめて重要な意味を持っていることがある。これは、スーリオが発見したように、特に演劇において顕著な傾向であろうと思われるが、演劇のみならず、映画やアニメやＣＭにおいても同様の傾向を持つ

作品は多数観察される。

(2) スーリオの「諸機能」

スーリオは、獅子座・太陽・地球・火星・天秤座・月、という六個の「機能」を提唱している（スーリオ自身の用語では、「諸機能」となっているが、これはグレマスの「行為項」とほぼ同じ構成を有している）。これらにはそれぞれ役割が明記されている。

① 獅子座（主題の力）
② 太陽（価値）
③ 地球（価値の受容者）
④ 火星（反対する力）
⑤ 天秤座（審判する力）
⑥ 月（援助する力）

スーリオの方法の特徴は、これらの「諸機能」に占星学で用いられる「記号」を割り振るところにある。

♌：獅子座
☉：太陽
♁：地球
♂：火星
♎：天秤座
☾：月

このような記号化は、科学的分析の文脈ではあまり好まれるものではないが、決してオカルト的な意味あいからこれらの記号が使用されているわけではない。

> われわれは本書のなかで、占星術の常用記号を象徴として導入した。これは便宜上、明確化上、方法上の理由から使ったものであって、著者は占星術を信じていないことをここに明言する。純粋な象徴、比喩といってもよい（あるいは文字の造形処理といったほうがよい）。(同前、p.9)

スーリオが述べているとおり、この記号化は、登場人物の関係を把握する上で、非常に有用である。分析手法の内容は、前述したグレマスの行為項分析に似ているが（というよりもむしろグレマスは明確にスーリオの手法を意識していることから、グレマスが参考にしたというべきであろうが）、行為項分析においては、見えにくい構造を見ることができるという方法上の特長が存在するといえよう。

スーリオの分析の中心は、上記の１）〜６）の機能を、登場人物に「割り振る」ことに存在する。一つの登場人物に複数の機能が割り振られることもあるし、一つの登場人物が一つの機能を持つ場合もある。

獅子座（♌）とは、主題としてのベクトルの力であるとされる。すなわち、この主題に駆動されて行動する登場人物が「主人公」となる。もしくは、主人公の動因であるともいえよう。

太陽（☉）とは、主題によって求められる「価値」である。主人公は、最終的にこの価値のために行動する。つまり、「♌（獅子座）は、☉（太陽）を指向する」ということになる。

地球（♁）とは、価値の偶然的な獲得、もしくは「主題的力を受領したいと思っていること」を指す。

火星（♂）とは、主題の力に敵対する力である。具現化された登場人物としては「ライバル」となろう。

天秤座（♎）とは、価値を「割り振る力」である。グレマスの機能分析における「恵与者」に該当する。端的にいえば、価値を誰に割り当てるかを決定する力を指す。

月（☾）とは、協力すること、加担すること、を指す。どの「力・機能」に協力するかによって、さまざまな形態をとる。たとえば、主題の力（獅子座）に協力する力であれば、☾（♌）となり、反対する力（火星）に協力する力であれば、☾（♂）となる。

前述のとおり、グレマスの行為項分析においても、同様の分析を行うことが

可能であるが、「一人の登場人物」に複数の機能が割り振られている場合、グレマスの方法では図式化が煩雑なものとなってしまう。

スーリオの分析によれば、たとえば「ある演劇（もしくは映像作品）」の「演劇状況」を、以下のように模式化することが可能となる。

♌︎♂ − ☉♎︎ − ♂ − ☾ (♌︎)

上記は、「シンデレラ」を模式化したものである。そこにおいては、四人の登場人物が存在する。

♌︎♂：シンデレラ
☉♎︎：王子
♂：姉・母
☾ (♌︎)：魔法使い

「主題の力」は、「幸福な結婚」である。シンデレラは幸福な結婚という価値のために行動し、幸福な結婚をしたいと考えている。幸福な結婚という価値の具現者は「王子」であり、当時にまた、王子は「審判者」でもある（誰と結婚するかは王子が決める）。反対者は姉と母であり、主題の力の実現に加担するのは「魔法使い」となる。

スーリオが提示したのは、上記のような演劇状況（模式図）の組合せが「21万141個」存在するということである（そしてそれが「二十万の演劇状況」という書名の由来するところでもある）。

（3）物語構造分析への適用

前述のように、スーリオの方法は、きわめて分析的であるものの、そのままで分析に適用できるものではない。なぜなら、その方法は第一義的に作劇術のために策定されたものであるからである。しかし実際には、その著書のなかで、スーリオ自身は多数の「分析事例」を披瀝している。それらの分析は、スーリオの模式化の有用性の傍証という意味で行われているものであるが、本書では、その方法を本来の目的から少々逸脱した形ではあるものの、物語構造分析のの手法として利用可能であると考えている。そのためには、スーリオがその著書の中では披瀝することがなかった分析の手法の手順を類推し、定義しておく必

要がある。

　まず、スーリオが多数の物語を分析している事例において、説明されていない手順の代表は、「主題の力」の同定である。しかしこれは、比較的容易に手順を推定することができる。それは、「物語の終末において、登場人物のうちの誰かが、何らかの《価値》を自分のものにした」という記述がある場合、その《価値》を指向する「力」が「主題的力」であると容易に推測されるからである。逆に言うならば、物語の終末において「登場人物の誰もが、何らの《価値》を自分のものにした」という記述が欠如している場合、その物語から「主題の力」「価値」を推定することは難しい。しかしながらまた、それは「物語の破綻」であるとも言える。ほとんどすべての物語においては「価値を得る」ことが最終的なゴール地点として策定されており、例外を見つけることの方が難しいからである（もちろん、「失敗した作品」「駄作」の中にそのような「破綻」を見いだすことは比較的容易ではあるものの、そのような発見には、そもそも意義が存在しない）。

　シンデレラは「幸福な結婚」を得るし、一寸法師は「大きな体」を得る。桃太郎は「平和」と「宝」を得るし、かぐや姫は「結婚せず」に「月に帰る」。（ちなみに「かぐや姫（竹取物語）」は、非常に複雑な物語構造を持っている）。そもそも物語の結末（少なくとも通常の物語における）とは、「価値の提示」でしかないとさえ言える。

　そして、主題の力が同定されるということは、同時に「価値」が同定されることを意味する。なぜなら、主題の力とは、その定義からして「価値を指向する力」だからである。「主題の力」と「価値」が決まれば、あとは比較的容易に、「敵対者」「審判者」「加担者」が同定されていく。

　しかしここで、実際に分析を始めると、少々厄介な問題に直面する。主題の力を具現する者とは、誰なのか、という問題であり、すなわち「諸機能」の割り当ての問題である。たとえば竹取物語においては、上述の定義により、δとは「結婚しないこと」であるが、「結婚しない」という否定形という問題もあり、その「具現者」の特定に難点が存在する。（これは、「主人公は誰か」という問題でもある）。竹取物語の「主人公」は、かぐや姫であろうと推測されるもの

の、可能性としては「竹取の翁」が「主題の力の具現者である」と考えることも、あながち不可能ではない。もちろんその場合は、「受益者」が「かぐや姫」となる。

　竹取物語は、少々例示としてはわかりにくかったかも知れない。スーリオの分析による、聖書「失楽園」の分析を以下にあげる。ちなみに、スーリオの「失楽園」の分析は、非常に巧緻なものであるが、その「手順」が明確に提示されていないという問題があると思われる（ただし、手順の披瀝はスーリオの目的ではないのであるから、当然であるのだが）。

　まず、スーリオは、「失楽園」を「誘惑と供物」の物語であると定義する。

> 　イブはここで、善を差し出す者であると同時に、善を構成し、表す者でもある。伝統にしたがえば、りんごがその象徴であり、真の罪であることになっている。つまり地上の楽園でのアダムとイブの肉体的結合である。中世またはルネサンス期によく知られた画像のテーマである。片手にりんごを持ち、片手で乳房をかくした裸のイブは、誘惑と供物の観念をよく形象している。（同前、p.163）

　上記のスーリオの分析は、「失楽園」における「価値」とは、「アダムとイブの肉体的結合」であるということになろう。その帰結として、イブは「出産の苦しみ」を与えられ、アダムは「労働の苦しみと死ぬ運命」を与えられたのだというのがスーリオの解釈である。その解釈に基づけば、

$$\text{♌}\odot - \text{♂}\text{♎}\text{♂} - \text{☾}\ (\text{♌})$$

という構造が抽出される。ここで、

$\text{♌}\odot$ は「イブ」であり、「肉体的結合」を求める者であり、「その価値の具現者」でもある。

　$\text{♂}\text{♎}\text{♂}$ は「アダム」であり、「肉体的結合」という価値を享受する者であり、「その価値を受けるか受けないかを決定する者」であると同時に、「その価値」に敵対する者でもある。

　つまり、「誘惑」の構造がそこに存在するとスーリオは指摘する。さらに、$\text{☾}\ (\text{♌})$ は、イブに協力する「蛇」に割り振られる。

　もちろんこの解釈の方法自体が、ここで本書が問題にしている「主題の力」の同定に大きく関係している。スーリオの方法によれば、「物語」とは「常に、

何かを得る物語」として解釈されなければならない。

6．ジュネットの「物語行為」

　ジュネット（Genette, Gérard）は、いわゆる「お話」や「物語」と表現されているものが示す概念を検討し、それらには異なる三つの意味が付与されていることを指摘した（Genette 1972）。つまり、物語とは以下のようなものであるとされる。

> 　物語内容 histoire（語られた出来事の総体）、物語言説 récit（それらの出来事を物語る、発話されるか書かれるかした言説）、および、語り narration（かかる言説を生み出すところの現実または虚構上の行為、つまり語るという行為そのもの）（ジェラール・ジュネット（著）　和泉涼一（訳）神群悦子（訳）　物語の詩学−続・物語のディスクール　書肆風の薔薇　1985，p.16）。

　ここで、物語内容とは、記号論における「記号内容 signifié」であり、あた、物語言説が「記号表現 signifian」であると考えることができる。音声や文字によって表現された形式としての「物語」＝物語言説を媒体として、ある「物語内容」が表されているという構造が、第一に想定されている。しかしジュネットは、その「記号表現と記号内容」という構図に対応する二つの要素とは別に、「語り」という要素を定置する。「語り」とは、たとえばそれが作中の人物によって語られた物語として表現されている場合、その作中の人物が何かを物語るというその行為自体を示す。「語られた物語」としての「物語言説」を要素として考えるのは当然であるとしても、「語り」という行為そのものを問題とすることは一見理解し難く思われるかも知れないが、この「語り」もしくは「物語行為」という側面を検討するのがジュネットの物語論の重要な点であると言える。ジュネットは、プロップに代表される20世紀初頭から中盤ごろまでの物語分析は「物語内容」の分析に重心がおかれており、物語がどのような方法で語られているかに関しては注意を払うことがなかったと指摘するとともに、物語論には二つの方向性が存在すると言う。一つは、物語の内容に中心をおくテー

マ論的な物語論であり、もう一つは、叙法（モード）を扱う（つまり語りの形式、表現形式を扱う）物語論である（Genette 1983）。物語を「物語的」にしているのは、その「様式」「表現形式」であるという立場のもと、ジュネットは、物語の形式すなわち「物語行為」「表現行為」に関しての検討を重ねる。

　このジュネットの指摘は、文学作品においてのみならず、映像作品を対象とする場合に、きわめて重要な示唆を有していると言える。なぜなら、映像表現においては、小説などに比してもさらに「語られ方」「表現形式」が重要な意味を持つからである。たとえば、「ある男が煙草を吸っている」という「内容」を持つ映像のことを考える。そのとき、男がクローズアップで表現されているのか、それとも遠景の中に表現されているのかは、その「内容」とは関係ない。また、どのように映されようとも、「ある男が煙草を吸っている」という表現自体（物語言説）には変わりがない。さらには、そのシーンが1秒で表現されても、10秒で表現されても、物語内容や物語言説に変わりはないと思われる。そこでは、ジュネットの言う「物語行為」「語り」の違いのみが存在しているのだが、物語においては、この差異が重要な意味を持つ場合がある。というよりも、そのような「表現行為」が積み重ねられていくこと自体が「物語」であるとさえ言える。

　ジュネットは、トドロフ（Todorov, Tzvetan）の区分をもとに、物語論の研究対象を、時間、叙法、態　に分けて論じていく。ここで「時間」とは、物語においてその要素となる事象が語られる順番や長さ、回数についてのカテゴリーであり、さらに「順序」「持続」「頻度」に分類されている。また「叙法」は、物語の語りが「どの視点から、どのように、何を、見ているのか」を示すカテゴリーであり、さらに「距離」と「パースペクティブ」の下位区分を持つ。「態」は、物語の要素事象（事件）が「誰によって、いつ、どこで、語られているのか」を示すカテゴリーであり、「語りの時間」「語りの水準」「人称」という下位区分を持つ（Genette 1972）。表4-1に簡潔に表した。

　たとえば、「高田がシガレットケースから煙草を一本取り出して、おもむろにそれを吸ったのを、はっきりと鈴木は見ていた」という「語り」と、「高田が煙草を吸った」、もしくは、「私は煙草を吸った」などという「語り」の違いを、

表 4-1

時間 (事柄が語られる順、長さ、回数)	順　序	語られる事柄の順序。
	持　続	語られる事柄の長さ。
	頻　度	一つの事柄が語られる回数。
叙法 (誰が、どう、何を、見ているのか)	距　離	物語からの情報提供の量。語られる対象と、語る主体との間の「距離」
	パースペクティブ	物語の視点。どの範囲までが「見られている」か。情報量の制御。
態 (誰が、いつ、どこで、語っているのか)	語りの時間	語りが「いつ」行われているか。現在か、過去か、未来か。
	語りの水準	語りが行われているのが、物語世界の「外」か「内」か。
	人　称	誰（1人称、3人称、無人称）が語っているのか。

　ジュネットのカテゴリーによってさまざまに分類することができる。繰り返しになるが、ここで重要なのは、それらの表現によって語られる「物語内容」には、それほどの違いが存在しないということであるとともに、その違いこそが、「物語」に何らかの意味を付与しうる要素の一つとなっているということである。しかしながら、これらの表現上のカテゴリーによって何が発生しうるのかに関しての説明は少ない。むしろ、その「意味」を語ることを拒絶する姿勢がジュネットには見られる。この立場は少々理解しがたいものであると言えるが、分析的な研究でありながらも、その目的は、解釈にはないとも考えられる。たとえば、ジュネットは以下のように言う。

　　批評家たちは、いままで文学を解釈することしかしてこなかった。いまや、文学を変革することが問題なのである。これはたしかに、詩学研究者だけの仕事ではない。実際、そこにおいて彼らの果たしうる役割など、おそらくはたかの知れたものにすぎないだろう。けれども、それが実践を創出することにも役に立たないとしたら、理論などというものに、一体どんな値打ちがあるだろうか？（ジェラール・ジュネット（著）　和泉涼一（訳）　神群悦子（訳）　物語の詩学－続・物語のディスクール　書肆風の薔薇　1985、p.168）

7．ブレモンのシーケンス分析

　プロップは、ロシアの魔法物語を分析・類型化し、31の「機能」を抽出した。もちろんこのプロップの分析は、物語の構造分析の端緒となった画期的なものではあるものの、実際に「分析手法」として使用するのは困難であった。そこでは「機能体のシーケンスはつねに同一である」とされ、さまざまなプロットを持つ「物語の現実」とは著しく乖離した結論が語られている。ブレモン（Blemond, Claude）は、プロップの研究を詳細に検討し、「プロップの方法は、ロシア民話が有していた『機能－軸』をふるい落としてしまっている」と指摘した（Blemond 1966）。もちろんそれはプロップの研究を無意味だと考えるものでは決してなく、プロップの方法に隠されていた手続きの問題点を指摘するものであった。ブレモンは、以下のように説明する。

> たとえば、物語のシーケンスが、次のような構成を持っていたとする。
> 物語 1a：F1 － F2　　　　　　－ F8
> 物語 1b：　　　－ F3　　－ F6 － F7
> 物語 1c：　　　　　－ F4 － F5　　　　　　－ F9
> プロップは、このようなシーケンスを、以下のような一本のシーケンスとして記述する。
> 物語 1：F1 － F2 － F3 － F4 － F5 － F6 － F7 － F8 － F9
> （クロード・ブレモン（著）阪上脩（訳）　物語り可能なものの論理『物語のメッセージ』審美社　1975）

　しかしながら、実際には「それらの連続は、重なりあり、結びつき合い、交差し、筋肉繊維や編み紐のように吻合されている。」（同前、p.36）。換言するならば、プロップの指摘である「機能体のシーケンスはつねに同一である」とは、上述のような手順の帰結として得られたものであると考えられる。

　しかしながら、ブレモンが指摘するように、「したがってわれわれは、ロシヤ民話において話題を役立たせる定まった連辞(サンタグム)に、最大限の活動と変化を回復させなければならない。」（同前、p.37）。それは、さまざまな形態を持つ「物語」の構造を抽出し分析する上で、重要な作業となる。

ブレモンは、前述の「物語1」として示した「シーケンス」が「語られた」場合に、そこから「物語1a〜1c」として示したような「下位シーケンス」を抽出する方法を検討した。そのとき、当然ではあるが「語られたシーケンス」と、「物語のシーケンス」が異なる場合があるということに注意しなくてはならない。「語られたシーケンス」とは、映像として直線的に並べられた「視聴者から見た」シーケンスであり、「物語のシーケンス」とは、「その物語に内在されている連鎖」である。たとえば、前の例の「物語1」は、「映像や小説」のシーケンスとしては、

　　物語1（語られたシーケンス）

　　：F3 − F1 − F2 − F4 − F8 − F5 − F6 − F7 − F9

となっているかも知れない。小説や映像作品などにおいては、「物語のシーケンス」がそのまま「作品のシーケンス」とはならない場合も多い。

このような「語られたシーケンス」から、「物語のシーケンス」を抽出するためには、「上位の（メタな）」判断基準が必要となる。ブレモンは、その上位の基準として、以下を定置した。

　① 行為や事件の可能性を《開く》状況（その潜在的性質が現実化するという条件のもとに。）

　② その潜在的性質が現実態に移行する（たとえば《可能性を開く》状況に含まれる鼓吹に応える行為をする）。

　③ その行動の終わり。成功あるいは失敗によって発展過程を《閉じる》。

　　（同前、p.40。①〜③の番号は筆者による）

たとえば、語られたシーケンスが

　　A − B − C − D − E − F − G − H − I

であるとすると、以下のように三つのシーケンスが得られることになる。

　　　　　（Ⅰ）−（Ⅱ）−（Ⅲ）

　　物語1a：A − E − H

　　物語1b：B − C − I

　　物語1c：D − F − G

この（Ⅰ）〜（Ⅲ）の「上位のシーケンス」が具体的にどのようなものにな

るかはさまざまであり、それさえもそれらの話素を分析することを通して抽出されるものであるが、基本的な指針は前述したとおり「《開く》・《可能性を開く》・《閉じる》」（換言すれば「発生・展開・完結」）となる。

8．トドロフ・前田のシーケンス分析

　トドロフ（Todorov, T zvetan）も、上述のような「構成単位」を「最小の物語（ミニマルストーリー）」とし、ブレモン同様の構造を定置している。
トドロフの「最小の物語」とは、①均衡状態、②不均衡状態、③均衡状態、もしくは、①属性付与（形容詞的）、②行為の記述（動詞的）、③属性付与（形容詞的）、とされる（前田愛　文学テキスト入門　筑摩書房　1988、p196）。
　前田愛は、トドロフの「最小の物語」の概念をさらに一歩進めて、「部分が、全体の構造を再現している」というような「入れ子型」の形式のシーケンスを考え、芥川龍之介『羅生門』にその若干の例を見ている。

>　ここでバルトは、言語学が文を対象にして文法を記述するように、物語分析は、文の集合としてのディスクールから、ディスクール固有の単位、規則、文法をを抽出することが可能であり、そこに言語活動と文学の同一性が含意されていることを指摘しているわけであるが、この前提を拡大すれば、物語テキストを構成するある特定の部分が、テキスト全体と相同関係をもつことが想定される。物語テキストから抽出された〈最小の物語〉と相同的な挿話が、入子型の形式で内蔵されている場合である。あるいは、物語全体の構造を示す断り口として、ある特定の文が機能している場合である。（同前、p.198）

　この直前にあるバルトの引用は、

>　構造的（コンスタティブ）には、物語は文の性質をおびていて、決して文の総和に還元できない。認知的な文がいずれもある意味では小さな物語の素描であるのと同様、物語は大きな文なのである。（ロラン・バルト（著）　花輪光（訳）　物語の構造分析　みすず書房　1979、p.7)

である。前田自身も言っているように、このことから「入れ子構造」を導き出すのは拡大であるが、特に現代の映像作品分析においては、この指摘は重要であると思われる。アニメやドラマなどを実際に分析している者たちにとっては

当たり前のことであろうと思われるが、「全体を貫く主題やモチーフが、非常に短い挿話の中や、十数秒間のシーンの中に、縮約された形で塗り込められている」という事例の観察には、事欠かないからである。

> アリストテレスの『詩学』にいう、初め、中、終りの三つの要素に物語の線分は分割されるけれども、その初めと終りは、物語テクスト全体の枠組のなかに包含されている。円環として閉じている〈最小の物語〉は、そのメタレベルとして内部に開かれている相同的な挿話を包含することで活性化されるのである。((前田愛　文学テキスト入門　筑摩書房　1988、pp.199 - 200)

という前田の指摘は、シーケンス分析におけるある種の困難の解決に大きな示唆を与えるものであると言える。なぜなら、「物語全体」と「最小の物語」との間には「相同な」「相似形の」シーケンスが存在している可能性があり、それによって「最小の物語構成単位」の抽出が可能となるからである。

　一つの挿話（1a）の中に［Ⅰ→Ⅱ→Ⅲ］というシーケンスが存在するばかりではなく、三つの挿話（1a→1b→1c）が［Ⅰ→Ⅱ→Ⅲ］という「物語のシーケンス」を表現していると考えるならば、「物語のシーケンスを抽出する作業」は、そのまま「物語の構造を同定する作業」と等しくなる。なぜなら、前に示したような構造を有する物語における「主題」とは、［Ⅰ→Ⅱ→Ⅲ］で示された何らかの状態遷移によってよく表されているものだと考えられるからだ。そしてさらには、それぞれの内部における「シーン」にもさらに小さな［Ⅰ→Ⅱ→Ⅲ］が含まれているということを観察しうる場合もあるだろう。おそらく視聴者や読者に、大きな感銘や感動を与える作品には、上記のように「全体と部分が相似形」であるような、いわば「フラクタル状」の構造が存在している可能性が存在する。

　もちろん、すべての物語がそうであるわけではないだろうし、必ずしもそのような構造を有していなくても深い感動を惹起する物語を構成することは不可能ではないと思われるが、少なくとも分析指針として非常に重要な一つの手法であると思われる。

　本書では、前述のブレモンの手法にトドロフ／前田の手法を加えた「シーケンス分析」が最も有効であると考え、その方法を用いて分析を行っている。

第5章 隠喩理論

1. 隠喩理論概観

　ソスキース（Soskice, Janet Martin）の説明によれば、言語学の領域における隠喩理論は大きく三つに分類される（Soskice 1985）。一つは代置理論であり、これはアリストテレスの修辞学などにも記述が見られる隠喩理論である。代置理論とは、ある語句が、もとの意味を示すのではなく、別の意味に置き換えられて理解される（代置される）という考えを基本としている。現代においては、この理論を採用している研究者はほとんどいないとされ、むしろ隠喩理論の見直しの契機としての位置づけを持つとみなされる（小原 1994）。特に聖書解釈学においては、「新しい自己」の了解が隠喩的表現を通して行われることに研究の中心が存在するため、この代置理論においてそのような事象を説明することはできず、別様の理論が必要とされた。

　二つ目は感情理論であり、隠喩は何ら認知的内容を持たず、もっぱら感情的な意味内容を発生させるための言い換えであるとする考え方である。これは、その「機能」としての部分を除けば、代置理論と同じであると考えられ、同様に、隠喩の説明としては不十分であるとされる。

　三つ目は付加理論であり、隠喩の機能は、何らかの新しい意味内容を発生させる（付加する）という考え方を基本とする。特に聖書解釈学においては、そこに「新しい意味」が発生する理由の説明を求めてきたため、多くの研究者がこの考え方を採用している。

　付加理論は、さらに三つの下位区分を持つ。それは、新しい意味（記号内容）が、どのようにして発生するかの機序に関しての説明の違いによって分類される。

一つは、ビアズリー（Beardsley, Monroe Curtis）の対立理論である。これは、ある文において、矛盾する表現が存在しているとき、そこに別の意味が発生すると考える立場である。ビアズリーによれば、まず、「隠喩とは主語の何らかの属性を語るものである」とされる（Beardsley 1981:142）。そして、そのような隠喩の機能は、「その隠喩表現が、文脈において間接的に自己矛盾を呈していたり、文脈上明らかに誤っていることによって実現され、また、隠喩を示す修飾語は、主語に付け加えられる特徴を内包的に示す。」（Beardsley 1981:142）。

たとえば、「男は狼である」という表現において、「男（人間のオス）」は狼ではありえないという点から、矛盾が生じている。ここで、そのような表現を受容した人は、その意味の対立（矛盾）を解消すべく、そこに何らかの新しい意味を発生させることによって、その文を理解しようとするのだという。この考えかたは、後に述べるサールの言語行為論における隠喩理論に一部受け継がれている。

ソスキースは、ビアズリーの対立理論に対して批判的であるが、そこで述べられているほどの欠点は存在しない。むしろ、文脈上の逸脱や、表現上の自己矛盾は、隠喩が機能する契機としては、きわめて重要な指摘であると言える。ただし、ソスキースが指摘するように「あの男は狼ではない」などという表現においては、ビアズリーの言うような「矛盾」や「逸脱」は存在しないにもかかわらず、隠喩として十分に機能するという問題は残る。しかしながらこれは、「あの男は狼である」という隠喩表現が存在することを前提とし、その否定として初めて意味を持つものであるから、このソスキースの批判は重箱の隅をつつくようなものであると言わざるをえない。もちろん、ビアズリーの対立理論によってすべての隠喩が説明されるわけではないのは事実であり、そこに、より包括的な理論としてのブラック（Black, Max）らの相互作用理論が必要となる余地が存在する。

ソスキースの分類による付加理論の二つ目は、ブラックの相互作用理論である。これは、前述のビアズリーの対立理論の欠点を補うという意味において、きわめて重要な理論であると言える。ただし、後述するように、「相互作用」

の仕組みは明確にされていないという問題があり、これは後にレイコフ理論によって解決されることになる。

2．バルトの隠喩論

(1) 統合（シンタグム）と体系（システム）

　記号表現は、ある連鎖を形成することによって何らかの記号内容を指し示す。これは、音と記号との関係を考えるとよく分かる。「ほ」「ん」という二つの音が連鎖することによって、「ほん」という記号表現となる。また、文字であっても、「本」「書」という二つの記号表現が連鎖することによって、「本書」というまとまった記号表現となる。これを「統合（シンタグム）」もしくは「連辞」と呼ぶ。本書では、「統合」に統一して表記する。

　それとは別に、ある表現が用いられた場合には、そこにもう一つの機能の存在を指摘することができる。たとえば、「本」という文字が使われた場合には、それは「雑誌ではない」という意味を表現しており、同時に「出版物」や「印刷物」であることをも示している。これは、ある一つの記号表現が用いられた場合でも、それは、多数の表現との間の関係によって意味が確定されるという意味で、「体系（システム）」もしくは「範列（パラディグム）」と呼ばれる。

　訳語の問題であるが、シンタグムは、統合、連辞、統合関係、連辞関係、などとさまざまな訳語で表現され、また「サンタグム」とされることもある。同様に、パラディグムは、範列、範列関係などと訳される。体系と範列は、ほとんど同じ意味で用いられることもあるが、より具体的に記号表現における関係のことを指す場合には「範列」が用いられる場合が多い。

　この統合と体系というソシュールの考え方は、ヤコブソンやイェルムスレウやバルトなどによって拡張され、言語以外のさまざまな表現に適用されるようになっていく（Barthes 1964）。

　ヤコブソンは、体系に依拠した表現を隠喩／メタファー（mataphor）と呼び、統合に依拠した表現を換喩／メトニミー（metonymy）と呼んだ。つまり、隠

喩とは体系の次元における記号表現であり、換喩とは統合の次元における記号表現であるとされる。叙情的・詩的な表現は「隠喩性の強い」ものとされ、写実的・報道的な表現は「換喩性の強い」ものとされる。

　比喩表現については後に述べるが、ここで換喩とは、隣接する概念を提示することによって記号内容を連想させる類のものを指す。たとえば、「パトカーにつかまった」という場合、その「パトカー」は、「（パトカーに乗っている）警察官」を記号内容として指示するものであり、統合関係（連辞関係）をもとにした表現である。また、隠喩とは、言語体系の内部における体系的関係に依拠した意味を惹起させるものを指す。これについてバルトは以下のように説明する。

　　　それぞれのグループは、潜在的な記憶の系列、一種の『記憶倉庫』を作っている。統合のレベルで起こることとは逆に、辞項は、各系列内で、そこにないことにおいて（in absentia）結びついている。」（ロラン・バルト（著）　渡辺淳・沢村昂一（訳）零度のエクリチュール　みすず書房　1971、p.158）

（2）デノテーション／コノテーション

　バルトは、ある神話や物語が、私たちに何らかの「意味」を伝えるときのことを考える。

　バルトは、イェルムスレウの研究を踏襲しつつ、ソシュールによるシニフィエ（記号内容）／シニフィアン（記号表現）という概念をさらに拡張して説明を加える。記号表現と記号内容のつながりもしくは関係は、大きく二つに分類されることになる。

　ある記号表現は、ある記号内容を示している。たとえば、「男」という漢字（記号表現）はその人間が生物学的にオスであることを示している。これが「デノテーション（denotation：外示／表示的意味)」と呼ばれるものである。denoteとは「外延的に示す」という意味を持っている。たとえば、「山」という単語が示すのは「ある高さを持った土地という特徴に該当するもの」となるが、「山」の外延的指示とは、そのような性質・特徴を持つものが、その「山」という単語によって指示されることを言う。ある単語は、ある概念の広がりを

持っているが、その「概念の広がり」もしくは「概念の範囲」を示しているといえる。これは語の持つ基本的な性質であるため、デノテーションを「語義どおりの意味」と説明することも少なくないが、少々注意が必要である。

　重ねて説明するならば、「山」の外延的意味とは、「山」という単語によって示される個々の事例を指し示すものであり、その意味で「外に延びる＝外延」とされる。

　デノテーションとは、同一段階における記号表現と記号内容の連鎖を基礎として発生する意味であると言える。さらに例をあげれば、「男」という単語によって外延的に示されるのは、「人A、人B、人C……」であり、そのときそれらの人は、「男」という概念によって示される共通の意味を有しているとされることにより、そう呼ばれる。

　しかし「男」という記号表現は、さらに別の記号内容を持つことがある。それはたとえば、「きっぷがよい」とか「意志が固い」とかというものであったりする。これが「コノテーション（connotation：共示／含蓄的意味）」と呼ばれるものである。connotateとは、「内包的に示す」という意味を持っており、その単語によって示される性質や特徴が記号内容として示されるということを言う。

　端的に言うならば、「山」という記号が示す「共示的意味」（「伴示的意味」とされる場合もある）とは、多くの「山」が共通して持っている性質のうちの一つもしくは複数を指す。たとえば「山」には、「荘厳である」「自然」「神聖である」などの意味が含まれる場合があるが、それが共示的意味となる。そのとき、そこで示される意味は「山」という概念によって示される事例が持つ性質のこととなり、「内向き」であるため「内包的：connotative」もしくは「内包：connotate」と呼ばれる。

　バルトは、表現（E：Expression）と、内容（C：Contenu）、関係（R：Relation）という三つの記号を用いて、デノテーションとコノテーションを説明する。ただし、その説明は決してわかりやすいとはいえない。

　まず、意味作用とは、表現と内容（記号表現と記号内容）の関係によって示される。したがって、

E-R-C

という体系が基本となる。これは、前述の例のように、

「男」（表現）- R -「人間のオスという性質を持つ人物」

という関係の構造である場合、デノテーションとなる。しかし、このデノテーションが、一つの記号表現として機能する場合がある。つまり、

E2（E1-R1-C1）- R2 - C2
　E1-R1-C1

という入れ子構造を持っている場合である。もちろんここで、R1がデノテーションの機能を有する「関係」を示し、R2がコノテーションを示す。具体的な例をあげるならば、

「男」（「男」-R1-人間のオスたち）- R2 -〈力が強い〉
　　　「男」-R1-人間のオスたち

とでもなるだろう。基本的には、R1のデノテーションを基礎としているが、それらに該当する事例の多くが共通して持つ性質が、R2のコノテーションの段階によって付加的に発生しうる。

バルトの示した図5-1によって説明するならば、デノテーションとは図5-1の①の記号表現と②の記号内容との結び付きであり、コノテーションとは、図中の①の記号表現から、④の記号内容が惹起されることを指す（Barthes 1964）。これは、「男」という記号が、さらに別の段階での記号表現―記号内容の結び付きを持っており、その上位の記号作用によって惹起された意味であると言える。もちろん、そのような記号内容の惹起が常に起こるわけではないし、どのようなコノテーションが惹起されるかは、文脈に依存している。「山

図5-1

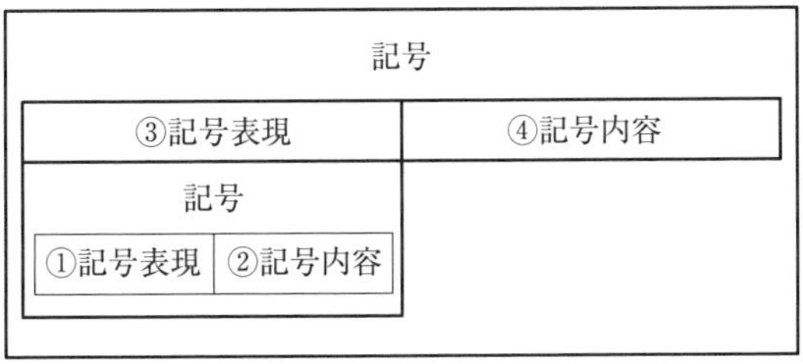

記号	
③記号表現	④記号内容
記号	
①記号表現　②記号内容	

の上」は、単に土地が隆起した高所を意味しているが、それが「デノテーション」としての意味である。「彼は山の上にいた」という表現が、このデノテーションとしての意味しか示していない場合は多々存在する。しかし、ある文脈中に置かれたとき、この「山の上」は、「天上に近い場所」「神に近い場所」という意味を示す場合がある。これがコノテーションとしての意味である。

　どのような意味が惹起されるかは、文脈に依存する。つまり、ある物語の場合、その表現に関しての語りのシーケンスが終わった段階で初めて「意味」が確定する。物語においては、さまざまな文が連続して配置されることにより、コノテーションによる意味の発生の方向が制限されている。読者は、物語のシーケンスを追うことによって、ある記号内容を意味として受け取ることになるが、そのとき読者の内部で発生しているのは、そのような「意味の方向への影響力の行使」である。

　したがって、ある物語に含まれるそれぞれの文を見る限りにおいては、そこに存在しているのは単なる外示的（デノテーション的）な記号表現と記号内容の結び付きでしかないが、それらの文がある配置を持つことによって、ある特殊な意味が読者の内部に発生することがある。一般に読者は、一貫した意味の連鎖を想定する。というよりもむしろ、何ら関係の無い二つの文が連鎖している場合、そこにコノテーションが発生し、二つの文の間に関係が構成される。

　「彼は山の上にいた。」

という文が、この文だけでは何ら特殊な意味（コノテーションとしての記号内容）を発生する可能性は小さい。さらに、

　「彼は声を聞いた。」

という文も同様である。しかし、

　「彼は山の上にいた。彼は声を聞いた。」

と二つの文が連鎖したときに、「山の上」という記号表現が、コノテーションとしての意味を発生させることがある。もちろん、「彼は声を聞いた」という文の「声」についても同様のことが言える。「彼は声を聞いた」という文の外示的意味は、単に「何らかの音声を聴取した」ということでしかないが、上記の連鎖においては、この「声」が特殊な意味を帯びる可能性がある。この例では、

わずか二つの文の連鎖であるが、物語を想定する場合には、いくつもの文が重層的に関係しあっていることから、多様なコノテーションが発生している可能性がより高いと言える。

前述したバルトの「コードの目録の作成」は、この「デノテーション／コノテーション」という構図を前提としていると考えられる。個別のコードは「外示的意味」を抽出するものであり、そこから一歩踏み込んで、全体の構成（つまり、物語の連鎖＝シーケンス）から、「共示的意味」を紡ぎだすのが、バルトの物語構造分析の基本的流れである。

バルトによるデノテーション／コノテーションの考え方は、ラカンの「シニフィアンの連鎖」を通して理解することもできる。

3．リクールの隠喩論

リクール（Ricoeur, Paul）は、修辞学におけるリチャーズやビアズリー、ブラックらの理論を下敷きとしつつ、独自の隠喩論を展開した（Ricoeur 1976）。まず、リクールは、リチャーズを引きつつ、古典的修辞学における隠喩の取り扱いについて疑問を呈する。これに関しては前述したが、隠喩の「代置理論」を排し、隠喩表現によって新しい意味もしくは意義が生産されうるということを前提としている。つまり、隠喩とは、隠喩を表す語の機能として発生するのではなく、読者や視聴者・受容者の解釈によって発生するものであると考える。ここにおいてリクールは、ブラックとビアズリーの概念を引きつつ、「意味的不合理」もしくは「矛盾」が存在することを契機として、ある解釈が行われ、それによって新しい意味が生産されると説明する。ここで「意味的不合理」もしくは「矛盾」とは、「文脈からの逸脱」である。

また、リクールは古典修辞学の隠喩理論に二つの観点から反対する。一つは、「隠喩は翻訳できない」ということであり、つまり代置理論の否定である。もう一つは「隠喩は装飾（文彩：trope）ではない」というものであり、つまり単なる飾りとして機能するのではなく、新しい意味を生産しうるものであると

いうことである。

　どのようにしてそのような「新しい意味」が生産されるのか関して、リクールは現代解釈学と同様の説明を行う。つまり、隠喩によって発生する新しい意味とは、「読み手の瞬間的な作品」であるという観点である。

> というより私はこう言ったほうがよいと思う。隠喩的属性賦与の本質は、ある文脈を現実の唯一の文脈となす相互作用の網目をつくりだすことにある、と。そうすると、隠喩とは、いくつかの意味論的場の交叉点において生起する、意味論的出来事である。このような構成作用のゆえに、すべての語は一つの全体としての意味をおびるのである。そのとき、ただそのときにのみ、隠喩的なよじれは出来事にして意味作用となる。すなわち、表意的出来事、言語によって想像される、現われ出る意味作用である。（リクール（著）久米博（訳）　生きた隠喩　2006　岩波書店、p.213）

　ここにおいて、リクールが文脈における「意味的不合理」に着目する理由が明らかとなる。意味が生産されるのは受容者の側においてであり、そのための契機として「意味的不合理」「文脈からの逸脱」が必要となる。そのような逸脱した表現に遭遇した受容者が、新しい意味を生成する。

　ただし、ガダマーが指摘するように、この類の意味の生産は決して受容者の勝手な解釈によってのみ遂行されるわけではない。そこには、ガイドもしくは枠組みとしての「隠喩表現」が存在しており、受容者はその枠組みの中において自由に意味を生産する。この「ガイド」もしくは「枠組み」とはすなわち文脈であり、受容者は、文脈に沿いつつ、文脈から逸脱した表現を、文脈の内部に回収しようとする。

　したがって、隠喩の「指示対象」を、その語から同定しようとする試みは、往々にして失敗に終わる。なぜなら、隠喩を示す語は、単なる契機として機能するに過ぎず、文脈が重要な役割を果たすからである。

　ある表現が何らかの内部表象を指示するというとき、その表現が「記号表現」と呼ばれ、また、その内部表象が「記号内容」と呼ばれる。これはソシュール言語学に基づく考え方であるが、ウィトゲンシュタインは、そのような記号内容＝内部表象を想定することはできないと指摘した。ウィトゲンシュタインによれば、言葉に命を与えるのは「使用」であり、ある言葉の指示対象（記号内

容）を考えることに誤謬が存在する。たとえばそれは「0（ゼロ）」や「無い」という言葉が何を示してるか判然としないことによっても傍証される。もちろん、ある語句が何らかの指示対象を明確に有していると考えられる事例をあげることは不可能ではないが、むしろそれは特殊な事例であり、語句（記号表現）と指示対象（記号内容としての視覚表象）が密接に結びついている場合においてのみ発生しうる現象である。

　リクールは、ソシュール言語学に端を発する記号論的な立場に対して、意味論的な立場の重要性を指摘する。記号論では、記号表現は記号対象と対になって論じられるものであり、隠喩を考える場合にも、その「隠喩」という記号表現の持つ記号対象（＝隠喩の指示対象）は何であるかを探してしまうという問題に逢着する。ウィトゲンシュタインが指摘するように、ある言葉は何かを指示するものではないし、また、聴覚表象が映像表象によって置き換えられる（代置される）ことによって機能するわけでもない。

　その意味において、リクールの隠喩論は、記号論的な考え方に対しての根本的な見直しの要求を含んでいる。もちろん、記号作用の存在を否定するわけではなく、記号作用を担保している基本的な機序は、隠喩以外の記号表現においてさえ、代置によるものではない。これは、隠喩が死喩へと変化していくことを考えればよく分かる。「生きている隠喩」は、意味を生成するが、それが固定的に使用されるようになるとその「意味生成」の作用は失われ、記号表現と記号対象の固定化された組み合わせによって「記号作用」を発生させるようになる。たとえば「暖かい人」という表現は、おそらくその表現が使用され始めた当初においては隠喩として機能し、意味を生成していたと思われる。しかし現代においては「暖かい人」は、隠喩として用いられない。その表現が指示する対象はほぼ固定化してしまっている。「汚れちまった悲しみ」は、現時点においても「生きた隠喩」であると思われるが、この表現が多数使用されるようになったとき、それは死喩となる。

　さらにそのような考え方の適用範囲を拡大するならば、あらゆる語は、隠喩的に用いられていた時期が存在する。山や川、空や海というような、ありふれた単語であっても、それらが使用され始めた時代においては、隠喩的に用いら

れていた可能性がある。もちろんそれを明確に示すことは誰にもできないが、言語というものの本質的構造を考慮に入れるならば、そう考えざるを得ない。なぜなら、「山」という単語が何を指示するかということが記載された辞書が当初から存在していたわけではないからである。おそらくは、ある語が最初に使用された段階においては、その意味範囲は定まらず、次第に意味が確定していったと考えられる。

　しかしながら、「隠喩」を解釈する行為が無駄であるとは言えない。それは、受容者がどのような方向性によってある隠喩表現を解釈するか、を解釈する、という、二重の作業となる。そして、そのとき、「この隠喩は、a のように解釈される」もしくは、「この隠喩表現は、a という意味を示す」というような言い方は、決して「この隠喩表現は、a という意味に置き換えることができる」という意味で使用されるわけではない。このとき「解釈された隠喩の意味」としての a は、分析者が「受容者の解釈」を解釈した結果として示されたものであり、文脈という枠組みとその隠喩表現という二つの構成要素によって示される「解釈の方向性」を示したものでしかない。したがって、分析者は、その「枠組み」と「隠喩」という二つの要素と、それらの関係、さらには、要素と関係から導き出される方向性を論理的に提示することによって、「隠喩の解釈」の提示とする必要がある。

4．レイコフの現代隠喩理論

　1990年代において、認知言語学の立場から、レイコフ（Lakoff, George）によって「現代隠喩理論」が提唱される（Lakoff 1993）。このレイコフの隠喩理論は、現代において多くの研究者が採用しているものであるとされる（村越 1996）。

　レイコフは、"S is P" 型の叙述の隠喩的表現においては、Pが示す意味写像の空間と、Sが示す意味写像の空間との間の「重なり」が検索され、その中から妥当なものが選択されるというモデルを提唱する。このレイコフの考え方は、隠喩の写像理論とも言うべきものであり、それまでの隠喩理論には無い観点を

取り入れたものであると言える。

　たとえば、「人間は（考える）葦である」という場合、「人間」が示す意味写像と、「葦」が示す意味写像の重なりが検索されて、その二つの意味写像の間の共通項が新しい「意味」として付加されると言う。

　レイコフの考え方は、意味の発生という問題に関して、記号論的な側面からの答を与えるものであったと言える。記号論的な研究文脈においては、記号表現と記号対象の連結という構成が必須であるため、記号対象としての概念（つまり「意味」））がどのように発生するのかということに答えることができないのに対し、レイコフは、あくまでも記号論的な立場をとり、意味の発生とは、記号表現と記号対象の間の新しい連結によって説明しうると指摘した。

　このレイコフの立脚点は、前述のように、多くの研究者が依拠することとなったが、それは、「意味の生成」という扱いにくい問題を回避することができるという意義においてのものであったと推測される。その意味で、リクールによる「新しい意味の生成」という考えとは逆の立場のものであるが、リクールにおいてもなお「意味の生成」を明確に理論づけて説明しえていない以上、レイコフの隠喩理論が現代においては最も妥当なものであると言うことができるだろう。

　ただし、レイコフによる写像理論に基づく隠喩理論においても、最初の段階で「記号対象」としての概念もしくは内部表象がどのように形成されるのかに関しての説明は不十分である。前述の例で言えば、「人間は考える葦である」という場合、「葦」という記号表現によって指示される内部表象（記号対象）は、どのようにして形成されうるのかという問題が残る。これも「写像」によって形成されるというのであれば、遡って、最初の段階での「記号対象＝概念／内部表象」がどのように生成されるのかということである。もちろん、すでにウィトゲンシュタインが指摘しているように、それは、言語的表現による置き換えによっても、映像表象による置き換えでも、説明することができない（Wittgenstein 1934）。これは、記号論的な隠喩理論の持つ根本的な問題であるとも言える。

　また、レイコフは、サール（Searle, John Rogers）の理論を批判しつつ、

そこで提唱されている「逸脱使用による隠喩の意味の発生」の機序の説明を不十分であると主張する。サールの隠喩理論は付加理論の流れを汲むものであり、ある表現が「隠喩的表現」と認識されるためには、受話者が「文脈からの逸脱」だと判断する過程が必要であると言う。たとえば、"Sam is a pig."(サムは豚だ。)という表現においては、「サムは人間であるから豚ではない」という「文の意味判断に際しての欠陥」が認識され、そこから、別の記号内容が探られることによって「隠喩的意味」が発生するとサールは考えた（Searle 1985:90）。サールによる隠喩的意味の発生の機序そのものは示唆に富むものであり、多くの研究者がこの観点を機軸として研究を進めたという点でも特筆に値する。たとえば、「彼はナポレオンだ」という表現の場合、仮にそれがナポレオン本人に対して使用された場合には隠喩ではなく、普通の表現であるが、現代において使われた場合には（当然、ナポレオンは存在していないので）隠喩となる。上記の例でも、サムが、ある人間が飼っているペットであるという文脈において用いられた場合には、字義通り「豚である」ことを意味する可能性が高い。隠喩的表現の成立に関してのサールの指摘は、決して誤っているわけではない。

しかし、"Mary is sweet."（マリーは甘い）」という場合には、そのような「意味的欠陥」の存在は必ずしも認識されないものの、明らかに「隠喩的表現」であるとレイコフは指摘する。このような観点からのみならず、さまざまな心理言語学的実験結果などを援用しつつ、レイコフはサールの想定した機序の欠点を指摘していく（これに関しては（村越 1996）に詳しい）。レイコフは、隠喩が固定したものである「死喩」と、慣用句、そして「新鮮な隠喩」の間には、隠喩的意味の発生機序において特段の差が存在しないと主張する。

第6章

映画映像論

1. 映画論・映像論概観

　映画は、絵画的要素、文学的要素、音楽的要素によって構成され、それらが複雑に入り組む形で一つの作品を形成している。それは、映画が「総合芸術」と呼ばれる所以でもある。したがって、映画を学問的に研究しようとする場合にも、その構成要素同様に、映像・絵画としての要素、文学・物語としての要素、音響・音楽としての要素のそれぞれの立場からの検討が必要となる。映像・絵画要素についての検討は図像解釈学や美学・美術史学の観点をもって行われ、文学・物語要素についての検討は物語論や文学理論の観点をもって行われ、音響・音楽要素についての検討は音楽学の観点をもって行われるが、それぞれの要素的項目の分析のみならず、それらを総合する観点が必要となる。ここでは、それらの要素的領域の各論については他の章にゆずり、総合的な観点についての研究成果を概観するに留める。

　映画が学問的な研究の対象として取り扱われるのは、コアン＝セア（Cohen-seat, Gilbert）による「フィルモロジー（映画学）」の提唱にその端緒を見ることができる（Cohen-seat, 1958[1946]）。コアン＝セアは、「フィルム的事象（le fait filmique）」と「シネマ的事象（le fait cinématographique）」という概念を示しつつ、映画を哲学・思想、特にコミュニケーション論の観点から論じることの重要性を提唱した。コアン＝セアの「フィルム的事象」とは、「映像」もしくは「フィルム」としての表現にまつわるものであり、「シネマ的事象」とは、それらの表現によって示された価値が、人間の社会や文化に流通し、影響を与えるということにまつわるものである。前者は「映像論」と考えるこ

とができ、また後者は「映画論」と考えることができるだろう。コアン＝セアのこの区分は、映画が単なる映像表現ではなく、広く社会に流布しうるものであり、社会との関係の中で論じられるべきものであるということを示したという点で特筆に価する。端的に言えば、この観点が「映画学」の端緒である。ある意味において、現代解釈学の論点を先取りしているとも考えられるこの観点は、しかし、その後比較的長期にわたり、多く参照されるものではあっても、「映画学」の中心的論点とはなりえていなかったと言える。コアン＝セアの論点によれば、映像に関しての芸術的・美学的な接近は、映画の一側面に関しての研究にとどまるものであり、「映画学」の本質的対象とは、映画が有しているコミュニケーションの側面にある。

その後、1970年台に映画論の隆盛期が訪れる。しかしながら、当時すでにガダマーの主著である『真理と方法』が出版されてから10年が経過していたものの、その考え方が十分に普及していたとは言えない。ガダマー解釈学に触発される形で出現した受容美学が定式化されるのも1980年代であり、逆に受容美学の発展を追随する形で、ガダマーの『真理と方法』が各国語に翻訳されるようになっていく。ちなみに『真理と方法Ⅰ』の邦訳は1985年であり、英訳は1979年である。つまり、記号論的な文脈における1970年代の映画論は、受容美学もしくはガダマー解釈学の洗礼を受けていないことが想定されうる。たとえば、1982年刊の岩本憲児・波多野哲朗（編）による記念碑的論文集『映画理論集成』においては、カッシーラ（Cassirer, Ernst）、パノフスキーに関する記述が含まれているものの、ガダマーに関しての記述は存在していない。

論の中心は、作家論もしくは「生産美学」的なものが多く、表現者の意図を記号論的に探るという傾向が強い時代であったといえる。コアン＝セアの「映画哲学」に存在していた重要な論点は、『映画理論集成』にも収録されているものの、その影響は限定的なものであった。

映画映像論の分野で用いられる分析手法の核は、記号論であると言えるが、それは、映画映像論が広く論じられていた時代背景と深い関係がある。端的に言うならば、記号論的な観点に基づく研究が支配的であった1970年代が、映画論の隆盛した時期と重なっていたことが大きく影響しているということに

なろう。ただし、1970年代の映画研究は、現代とは比べることができないほど多くの優れた研究者と、その熱意によって支えられていた。それはたとえばバルト（Barthes, Roland）、メッツ（Metz, Christian）、スーリオ（Sourior, Etiennu）、ウォレン（Wollen, Peter）などに代表される。

　ウォレンは「映画と記号学―いくつかの接点」と題された論文において、エンゼンシュタインとメッツを詳細に検討しつつ、論文の終盤において以下のように述べる。

　　最後に私は、（ヴィルヘルム・ディルタイの言葉を用いると）"世界観"や、（エルンスト・カッシーラとパノフスキーに従うと）世界に関する"象徴的"な概念の問題について、少し述べてみたい。まずくりかえし言っておかねばならないのは、パノフスキーが強調するように、これらの概念も、作家がはっきりと見せるものをとおしてではなく、うっかりもらしてしまうものをとおして得られるのだということである。だが、文体論的・プロップ的分析ならびに一般記号学と、世界観の分析との関係という問題は差し迫ったものではあるが、目下のところ、解決の見通しは立っていない。」（岩本憲児・波多野哲朗（編）　映画理論集成　フィルムアート社　1982, p.322）

　端的に言うならば、少なくともこの論文におけるウォレンの論の中核を為すのは「作家論」もしくは「生産美学」であり、そこに受容理論や受容美学の観点は存在していないのだが、そこにウォレン自身が齟齬を感じているように見受けられる。これを、コアン＝セアの提示した論点が未消化なまま残っていることに対しての述懐であるととらえることもできるだろう。

　ウォレンの言うところの「世界観」や「意味」は、表現者や作家の側にではなく、受容者の側に存在している。表現者は、枠組みを提示することによって、受容者の側の意味の再生産を触発することしかできない。そのとき、表現者の世界観は決して無意味ではないものの、副次的な意味しか持っていない。

　また、映像論は映画論の一分野として発展してきた研究領域であるが、必ずしもイコノロジー分野の成果を下敷きにしているわけではなく、主として構造主義や記号論の成果を踏まえて独自に発展した分野であると言える。パノフスキーの映画映像論に関する論文に関しての評価は難しいが、そこにイコノロジー的な論点はきわめて少ない。

映画映像論は、長らく「表現者側」の論理によって駆動されてきたといえる。誰もがエイゼンシュタインを論じ、モンタージュを論じるが、それはどのように精緻に論じられても、結局のところ「フィルム的事象」でしかない。もちろん、コアン゠セアが指摘するように、フィルム的事象を論じずに、それを飛び越してシネマ的事象を論じることはできないのであるから、多くの論者が記号論を駆使し、そのフィルム的事象を論じることになるが、それは、「映画学」の本来求めるべき到達点ではない。

2．映像作品における「比喩」

映像作品においても、文学作品同様、比喩表現に類するものが多用されている。それを感じとることは可能であっても、分析するという段階になると困難に遭遇する場合が少なくない。それは、従来、「映像作品における比喩」と「文学作品における比喩」の間の共通の要素を見いだすことに困難が存在していたことに由来する。

メッツ（Metz, Christian）は、映像表現や映画は表面的には言語ではないという観点に立ちつつも、それらを言語学の方法論によって研究することの意義について検討した（Metz 1968）。

> こうして、第一の契機においては、言語との相違の面から検討を加えることで、映画が織りなす映像による言説の非常に幅広い様相が、理解しうるものとなるか、あるいは少なくともより理解しやすいものとなる。（メッツ（著）浅沼圭司（監訳）映画における意味作用に関する試論　水声社　2005、p.104）

メッツは、そのうえで「第二の契機」として、記号学的に（超言語学的に）映画を研究することの意義を提唱する。もちろん、映画・映像の研究においては、文学や言語学の分野における研究成果からの類推によるものではなく、映像分野に特化した記号論的な研究の方略が必要であることは議論を待たない。しかしながら一方で、潤沢に研究成果が積み重ねられてきた言語学的方法を使うことの利点は計り知れない。少なくとも研究効率という観点からするならば、「映

像を言語学的観点から研究する」ことを排除する理由は、どこにもない。

　本項の主眼である「映像的比喩」を検討する場合においても、同様のことが言える。映像的比喩を言語的比喩との類比によって検討し、それらの相違点を基礎として研究を進めるのが最も効率的であると考えられる。

　しかし、映像における比喩表現は、前述のとおり、言語学や文芸理論の単純な適用によって説明しうるものではないという困難が存在する。

　まず、比喩と、比喩でないものの違いを明確にしておく必要がある。比喩とは、ある対象の属性を叙述しようとするときに発生する表現の一形態である。ここで、比喩でないものの代表は「名指し」であり、ある特定の対象を指示するために用いられる言語的表現である。たとえば、私が自分自身を指し示すために「私」や「高田」という単語を使うとき、それは比喩ではない。さらに、名指しされた対象に属性を付与する叙述において、広く一般に知られている（その語が意味する範囲のゆれが小さい）修飾語句や述語が使われる場合、それは比喩ではない。「彼は男だ」は、通常の文脈では比喩であるとされる可能性は著しく小さい（が、皆無ではないということにも注意が必要である）。これは、「男だ」という述語部分が、「生物学的な、人間のオスである」という固定的な意味を呈していることによる。ここで重要なのは、何が「固定的」であり、何がそうでないかは、判然としない場合もあるということである。「彼は男だ」という形式の叙述が比喩的に用いられる可能性は多く存在しており、たとえば「彼女は男だ」という場合には、隠喩的に用いられていると考えられる。これに関しては、本書の守備範囲を大きく逸脱するので詳しく議論しないが、ここで指摘しておかなければならないのは、比喩を考えるうえでは、常に受容者の観点からの議論が必要となるということである。つまり、その表現が「どう受け取られるか」が、比喩の成立に不可欠である。その意味で、比喩論は、常に受容美学もしくは受容理論の観点から議論されなければ、その本質に至ることはできないと言える。換言するならば、ある表現者が比喩表現を使うときは常に、それがどう受け取られるかということを想定していなければならない、ということである。

　したがって、少なくとも表現制作物としての映像表現における比喩とは、「映

像表現そのもの」であるとさえ言うことができる。なぜなら、何らかの映像系表現制作物において、直示的に（比喩としてではなく）示される記号内容を考えること自体、困難であることによる。これは、文字によって書かれた物語においても同様であるが、主人公は、現実に存在する何らかの人物を示しているわけではなく、多くの場合、読者の感情移入の対象として表現されている。主人公だけではなく、その周囲に配置される登場人物も、状況でさえも、すべて「比喩」として認識されるべきものであり、また実際、そう認識されている。現実に存在していた歴史上の人物を主人公とした場合であっても、それが純粋に学術映画である場合を除けば（もしくはそうであったとしても）、視聴者の「自己移入」「感情移入」の対象となるという点で、比喩として機能する。もちろん、感情移入の対象ではない場合でも、「あなたの周囲にいつか出現するかも知れない人・状況・事物」という意味で「比喩」として機能する。逆に、そうでない物語（や映像制作物）は、何ら訴求しない。その意味で、「映画・映像系の表現制作物においては、すべてが比喩である」とさえ言える。まず、この観点を見失ってはならない。

　さらに、比喩は記号表現と記号内容の間の結びつき方の種類によって分類される。単純化すれば、記号表現と記号内容が一義的に連結しており、かつ、その連結が広く一般に認められているとき、それは一般的な意味における「比喩」ではなく、通常の叙述となる。当たり前のことであるが、映像表現において「人間の形をした映像」がスクリーン上に投影されたとき、それは「人間である」と認識される。実のところ、その「人間である」と認識された像は、本当は、単なる光点の集合でしかないのだが、それに疑問を持ったり、別様に解釈したりする視聴者は皆無である。スクリーンを見て「あそこには人間なんか一人もいない。全部、光の粒の集合じゃないか！」という人は、限りなく少数である（というか地球上の人類においては、存在しない）。私たちは「光の集合」や「色のついたインクの集まり」などを見て、そこから何かを連想したり想像したりする。この作業は一般にはほとんど意識的な操作を伴わずに行われるので、見ているものが「映像」であるのにもかかわらず、それを「実在物」であるかのように認識する。これは、バルトの言うところの「第一の意味」であり、情報

としての意味の発生であると言える。

　さらに、ある記号内容を示すために、近接の概念を示す単語で代用するとき「換喩」とされる。「パトカーに捕まった」がこの例である。パトカーは、警察官の隣接概念であり、「パトカー」という単語によって警察官を示している。さらに、集合概念を基礎として記号内容を示すとき、「提喩」となる。また、隣接概念でも集合概念でもなく、ある単語の示す意味範囲のうちの一部が適用される場合「隠喩」となる。ただし、隠喩については前述したとおり、さらに異なる機能を持っている。これらに関しては前述したのでここで詳細に論じることはしない。

　映像における換喩、提喩、については、それほど面倒な概念ではないので、詳細な説明は必要ないと思われる。文学・言語学における換喩と提喩の定義を援用することによって、比較的簡単に理解することが可能である。その具体的な例については後述するが、たとえば、「森や海」などの自然物の映像を提示することによって、「自然」という概念を記号内容として惹起されるとき、それは「外延的提喩」となるという具合である。

　しかしながら、視覚的隠喩に関しては、さまざまな議論が存在しており、この段階でそれらの理論的背景を検討しておく必要性があると考える。

3．視覚的隠喩

　オルドリッチ（Aldrich, Virgil Charles）は、映像表現における隠喩（視覚的隠喩）の基本的な構成について検討し、視覚的隠喩とは、ある何らかの表現を、別の何か「として見る」という形式において、視聴者に生じるものであると考えた（Aldrich 1968）。しかし、このオルドリッチの定義は「視覚的隠喩」を定義するうえでは広すぎる。この定義に従えば、「Aという何かを、Bという何かとして見る」という場合にすべて「隠喩」となり、映像表現における提喩や換喩もしくは直喩と、視覚的隠喩の区別は存在しないということになってしまう可能性がある。たとえば、ある俳優がハムレットを演じている様子の映

像を見て、私たちは、その俳優（A）を、ハムレット（B）として見ることになるが、これは決して「隠喩」の範疇にくくられるものではない（ちなみにこれは直喩でもない ―― つまりこれは比喩ではなく、バルトの言うところの「第一の意味」である）。

　西村清和は「視覚的隠喩は可能か」という卓抜した論文において、従来の隠喩理論を整理しつつ、視覚的隠喩の可能性について論じた（西村　2003）。そこにおいて西村は、「人は狼である」という表現を考える場合、それが「人は狼（のように獰猛）である」という意味を提示すると考えるならば代置理論に等しいものとなり、隠喩の持つ本来の性質を説明しえていないと指摘する。「人は狼である」という隠喩的表現は「獰猛である」という概念に置き換えられるのではなく、「狼」という概念が惹起するさまざまな恐怖感や嫌悪感などによって修飾されるのであり、それらの「感じ」こそが、隠喩的表現を特徴づけるものであると考える。

　西村は、映像表現における隠喩に関して、以下のように述べる。

　　『モダンタイムス』の羊の群は、隠喩としてはほんらいの語りの次元にのみありうる述語媒体であるが、それがスクリーンという映像の説話世界の次元に、その細部の特徴のすべてをともなって姿をあらわすとき、主語である『労働者』についての、一定の文脈にかかわるいくつかの意味素性による述語づけとして機能することはできない。という（西村清和　視覚的隠喩は可能か『美學』53. 4, 1-14, 2003. p.13）。

　つまりサールやビアズリーが提示した「文脈からの逸脱」もしくは「意味の欠陥」が、隠喩が発生するための主たる契機として必要であるとされる。そのような「異質なイメージ」が、あるストーリーの流れを持っている映像的物語世界に侵入することによって、視聴者は、「物語世界」と「その異質なイメージ」とが形成するもの「不自然な併置」をそのままでは理解することができず、そこに隠喩的意味が発生する（西村　2003）。そして「隠喩的意味」とは、決して何らかの別の概念によって代替されるものではなく、その隠喩によってしか表現されえない意味が発生すると考える。この観点は、レイコフの隠喩理論とは相容れないものであるが、隠喩の持つ生産的な側面を強調したという点で特筆に値する。前述のとおり、レイコフによる写像論理を援用した隠喩理論は、

つきつめて考えるならば「代置理論」に等しく、それまでになかった新しい意味が隠喩によって発生するということを十分に説明できない。特に、視覚的隠喩を考える場合にそのことは明確となる。「人は狼である」という表現は、「人は狼のように＊＊＊である」とは書き下すことのできない「隠喩的意味」を発生させていると考えるべきであり、言い換えや置き換えで説明できるものではない。ここで問題となるのは、代置されえない新しい「意味」とは何か、ということである。

　映像表現における隠喩とは、物語性と切り離して考えることはできない。なぜなら、物語の進行の流れと遊離して（つまり、物語の文脈から逸脱して）表現されている映像表現は、すべて、隠喩として受け取られる可能性が存在するからである。つまり、「文脈からの逸脱」という場合の「文脈」の存在が、隠喩の発生を担保する。しかし悩ましいのは、映像表現における隠喩とは、文脈からの逸脱によって発生しつつも、その文脈（物語）を修飾したり補足したりするという構図を有していることである。これは、物語性が中心であり隠喩がそれを補足するという意味ではなく、表層における物語性が隠喩表現と相互作用しつつ、深層における新たな（受容者の側での）物語を生成するという意味である。したがって、表層における物語性（端的に言えば、脚本などの文字表現によって表現されている物語）は、隠喩表現による影響を受けて、表層とは別の物語を受容者の側に発生させることもできる。というよりもむしろ、隠喩として認識される表現の存在によって、表層の物語は（よい意味で）歪められ、新しい意味を帯びることになる。このとき、隠喩表現によってどのような物語が受容者の側に生成されるかは、表現者の意図からは遠く離れてしまう場合がある。これは、映像表現のみならず、すべての表現制作物に共通している要素であると言えるが、特に映像表現においては、映像が持っている膨大な情報量によって、表現者の意図せざることが発生してしまう可能性が高いと言える。ただし、繰り返しになるが、その意味においての小説と映像の差異は程度の問題であり、小説であっても同様のことは発生しうる。

　ここで、視覚的隠喩の好例であると思われる映像表現を例にして、その成立の条件に関して検討する。例として、宮崎駿の初期の作品である「アルプスの

少女ハイジ」の第一話における映像表現について考える。

　この映像においては、ハイジと「籠の鳥」が同一の画面に表現されるシーンが存在する。レイコフの写像的隠喩理論にしたがえば、「籠に閉じ込められている鳥」という構造は、「籠＝状況」「鳥＝ハイジ」という対応関係により、隠喩として機能するということになろう。もちろん説明としては、レイコフの写像隠喩理論は十分に機能しうる。しかしながら、この映像には、レイコフによる説明を遥かに超えた意味を見ることができる。

　まず、このシーンが隠喩として機能しうる仕組みについて考える。前述のとおりそれは、「文脈からの逸脱」という要素が大きく影響している。ストーリーの展開からして、このシーンに「籠の鳥」が映し出される必然性はまったく存在しない。このシーンのアングルは、アパートの中庭に佇むハイジを上空から見たものとなっているが、ハイジの姿は点のように小さく、前景に「籠の鳥」が写されている。

　このシーンを見た視聴者は、この「文脈から逸脱した籠の鳥」を、物語の中に回収して理解しようとする。ここが「隠喩が発生する契機」である。繰り返しになるが、私たちは、何ら関係性の無い（つまり文脈から逸脱した、もしくは意味が欠陥を有している）表現を目にしたときに、そこに何らかの関係性を「視聴者自ら発生させる」という性質を持っている。これは、おそらく人間の知的な機能の重要な一側面である。私たち人間は、「関係性を見いだす」という機能を常に働かせている。

　「人は狼である」という表現は、「人が、狼であるはずがない」という基本的認識が存在していることによって、隠喩として認識される。それと同様に、映像における隠喩とは、その映像がもっている物語性と比較して、ここにその映像表現（シーン）があることの理由が不明確であるときに、発生する。私たちは、「理由」をそこに自ら発生させるのであり、それが、隠喩を構成するための主たる原動力となる。

　さらに続くシーンでは、「籠の中の鶏」が表現されている。このシーンでは、視点は「籠の中から」のものとなっている。通常からすれば、このような視点からの映像を私たちが見ることはない。この、視点の問題はここでの議論から

第 6 章　映画映像論　*115*

は離れるので詳細に検討しないが、「籠の中からの視点」を視聴者が有している（ような映像表現である）のは、重要な意味を含んでいると考えられる。なぜなら、映像制作物における視点とは、多くの場合（というかほぼすべての場合）、「視聴者の視点」を示していると考えられるからである。この「籠の中の鶏と、ハイジ」の映像においては、視聴者は「籠の中にいる」ことが示唆されている。それは単に、「ハイジは籠の中の鳥である」という、前述の表現から一歩踏み込み、「あなた（視聴者）も、ハイジと同じく、籠の中の鳥である」という隠喩を形成しうる。

　さらに、若干の物語の進行があり、ハイジがデーテおばさんに連れられて街を出て行くシーンでは、鳩が表現されている。

　もちろんこのシーンも、物語の進行とはまったく何の関係もない。ここまで登場した動物は、籠の鳥、鶏、馬、鳩、となっている。ただし、ここでの鳩は、籠の中にはいない。そして、次のシーンでは、鳩は、馬に追われる形で飛ぶ。

　ここまで三種類の鳥が提示され、ここで「鳥は飛べる」ことが示されている。さらには、それは「馬（ハイジが乗っている荷台を引く馬）」によって追い立てられて、逃げるように飛び去っていく。その後にも、牛、バッタ、ヤギ、などの動物が、効果的に「視覚的隠喩」を構成し、それらが、このアニメーションを「名作」と呼ばしめる要因となっていることは、誰もが認めることであろうと思われる。

　一方で、この「ハイジ第一話」の物語は、きわめて単純に書き下すことができる。それは「デーテおばさんに預けられている両親のいない5歳のハイジが、アルムの山に住んでいるアルムおんじのところに連れて行かれ、牧童のペーターと出会って、自由になる」というものである。単純化すれば、「ハイジA（束縛）−（アルムの山に行く）−ハイジA'（解放）」という要素のみが物語性を持っており、およそ25分の映像のほぼ大半は「隠喩的表現」である。蛇足ではあるが、これほどに「視覚的隠喩」が効率的かつ効果的に使用されたアニメーション他に例を見ない。

　このアニメーションにおける視覚的隠喩は、あらゆる映像制作物における隠喩的表現を代表する典型的事例であると考えることができる。そこに存在する

表現上の要素は、以下の4つである。
 ①文脈からの逸脱
 ②適度な繰り返し
 ③適度な強調
 ④対比的提示

　①に関しては前述したとおりである。物語の進行からして不自然であればあるほど、視聴者はそこに「隠喩的意味」を発生させる。②に関しては、「適度な」という概念があいまいであるものの、数回繰り返されることが重要な意味を持つ。「文脈からの逸脱」が、もしも純粋な逸脱なのであれば、そこに意味を見いだすことはできない。私たちは、それが繰り返し表現されることを見て、より一層、そこに何らかの関係性を見いだそうとする。③は②と同じであるが、回数による繰り返しではなく、画面占める面積や、アングルなどによる強調によって、視聴者は、そこに関係性を見いだそうと（無意識的な）努力を行う。もちろん、その契機となる関係性はレイコフの写像理論によって説明しうるが、それを超えた豊潤な意味が生産されていることに注意が必要である。

4．バルトの「第三の意味」

　バルトは、一般に評価が難しいとされる論文「第三の意味」において、エイゼンシュタインの『イワン雷帝』の戴冠式のシーンを例にあげつつ、そこに三つの意味のレベルが存在するということを指摘した（Barthes 1970）。一つ目は「情報のレベル」であり、いわゆる表面的な鑑賞で十分に知ることができる意味のレベルである。二つ目は「象徴のレベル」であり、たとえば「黄金」が「富の象徴」として用いられているという意味のレベルである。さらに、それら第一の意味と第二の意味によっては汲み尽くすことのできない何らかの「意味」を、バルトは「第三の意味」と呼び、それに関しての検討を続ける。

　バルトは、イワン雷帝の戴冠式のシーンで、大量の黄金（のコイン）を雷帝の頭から注ぐ二人の廷臣の容貌と表情に着目する。

それは廷臣たちの、一方は厚くて目立つ白粉の密度、もう一方は滑らかで上品は白粉の密度である。それは一方の《間の抜けた》鼻であり、もう一方の眉のくっきりした線であり、色褪せた金髪だる、白く萎えた肌色であり、どうやら鬘であるらしい髪の気取った俗悪さであり、石膏色のファウンデーションは髪粉の塗り跡である。」（バルト（著）沢崎浩平（訳）　第三の意味、みすず書房　1984、p.75）

　バルトは、象徴や隠喩によって示される意味を「自明な意味」と呼び、前述の第三の意味を「鈍い意味」と呼ぶ。それは、「私の理解力が吸収できない付加物のよう」な意味であるとされる（同前、p77）。この「鈍い意味」がどのような役割や機能を有しているかに関してのバルトの説明は、たいへんもどかしいと言わざるを得ない。

　バルトは「鈍い意味」は、メタ言語（批評）を攪乱し、不毛にすると言う。また、鈍い意味は「反＝物語」であり、作者の意図による連辞的な表現によって構成された「象徴の連鎖（＝物語の自明な意味）」の発生をむしろ邪魔するものであるととらえている。

　「要するに、第三の意味は、ストーリーを覆さずに（少なくともエイゼンシュタインにおいては）、映画を別な風に構造化する。」（同前、p93）とバルトが言うときの「別な風に構造化する」というのは、その映像表現に解釈の幅を与えるという意味であると捉えることができる。

　横田千晶は、バタイユとの比較を行いつつ、「鈍い意味」の機能を、説明的な言説とは異なる部分に訴えかけるものだと考える。つまりそれは、その捕らえ難い意味が「開かれ」を発生させ、「ある種の詩的な創造的把握へと向かわせる」ものだと指摘する（横田　2000:56）。この横田の指摘は、いわゆる「バルトのバタイユ読み」の帰結として得られたものであるが、バルト自身が語りながらもうまく説明できていなかった鈍い意味の機能を、明確に示していると考えられる。

　端的に言うならば、視聴者は、さまざまな「鈍い意味」に晒されることを通して、独自の読みの範囲（もしくは解釈の幅）を担保される。もしもこの独自の読み（＝解釈の幅）の担保が無ければ、物語の解釈は表現者の意図に沿った一義的なものとなってしまう可能性が発生する。

ガダマーが指摘するように、物語の解釈とは、共通の意味への参与であり、受容者が独自に再生産・再創造するものである。しかしながら一方で、物語には当然表現者（＝作者）の意図による何らかの構造が含まれており、それが読者による意味の再生産を阻害する要因となる。しかし、表現者は、一方で、バルトの言うところの「鈍い意味」もしくは第三の意味のレベルを実現するための表現を差し挟むことによって、「開かれ」の余地を確保することができる。この考え方に基づいて、『イワン雷帝』の当該の部分を、もう一度検討してみる。この戴冠式のシーンでバルトが問題としているのは、二人の廷臣がイワン雷帝に黄金のコインを注ぐ箇所である。この後に、注がれる黄金のコインがジャブジャブと床に落ちるシーンがあり、それに続いて、二人の廷臣のアップが挿入されている。(Ivan the Terrible - Part One - 1/10 参考 URL 〈http://www.youtube.com/watch?v=P32IflLKomI〉説明対象としたシーンは冒頭から８分ほど経過した箇所)

　このシーンの「象徴的意味」を特定することは（バルトが指摘しているとおり）難しい。仮に、何らかの独自な解釈によってその意味を特定できたとしても、それはきわめて個人的な解釈となる可能性が高い。しかし、このシーンを見る視聴者にとっては、この意味は、バルトが指摘するように重要な「意義」を有している。それは、この戴冠式において、黄金のコインがふんだんに降り注がれることに対しての、さまざまな「意見・感想・心情」の幅が確保されるという「意義」である。それは、さらに続く王族と思しき女性たちのアップにおいても同様である。廷臣の一方（向かって右側）は、目をきょろきょろさせつつ黄金を追う。もう一方は何かよからぬたくらみをしているように一点を見つめている。皇族の女性の一人は笑い、もう一人は真剣かつ悲しげな眼差しで見つめ、もう一人は微笑む。それらの「意味」が問題なのではない。それらの映像表現のもつ「幅（さまざまに解釈できる様子）」が重要である。それによって、視聴者は、この戴冠式についての自由な意見や感想を持つことができる。つまり、この物語に自己移入することのできた視聴者は、このシーンの登場人物の誰にでも感情移入することができるし、また、しないこともできる。さらに、それらの登場人物の態度によって構成される「意味空間」のうち、どこにでも

位置することができる。これが、横田の指摘する「ある種の詩的な創造的把握」である。

　ここでことさらにバルトを引きつつ、映像表現の持つ特徴について検討しているのは、バルトが指摘するように、このような構成を有することが映像表現にとってきわめて重要な側面だからである。もちろん、小説であっても絵画であっても、同様のことを指摘しうる。

　しかしここで、このシーンの「構造分析」による結果を簡単に説明する必要があると考える。なぜなら、このシーンにあるのは「鈍い意味」ばかりではないからである。特に「目をきょろきょろする ─ 一点を見つめる」という対立関係は重要で、髻を結っているいかにも貴族らしい廷臣（向かって左側）は、一点を見つめているのに対し、向かって右側の、比較的「平民」ぽい自然な髪型をしている廷臣は、目をきょろきょろさせる。「目をきょろきょろさせる」のは、驚きや疑念の象徴的表現であることから、実は、多くの視聴者は「右側の廷臣の態度」に感情移入する可能性がきわめて高い。さらには、皇族の女性のうち、第一（笑う）と第二（悲しげな表情）は目をきょろきょろさせないが、第三の微笑む女性は目を動かす。さらに、それらの女性たちのうち、第一と第二の女性の背後には、無表情な廷臣が写っている。

　これらの「意味」に関しては、ここで詳細を述べることはしないが、必ずしもバルトの言うようなものではなく、かなり「象徴的」な表現が含まれているシーンであると言える。

　あるシーンから、どのような意味を汲み取るかは、もちろん視聴者にゆだねられている。分析者である私たちができることは、そこに存在する「ガイド」や「枠組み」を指摘することだけである。しかし、バルトの「第三の意味」によって指摘されているのは、この「ガイド」「枠組み」のもつ規定性と、解釈的行為の間の乖離であり、それがきわめて重要な指摘であることは当然である。

　分析者としての私たちが留意しなくてはならないのは、どのような表現制作物であっても、意味や解釈を押し付けるようなことはできないということであり、そこに自由な解釈の余地が担保されていて初めて、その作品が価値を醸成することができる、ということである。

たとえるならば、良くできた物語とは、縁石も塀もなく、ただ車線だけが引かれた車道のようなものである。また、その車線は一種類ではなく、縦横無尽に多方向へと進んでいる。どこをどう走ろうと自由であり、それを制限することはしないものの、ふと気づくと、ある車線に沿って進んでいる。そして、その車線が描かれた地面は整地されていて、とても気持ちよく高速に目的地に向かうことができる。ただし、車線を外れることも可能であり、目的を変更することも可能である、というようなものである。ここで、「第三の意味」「鈍い意味」とは、車線の幅の広さを担保するための重要な要素である。しかし、この車道の喩えでは汲みつくすことのできない要因が存在する。それは、車道は、ある方向性を明確に持っているものであるが、物語にはそれが緩やかにしか存在しない、という点である。

　ここまで、象徴的表現や隠喩表現、物語の構成などが視聴者を「ガイドする」ということについて説明してきたが、バルトの指摘するように、物語が成立するためには、ガイドだけではなく解釈の自由を担保する幅（車線の多さ）が必要であるということを、分析者は十分に知っておかなくてはならない。ときとして分析者は、ある物語が示す「ガイド」の分析にのみ終始する。しかし、物語という「道」を実際に走るのは、視聴者であり読者であり受容者であるということを決して忘れてはならない。

第7章

心理学的基礎概念

1．ユングの元型理論

(1) 概　要

　分析心理学の分野において、ユングは、社会および文化の底流に共通して存在している要素としての「元型（アーキタイプ）」の類型化を試みた。象徴は、この元型の表現形であり、ある文化圏において長期間にわたって使用されてきた「隠喩」が固定化したものと考えることができる。したがって、象徴の分析においては、比喩に基づくシーン分析よりも、象徴が指し示す記号内容の幅が狭い。もしもその「象徴－象徴の意味」の対応が妥当なものであれば、分析者にとって分析を容易にする一つの重要な要素となる。しかしながら、基本的な方法論としての枠組みは、シーン分析と同様であり、深層の物語における整合性を中心として分析していくことになる。

　ユングは、「心」を意識と無意識に分けて考えた。この「意識と無意識」が統合された概念が「自己（self）」であり、元型としては、王や陰陽図や曼荼羅や円型や預言者などという「象徴的表現」を持つとした。さらに「意識」は、「自我（ego）」という中心を持ち、これも「元型」としての象徴的表現を持つ。端的に言うならば、まず「自己および（その下位概念としての）自我」が「元型」である。

　　　元型とはつまり－この点は決して忘れないでもらいたい－どんな人でも持っている一つの心的器官である。（カール・ケレーニイ（著）　カール・グスタフ・ユング（著）　杉浦忠夫（訳）　神話学入門　晶文社　1975、p.113）

> というのは、元型は一つの心的構成要素であり、したがって魂の営みのきわめて重要、かつ必要な構成要素であるからである。元型は、意識の現実的だが不可視的な根源である原初的な暗黒の心のある種の本能的な諸事実を表現、あるいは擬人化する。これらの根源との関連がいかに基本的に重要なものであるかについては、ある種の「魔術的」要因－これこそわれわれが元型と名づけるものにほかならない－と関連した原初的精神の先入主がこれを示している。（同前、p.114）

「自己」は「意識」と「無意識」の相互影響の結果として、何らかの「統合した行動の主体」となる。ある人間の何らかの体験が抑圧されて「無意識の闇の奥」へと追いやられていても、それは消えてなくなるわけではなく、さまざまな形で「意識」と関係を持ち、ときに「意識の光のもと」に浮上してきたりする。人類に共通な経験（たとえば「幼児期」や「思春期」における経験など）は、ときとして「抑圧」される。それは「必要に応じて」行われる抑圧ではあるものの、それによって「その人間が本来持っていた根源的な性質」が切り捨てられてしまったり、歪められてしまったりする。そのような状態を「補正」もしくは「補償」する機能を担うのが「元型」である。

ユングは、「幼児元型」に関して以下のように指摘している。

> 個別化された意識はつねに根底を奪われる恐れをもっている。したがって個別化された意識には、いまなお存在する幼児期状態による補償が必要なのである。（同前、p.116）

意識の中心には「自我」という元型の存在が仮定され、「無意識」の機能は「諸元型」として仮定されている。一般には「元型」と「諸元型」をあわせて「元型」と一緒くたに表現される場合が多いが、実際には「元型」と「諸元型」を区別して認識する必要がある。ただし本書では煩雑さを避けるため、一般的な呼称にしたがい、諸元型も「元型」と表記する。

ユング理論に対して疑義を唱える研究者も少なくはないが、少なくとも絵画分析の手法において、ユングの提唱した元型理論は、逸脱して使用しない限りにおいては、かなりの有効性を有している。必ずしも上記該当分野における研究成果に縛られる必要はないが、当然のことながらそれらにおける詳細な研究成果を援用することによって、分析をより妥当なものとすることができる可能

性が存在する。

　しかしながら、この元型に基づく分析手法に関して、ユングは注意を促している。

> 　元型は結局説明されればそれで解決がつく、などという幻想に一瞬たりとも屈服してはならない。どんなにすぐれた説明の試みでも、所詮は他の形象言語 Bildsprache にどうにかこうにか上手に移し変えた翻訳でしかない。(事実、言語は形象でしかない!) どんなにうまくいってもわれわれは神話を夢見つづけて、それに近代的な装いを与えるだけである。そして神話がどのように説明ないし解釈されても、説明されたのはわれわれ自身の魂であって、そこからわれわれ自身の健在にふさわしい結果が生じるのである。(同前、p.113)

　元型理論を物語構造分析の一手法と位置付けることに関しては多くの異論が存在するが、その一方、後述するように、物語の分析に際しての基礎的理論として多く用いられてきた。元型分析は心理学的な治療行為の基礎理論として発想され、発展してきたものであり、分析心理学という名称をもつ分野の理論ではあるものの、本書で想定しているような構造分析のために策定されたものではないということに十分な注意が必要である。

　しかしながら、登場人物などの関係をもとに、それらの種類を同定し、それらが深層において表現している意味を探るという分析手順は、まさに構造分析の範疇に括られるものである。

(2) 元型の種類
1) 自己 (self)

　「心」は、意識と無意識という二つの概念によって構成されているとユングは考えた。この「意識と無意識」が統合された概念が「自己 (self)」であり、元型としては、王や陰陽図や曼荼羅や円型や預言者などという象徴的表現を持つ。無意識は、さらに「個人的無意識」と「集合的無意識」に区分され、この「集合的無意識」として定置される概念中、ある文化圏において特徴的に用いられる象徴的表現の源として諸元型が置かれている。

2）自我／エゴ（ego）

「自分が自分であることを示す何らかの要素」「他者と区別しうる特徴」を指す。人は「自己」を達成しようとする強い願望を持っているとされる。それはいわゆる自己実現と呼ばれるものである。自我は、単に個人的なものではなく、社会が自分に要求する役割としての自我も存在する。いわゆる「理想像としての自己」と「現実の自己」の乖離が発生する可能性がある。その他の元型と同様に、自我は「表と裏」を持つ。特に「自我の裏面」は、以下に示す「影」として独立して論じられる。

3）影（shadow）

社会がある個人に対して要求している役割は、必ずしもその全部が演じられる（遂行される）わけではない。要求されているにもかかわらず遂行されなかった自己像は、裏面に滞留して「影」となる。もちろん、要求は社会によってのみ行われるのではなく、「自己」そのものによっても要求されることがある。自己が「ある自己像」を要求し、自己がそれに反意することもありうる。それらの「演じられなかった自己像」は、多くの場合「影」となる。具体的には、「自分の内面に確かに存在する欲求ではあるが、それを本人が好ましいものであるとは思っていない」という状況や、「本来は、そうありたいと思っているのだが、社会の価値が、そうあることを認めない」という状況などにおいて、「遂行されなかった要素」が「影」となる。ただし、一般に、社会の価値に鑑みて悪とされる部分を「影」とする場合が多い。本当は善人になりたかったのだが、社会の事情によって悪人になっているという状況においては、本来的な定義からすれば「善人の側面」が「影」となるのだが、こと物語分析においては、そのような特殊な事例は取り扱われない。「ギャングの世界での物語」を分析する場合には、そのような視点が必要となるかもしれないが、それは本書の扱う範囲からは大きく逸脱する。「影との対決」は、多くの物語における主要なテーマを形成している。

4）仮面／ペルソナ（persona）

ある人間が演じている「役割」を表す元型。「自己」のうち、社会がその人格に強要し、その人格がそれを認める形で演じるときに、「ペルソナ」となる。

「自分が本来求めている自己像」と「社会が（自分に対して）許容している像」との間の妥協を表す。

　5）魂（soul）

　上記「ペルソナ」と対をなす概念。ペルソナのうち「意識されない」もの（無意識の部分に沈んでいるもの）を、魂の元型と呼称する。少々煩雑になるが、後に示す anima ／ animus は、「魂」の一例である。つまり、「男性において、無意識の部分に沈潜し、行動として表出されないもの」が anima であり、その逆が animus である。この anima ／ animus が「影」となるのは、それが過度に抑圧された場合である。

　6）アニマ（anima）

　「自我」の一つの側面である。自我は、その「表」と「裏」として「自我」と「影」（もしくは「ペルソナ」と「魂」）とに分節する。「影」は、前述のとおり「抑圧された魂」であり、anima も過度に抑圧されない限りは、影となることはなく、「魂」として健全な状態で、「自己」を形成する一要素となる。　つまり、アニマがペルソナとして健全に機能し、抑圧が行われていない場合には、それが「影」となることはない。

　自我は、（その本人が男性である場合）「その心の中に存在する女性像（＝魂）」と「演じる対象としての男性像（＝ペルソナ）」に分節する。「（男性である場合）その心の中に存在する女性像」は「演じられることのなかった自己像」であり、魂の定義に一致するが、特に「性別に関しての魂」を、「アニマ」として別立てする。

　どのような男性であろうと、その心の中には「女性的なもの」が存在している。それを抑圧し、表面に出ないように細心の注意をはらって日々行動するのが「男性を演じる」ということである。端的に言うならば、抑圧しなければ、アニマが表出してしまう場合に、強い抑圧が行われ、「アニマ」は「影」となる。繰り返すが「抑圧」が存在しない場合には「影」にはなり得ない。

　誤解をおそれずに言うならば、男性がある種の女性に好意を寄せるのは、「自分（その男性）が抑圧してきた女性像」を、その女性の内面に見いだすからである。もちろん、分析心理学の文脈からすれば、「社会において歴史的に抑圧

されてきた（男性であればそのような行動はしない、というような抑圧を受けてきた）女性性」が、アニマの元型である。

7）アニムス（animus）

アニマの対概念である。「女性の中に存在する、抑圧された男性像」を指す元型。「女の子なんだから、行儀よくしなさい」というような抑圧が強く存在している場合、「行儀が悪いこと」「粗暴であること」が「影」のアニムスとして形成される（もちろん、元型であるので、社会全体にそのような価値観が敷衍されていることが前提である）。

アニマ／アニムスは、前述のとおり「魂」の一つの例にすぎないが、ことさらにこの元型が強調されるのは、これが抑圧の対象となる場合が多いという文化的事情によるものであると思われる。つまり、アニマ／アニムスは、「影」になりやすいということであり、換言するならば、私たちの社会には「男らしくあるべき／女らしくあるべき」という社会的抑圧が強固に組み込まれてしまっていることの裏返しであるとも言える。

8）太母（great mother）

「母性」を代表する元型。母性とは「生む」「育む」「守る」「生命力」という（良い）要素に代表される。「植物を生み、育む」という要素から「大地」のイメージに融合されてきた。他の概念と同じく、「裏」と「表」があるが、それら（裏と表）に対応する元型は定置されていない。したがって、「太母の悪い面」「太母の良い面」などと呼称される。「悪い面」は、「消費しつくす」「大食らい」「感情的」「非理性的」などとされる。生み、育て、守るためには、他の犠牲をいとわないという様相も「悪い面」とされる。ちなみに「地球を守るヒーローもの」の特撮やアニメなどが高視聴率を得る場合には、太母の要素がそこに存在している場合が少なくない。使用される象徴的表現としては、「有機的」「湿潤」「曲線的」などがある。

9）老賢者（the old wise man）

「太母」が、「感情」を代表するものであるのに対して、この「老賢者」は「知恵」「論理」を代表する元型である。したがって、使用される象徴的表現としては「無機的」「乾燥」「直線的」となる。「生命力が充溢していない」ということを

ことさらに表現するために「老人」「男性」という象徴表現を伴う場合が多い。もちろん、ユングの呼称である「老賢者」には相応の意味があるが、必ずしも「老人」として描かれるわけではない。むしろ最近における映像作品企画では「老賢者」よりも「メンター」という呼称が用いられることが多い。メンターとは、ギリシャ神話でオデュッセウス王がトロイ戦争に出陣するときに、息子のテレマコスを託した指導者の名前「メントール」を語源とするものであり、論理的かつ教育的な知恵の権化とされる。助言と助力を与える存在として登場する、白ヒゲの老人・魔法使い・呪術者・医師・聖職者・教師・祖父などとして象徴表現される。当然、他の元型と同じく「裏面」が存在する。「価値の強制者」「指導者」「否定者」「高圧的にものを言う人間」などが「裏面」である。

アニマ／アニムスの対元型同様、「太母／老賢者」も対をなす元型である。これも、「感情と理性」という概念が、私たちの社会において「社会的抑圧」を形成していることの傍証であると言える。

10）始源児（the miracle child）

「成長」を代表する元型。ただし「成長前」の存在であるため、「可能性」をも暗喩する。日本においては「三年寝太郎」という典型的な始源児モチーフの民話が存在するので、比較的理解しやすいかとも思われる。また、「一寸法師」も同様に典型的な「始源児」である。不思議なことに、ユング自身が「始源児」の具体的な例をあげた文献は多くない（前掲の「神話学入門」では若干触れられている）。また、独自に探索しても「西洋民話」に登場する例はきわめて少ない。蛇足ではあるが、そのような状況で、ユングがいかにして「始源児元型」を見いだし得たのかが不思議である。

象徴的表現としては、後述する「永遠の少年」と似ているが、まったく正反対の要素を持っている。「始源児」と「永遠の少年」は、対立概念である。

11）永遠の少年／プエル・エテルヌス（puer aeternus）

前項の「始源児」と対をなす元型。永遠の少年という名前どおり、「成長の拒否」を中心的な要素として持つ。その場合「成長」は「悪」「けがれ」として扱われる。「透明なままの完成」をモチーフとして持つ物語に登場する。代表的な例としては「ピーターパン」をあげることができるだろう。また、宮沢賢治の作品に

は「永遠の少年」の象徴が多数登場する。「永遠の少年」は、物語の中で「決して完成しない」キャラクターとして描かれる。英雄であったり、トリックスターであったりもするが、「それらに到達することはない」という特徴を持つ。この元型においては「未完成」がキーワードとなる。この元型の「裏面」としては、「未完成」「無力」「成熟の拒否」があげられるが、「表面」としては「純粋」「透明」「無垢」をあげることができる。

12）トリックスター（trickster）

物語の筋を違う方向へと誘導したり、筋そのものを破壊したりする。いたずら者、腕白坊主、詐欺師、ペテン師、道化師、などとして表現される。「物語の進行」においては「撹乱要因」となる。「裏面」は「筋の破壊」をもたらすが、「表面」は「硬直化した物語状況の打開」「破壊の後の再生」をもたらすものとして表現される。

(3) コンプレックス（心的複合体）

分析心理学における重要な概念として「コンプレックス（心的複合体）」があげられる。コンプレックスとは、「元型に由来する核のまわりに群がったイメージや観念の集合体」であるとされる（アンドリュー・サミュエルズ（著）パーニー・ショーター（著）　フレッド・プラウト（著）　山中康裕（監修）濱野清志（訳）　垂谷茂弘（訳）　1993　ユング心理学辞典、創元社、p.58）。それ自体は人間の行動や感情の源となっているものであり、決して害をなすものではないが、特定の行動や観念が過度に抑圧された場合などに問題が発生するとされる。コンプレックスの代表的なものとして「エディプス・コンプレックス」があるが、これもほぼすべての男性の中に存在しているものであり、その存在そのものが問題であるわけではない。

端的に言うならば、「コンプレックス」とは、私たちの精神の奥底に存在する「何らかの共通した要素（元型に由来する核）」が伸ばした「複数の触手の集合」であり、この触手によって、表面的な行動や観念が影響を受ける。もちろん、この触手が「あまりに長く伸びた」場合や、「あまりに力を持った」場合に、問題が発生することになると考えられる。

コンプレックスは、それらの「触手」の性質や種類によって、いくつかに分類することができ、また、多くの研究者によってさまざまな「コンプレックス」が提唱されている。

映像作品の構造分析において、コンプレックスの「同定」や「抽出」に拘泥するのは、むしろ危険である。それは、「既存の類型にあてはめる」タイプの分析になりがちであるからだ。しかしながら、「抽出した関係構造が、明らかに、既存の何らかのコンプレックスに類似している」場合には、その指摘を躊躇する必要もない。そして、優れた先達者としての研究者が見いだした「心的複合体＝コンプレックス」は、分析を進める上で、きわめて重要な示唆を形成している。この二つの矛盾する立場を、分析者は認識しておく必要がある。それは、「先達研究者が見いだした心的複合体を、分析対象の中に見いだそうとすることの危険性」と、「先達研究者が見いだした心的複合体を、分析的研究の指針として利用することの有用性」である。このとき重要なのは、「多くの優れた先達研究者は、自らの分析によって、新しい心的複合体を見いだした」ということである。それは「類型」では決してなく、研究の成果である。研究の成果を利用することに躊躇してはならないが、それにあまりに拘泥するのはむしろ危険であると言える。この分野の研究成果の「磁力」はとても強く、初学者がこの分野の手法を用いて対象を分析すると、何でもが「自我と影の対決」となってしまったりするという「問題」が存在する。最終的には、選定した対象作品もしくはフィールドに「研究者として真摯に向き合う姿勢」のみが、そのような誤謬に陥ることを回避する力となると思われる。またそのような誤謬に陥ることを回避するために、優秀な研究者グループを形成し、その内部において批判し合うという行為が必須であるとも思われる。

1）エディプス・コンプレックス／エレクトラ・コンプレックス

エディプス・コンプレックスという名前は、ギリシャ神話のオイディプス王の物語（父殺しの物語）に由来する。「母元型⊃エロス（生の力）⊃育む」と対立するものとして「父元型⊃ロゴス（知の力）⊃制する」が置かれるが、その場合、当然のなりゆきとして、子ども（男児女児を問わず）にとっては「母〉父」となる。「制する者」を排除し、生の力（育む者）と融合したい（むしろ、

分離された状態からの復旧とも言える）という「心的複合体」を、エディプスと呼ぶ。これは、フロイトが重視したコンプレックスでもある。このコンプレックスが自我とのバランスを失うと、「父元型」に由来するものに対しての極度の嫌悪が生じることがある。「論理」「権威」「指導者」などへの極度な嫌悪感は、社会的生活を営む上で問題行動の原因となりかねない。

女児における同様な構造を持つコンプレックスを特に「エレクトラ・コンプレックス」と呼んで区別する場合もあるが、あまり一般的な呼称ではない。

2）劣等コンプレックス

一般的な文脈でコンプレックスという日本語が使用される場合には、この劣等コンプレックス（inferiority complex）を指している場合が多い。劣等コンプレックスは、基本的には承認欲求を核とする自我コンプレックスの一つの形態であると考えられる。他者に認められることによって自分の位置を確認したいという欲求が核として存在し、その周囲に張り付いたさまざまな観念やイメージが劣等コンプレックスである。自我コンプレックスは、自分の所属する場所や居場所を求めるという「自己認識の複合体」である。自分の所属する場所が「Aという集団」である場合、Aという集団に所属していないとされた場合に、劣等コンプレックスが触手を伸ばすこととなる。したがって、多くの場合「劣等コンプレックス」は「承認欲求」と同義となるが、「想定している帰属集団（自分がそこに属しているべきだと考える集団）」が固定してしまっている場合に、その特殊な例として「劣等コンプレックス」と呼ばれるものになると考えた方がよい。たとえば、優秀な人間という固定的な帰属集団に固着している場合、その集団からの排除（つまり、その集団に属していないと言われたりすること）によって、劣等コンプレックスがその触手を成長させることになる。もちろん前述のように劣等コンプレックスと自我コンプレックスとの間に健全な緊張関係が存在する場合、そこに問題が発生することはない。むしろ劣等コンプレックスは、人格的な発達にとって有効な要素となり得る。ただし一般的には劣等コンプレックスと呼ばれるようになるのは、それが問題行動の土壌となっている場合であるとも言える（つまり、「誰にでも存在するそのコンプレックスをことさらに指摘する」ということは、そこに何らかの問題の原

因があるということを前提としているからである）。繰り返しになるが、劣等コンプレックスを本来的な意味で抱えていない個人の存在を仮定することは、その定義からして難しい。何らかの帰属集団を想定する以上、帰属の適格性は常に問題となるからである。ある個人が、「現在自分が所属していない集団に対して強い帰属意識を持ってしまっている」場合に、劣等コンプレックスは大きく成長する。そして「現在自分がどの集団に所属しているか否か」は、自分で決められる事柄ではない場合が多い。したがって他者による承認が必要となるのだが、この承認が得られない場合に、問題が発生してしまう。ここにおいて劣等コンプレックスをいくつかの要素に分解することが可能となる。

①「自己」が帰属する「べき」集団および層を「思い描いている」

これは、その個人がさらされてきた「言語環境」によって決定されていると考えられる。たとえば「男は男らしくあるべきだ」という（若干意味不明な）帰属意識を持っている場合、「男」集団（仮想の集団であるが）から承認されない場合に、「劣等コンプレックス」が成長する。同様に、「女にモテない男は、ダメ男だ」という「言語刺激」に多くさらされてきた場合、「女にモテる男」というものを「帰属集団」としてしまう。これは「女にモテる男」集団による承認という形式ではなく、複数の女性（もしくは男性）による「承認」によって達成される類のものである。

②上記①で思い描いた集団に帰属していないことが、他者によって宣言される。もしくは、自己で「所属していない」と認識しうる状態にある。

たとえば、「身長が高くないと女にモテない」「高い収入を得ている人間が偉い」という「観念」を持っていて、かつ、「女にモテる集団」「偉い人間の集団」を帰属集団としたいと考えている場合、それらの文の前件部（身長が高くないと／女にモテないと）に自己が合致していないのは、客観的事実として知ることができる。そのような場合に「劣等コンプレックス」は、その触手を長く伸ばす。

3）自我コンプレックス

「自己をどう認識するか」ということに関しての、心的複合体。ペルソナと魂、自我と影、などの元型に由来し、「自我」の立ち位置を模索する過程において、

その原動力となる。

　上述の「劣等コンプレックス」は、自我コンプレックスの下位区分として存在すると言える。劣等コンプレックスばかりではなく、その他の多くのコンプレックスは、「自己とは何であるか」「自分とは何であるか」ということに関連して、この「自我コンプレックス」と関わりをもたざるを得ない。端的に言うならば、「自我と影」「ペルソナと魂」がバランスを保ちつつ一つの人格の中に共存している場合には、自我コンプレックスは「人格の発達、発現」において問題を構成することはなく、むしろそれらを豊かなものにする積極的な役割を担うとされる。しかしながら、他のある種のコンプレックスが大きくなると、たとえば「自我と影」のバランスが崩れ、そのコンプレックスが「自己の人格」を支配するようになってしまったりもする。このとき、ある元型に「力が供給される」ことをフロイトの用語では「カセクシス（cathexis）＝備給」と呼ぶ。前述の「エディプス・コンプレックス」において、「母元型」を恋愛の対象の中に見いだそうとする場合、「母元型」に対してカセクト（cathect）が行われ、エディプス・コンプレックスが布置（機能可能なように配置されていること）されていれば、「父元型」に対しての憎悪がカセクトされる。当然これは「抑圧」の対象となり、「影元型（正確には諸元型としての「影」）」に対してのカセクシスを誘発する。結局「影元型」に由来する核が肥大化し、「自我コンプレックス」におけるバランスが失われ、さまざまな問題の原因となりうる。同様のことは、その他のさまざまな「元型」に由来する核においても、また、その他の「コンプレックス」においても発生しうる。「影元型」に由来する核にカセクトされる場合もあるし、また「ペルソナ元型」に対してカセクトされる場合もある。

　多くの物語において、「影との戦い」が主たる深層ストーリーを構成しているのは、上記の意味によれば当然であると思われる（前述のように、したがって、多くの物語において「影との戦い」を抽出できるのだが、それが誤謬である可能性について深く認識していなくてはならない。枝葉をすべて切り取れば、一本の幹が出てくるのは当たり前であり、その一本の幹を分析結果とすることは論理的には誤りではないが、分析としては失敗事例である。もちろん、「枝ぶり」

そのものが「影との戦い」を示している物語は多数存在する）。

　むしろ問題なのは、「影」がどのような「カセクシス（備給）」によって自我とのバランスを失っているのか、ということの方である。したがって、物語構造分析において「自我コンプレックス」を同定して抽出することの重要性は、あまり大きくない。なぜならばそれは「当然存在するもの」であるからである。逆に言えば、「自我コンプレックス」の構造を持たない物語は、きわめて想定しにくいことから、「失敗した物語（訴求力を持ち得なかった物語）」を構造分析する場合には、「自我コンプレックスを抽出できないこと」が重要な分析の一要素となるであろうが、そのような分析の枠組み（失敗した物語の分析）というのが、どのような目的のもとに行われるのかは不明であるため、詳細に検討することはできない（視聴率をとれなかった作品の原因を「商業的」な意味で分析するという文脈では、この種の分析が意味を持つ可能性があるとは思われるものの、それは本書の取り扱う領域とは著しく異なっている）。

　4）カイン・コンプレックス
　カイン・コンプレックスとは「カインとアベル」に由来するものある。それは、「兄弟間の敵対感情」という核の周囲に伸びた「触手」である。兄弟姉妹は、「原初的な競争関係」にさらされている「最初に遭遇するライバル」である。端的に言うならばこれは、「生物としてより長く生存してきた者」が「より強い力を持つ」こと（もしくはその逆に、弱い者がかわいがられたり庇護を受けたりすること）に対しての不満感情に根ざしていると考えられる。この典型的事例は「三匹の子豚」の童話に見ることができる。そこでは、「年長である二人の兄」よりも秀でるために、「知恵と技術」が用いられている。

　5）シンデレラ・コンプレックス
　いわゆる「成功回避願望」を中心とする心的複合体のことを指す。「成功回避願望」とは、女性が何らかの業務を的確に遂行して「成功を得る」ことを忌避する傾向を指す。最終的な「成功」は、「権力や財力を有した男性と結婚すること」であり、その中間過程としてはむしろ「能力が高いこと・高い能力を示して何らかの社会的地位を得ること」が阻害要因となってしまうという観念にまつわる「コンプレックス」である。これは、「アニマ元型」にも由来する。

男性が求める女性像としての「しとやかで、清楚で、かわいくあること」は、結局「無能で、無欲で、無力であること」を意味する。女性からすれば、「男性から選ばれること」を中心的課題と考える場合には、「無能で、無欲で、無力である」ことを演じなくてはならない。もしも仮にそのような社会の現状に適応すべく「無能・無欲・無力」を演じる場合には、ペルソナ元型と魂元型のバランスを保ちつつ、そのペルソナが十分に機能しなくてはならないが、これは難しい。また、「有能で、欲望と力を持っている」場合には、それを「影」として抑圧しなくてはならなくなる。そのような状況下において、女性の無意識は特に現代社会では、きわめて複雑な構造を呈する。なぜなら、近代以降、「女性であれ男性であれ」個人の能力を基軸にすえた価値観が支配的となりつつあるなかで、上記のような「別の」価値観が存在する場合には、「女性の幸福」と「女性のあり方」が矛盾してしまうからである。社会的な側面から言えば、近代以降の社会は特に女性の「価値」に関しては「ダブルスタンダード」を持っていると考えざるを得ない。

6) 白雪姫の母コンプレックス

　これは、あまり「一般的」なコンプレックスではない。ユングやフロイトが同定したものではなく、1983年にメラメド（Melamed, Elissa）によって提唱された概念である（Melamed 1983）。女性が、自分の娘に対して感じる嫉妬心を中心として構成される複合体である。その意味では「エレクトラ・コンプレックス」における「母と娘」の立場が逆転したものであるとも考えられる。ただし、母の嫉妬の原因は、自分の加齢によって生じる「女性としての魅力の喪失」であることから、このコンプレックスの下位には「劣等コンプレックス」が存在している。それは「女性としての価値は、若さに存在する」という物語が機能している人格において、「自らが〈魅力ある女性〉の集団に属していない」ことを指摘された場合に発生する。「若さに価値を求める」という構図は、特に近代社会において発生した特殊な価値観であるが、少なくとも現代の日本においては「支配的」な価値観の一つであろうと思われる。また、その価値観は、女性の自己認識において特に強固に形成されている。この「白雪姫コンプレックス」が、児童虐待と関連付けて論じられる場合もあるが（佐藤紀子 1985）、

それは「心的複合体」としては必ずしも妥当な構成を有していず、「コンプレックス」という用語の使用は、少なくとも分析心理学のコンテクストから言えば妥当なものではない（単なる「修辞的表現」であると考えるべきであろう）。
　「白雪姫」の物語構成は、以下のようになる。
① 　母が娘をライバル視する。
② 　娘に「女性の魅力」という点で敗北した母が、娘を殺害しようとして失敗する。
③ 　娘は母の元を去る。
④ 　母は娘を追跡し、毒林檎によって娘の殺害を決行する。
⑤ 　娘は、王子によって発見され、復活し、結婚する。
⑥ 　娘は、母に復讐する（近年版ではこの「復讐」の部分は採録されていない）。

　この物語構成においては、佐藤紀子が『白雪姫コンプレックス』（佐藤1985）において指摘するような「虐待された児童は、母になったときに自分の子どもを虐待する」という構造を観察しえない。ここに存在するのは「加齢に伴う女性としての価値の喪失」による「自己像の否定」が主たるものであり、それは「劣等コンプレックス」と「自我コンプレックス」の下位に位置するものであると考えられる。さらには、前述のように「若さ＝価値」であるという「価値観」が「自我元型」の周囲に触手を伸ばしていることが重要であり、むしろ、メラメドが言うように「若さを失うことに対しての恐怖心」が核として存在する心的複合体であると考えるべきである。
　もちろんある研究者が発見したコンプレックスをどのように命名するかは当該研究者の自由裁量によるものであるから、必ずしも指弾されるべき類のものではないが、異なる心的複合体に同じ名称が冠されているのは誤解を招くという意味での問題は存在する。
　しかしながら、一方、ユング派の分析は佐藤の言う意味に近いので、何とも言い難いところもある。本書では、佐藤の言う意味での心的複合体と区別するために、「加齢に伴う女性の価値の減衰という観念」にまつわる心的複合体を、特に「白雪姫の母コンプレックス」と呼ぶ。

2．ビルクホイザー ― オエリによる分析例 ―

　ビルクホイザー－オエリ（Birkhauser-Oeri, Sibylle）は、分析心理学および元型理論によって「白雪姫」を分析した（Birkhauser-Oeri 1988）。ビルクホイザー－オエリの分析の基軸とされているのは、母である女王と、娘である白雪姫との関係である。そこにおいて、女王は「太母」元型を示しており、白雪姫は「未成熟」である自己を表していると考える。つまりこの二人の登場人物は、女性の内部にある心的な状態の両側面を示していると考える。さらに、太母の良い面と悪い面が、母と継母によって示されていると想定されている。
　ビルクホイザー－オエリは、まず、白雪姫の冒頭に着目し、そこに「白―赤―黒」という関係が存在することを指摘する。「雪のように白く、血のように赤く、黒檀のように黒い」女の子、というお后（母）の望みがかなえられるという設定である。そしてこの三色は、「白雪姫自身（白）、白雪姫の母（赤）、悪しき継母（黒）」に対応し、それぞれ「純潔性（冷たさ／未成熟）、生命（温かさ／成熟）、激情（暗さ／悪）」を暗喩しているという。この三つの要素は、一人の人間の中に存在する三つの状態に対応する。つまり、未成熟―成熟という対立関係を基軸とし、成熟にまつわる希望（赤）と不安（黒）が表されている。未成熟である女児は純粋で無垢であるが、そのままでいようとするわけではなく、成熟することに期待を抱いている。しかしその一方で、成熟によって純粋性が失われることに対しての嫌悪感や拒否感、もしくは不安感も存在している。さらに言えば、成熟＝「悪もしくは汚れ」であるという感情から、それを恐怖する感覚さえもが存在している。
　ビルクホイザー－オエリの分析では触れられていないが、これは、フォン・フランツの言うところのプエルエテルヌス（永遠の少年）とミラクルチャイルド（奇跡の少年）の対立図式に相同な構造であると言える。子どもは、成長することを願うと同時に、成長にまつわる不安感から「子どものままでいたい」という気持ちをも持っている。この葛藤状態は、成長期にある人間には多く見られるものであり、その意味で、子どもが直面している問題に相同な構造であ

ると言える。つまり、白雪姫という物語は、「本質的に感情の発達プロセスを描いて」いると言う。また、ビルクホイザー－オエリは、白雪姫という物語には、子どもの内面に存在している心的な構造と相同なものが表現されていると同時に、それに対処し、克服していく物語となっていることを指摘する。

たとえば、ビルクホイザー－オエリは「鏡」の機能に着目する。鏡とは、私たちが自分の姿を見るために使うものであるから、本来「自省」のための道具であり、それによって自己認識を得るためのものであるという象徴的意味を有している。しかしながら白雪姫においては継母は鏡が象徴する「自己認識」という知性を濫用し、他人を探り出すために使用していると指摘する。

白雪姫は、その探索から逃れることはできず、継母に居場所を知られ、殺されそうになる。ビルクホイザー－オエリは、このとき継母が使用する「皮紐、櫛、林檎」という三つの道具の持つ構造にも着目する。そこでは、女性の内なる「悪しき継母」が、「母＝成長」と「白雪姫＝未熟」に対してどのように対処しうるかが分析の中心とされている。継母が白雪姫を殺害しようとする皮紐とは「Schnürriemen（紐）＝ lace」であり、これはコルセットの紐（組紐）を意味している（多くの翻訳にいおては誤訳と思しき表現となっていることに注意が必要である）。コルセットの紐をきつく締めることによって、胸を圧迫し、窒息させようと試みるわけであるが、これは女性の第二次性徴である「胸のふくらみ」を否定する行為である。さらには、「髪」も女性の魅力を構成する要素である。また、継母は、赤い面（熟した面）と白い面（未熟な面）を持つ「林檎」を差し出し、「熟れたほうをお食べ」と誘うが、その「熟れた面（赤い面）」には、毒が塗られている。林檎は「愛の象徴」であり、その「愛」は、「成長」と結び付けられることによって「エロス」となる。成熟した愛としてのエロスとなるというわけである。そして、そのエロスの面に毒を塗りこんだのは、鏡（自己認識）を濫用して「白雪姫（＝未熟さ）」を探索し発見した「悪しき継母（＝成長への不安）」である。それによって、継母は、成長に向けて精神的格闘を続けている白雪姫を殺害しようと試みる。これは、女性がその成長・成熟の過程において、「自分自身でリンゴに毒を入れ」ることに相同であると指摘する（ビルクホイザーオエリ（著）氏原寛（訳） 1985 おとぎ話における母 人

文書院)。また、「革紐」や「櫛」は、装飾品であり、虚栄心の表れとしての意味を持っていると指摘する。もちろん、ユング派の分析者らしく、ビルクホイザーオエリは、この「悪しき継母」を「影」として捉え、それがその人格を発達させる可能性を示唆しつつも、人を破滅させる可能性があることを指摘する。

> この話では、こうした影に対する意識的な苦悩が描かれている（嫉妬や利己心をあっさり抑圧して、自分にはないと思っている人もいる）。意識的な苦悩だけが成熟につながる。人びとがよく考えるように、単に無意識のままに影を生きることによってではないのである。(同前、p.81)

ここには、ビルクホイザーオエリに代表されるユング派の分析者の基本的な立脚点が示されていると言える。それは、自分の精神の内部を言語化し、意識の明るみに出すことによって明確に認識し、それに直面することによって問題を解決することができるという立場である。

> 意識的な苦悩は対立するものの衝突から生じ、新生はそこから来る。これが新しい成熟した感情的態度を生ぜしめる。それは自分および他人に対する純正な理解、実際の関係性であり、それによって人は、あるがままに他者をうけとめることが可能になる。(同前、同頁)

ユング派の物語分析は、必ずしも物語構造分析の目的とは一致しないが、その手法や立脚点は重なっていると言えるだろう。

3．ベッテルハイムの「物語の機能」

ベッテルハイム (Bettelheim, Bruno) は、フロイト派の分析家であり、精神分析学の考え方を基礎として用いつつ、多数の昔話の分析を行っている (Bettelheim 1976)。ベッテルハイムに代表されるフロイト派の物語分析は、現実の日常生活の中に「物語」の意味を見いだして回収するという傾向を持っている（氏原 1989）。

ベッテルハイムは、自らの臨床経験に基づいて、精神的な問題を解決するにあたって昔話や童話などが重要な役割を果たすと考えた (Bettelheim 1977)。

昔も今も、子どもを育てる上でいちばん大切で、またいちばん難しい問題は、子どもが、生きることに意味を見出すように、手助けしてやることである。(ブルーノ・ベッテルハイム（著）波多野完治（訳）乾美子（訳）　昔話の魔力　評論社　1978、pp.19-20)

　ベッテルハイムは重度の精神障害児の教育と治療を専門とする精神分析医であるが、彼らが「生きることの意味」を見いだすことができれば、「もう特別の助けはいらないということを知った」と言う（同前、p.20)。彼は、その経験から、昔話の持つ力を理解するべく研究を重ね、「この種の物語が他のどんな物語より深い意味で、子どものほんとうの心理的・感情的な状態から出発している」と考えた。

　このベッテルハイムの立脚点は、物語構造分析を行う分析者の動機についての重要な示唆を含んでいると考えられる。もちろん、それぞれの分析者・研究者によって動機はさまざまであるが、その多くは、何らかの問題を解決したいというものである場合が少なくない。ベッテルハイムは、個別の対象者としての読者を想定し、読者がどのように問題を解決していくかという点に着目して分析を進めるという点で、研究の目的に密着した方法であると言える。つまり、「物語の機能」もしくは、「物語を読むことによって、読者の内部に発生するであろう何らかの影響力」に重点を置くものである。

　たとえば、ベッテルハイムは魔法物語の機能について検討しつつ、そこにおいて「魔法」という架空のストーリー要素が、子どもの発達において重要な意味を担うと指摘する。もしも「魔法」を信じることができなければ、私たちは、論理的に無駄だと判断される事柄に対して挑戦することはありえない。まったく勉強していない状態で試験に臨むことができるのは、魔法に類する不思議な力の存在を信じているからである。したがって、大人はそのような「無駄な」行動をしないが、教育課程においては、そうであってはならない。子どもは、無駄だと理性ではわかっていても、試験に臨まなくてはならない。また、初めて出会った人が、どんなに敵対的に見えたとしても、「その人は、本当は、魔法にかけられた王子様・お姫様であって、その魔法が解ければ、味方になる可能性がある」という物語を信じていることによって、子どもたちは、人間関係

を効率的に構築していくことができる。さらには、現時点で自分がどのように不幸な状態にあったとしても、「清らかで正しい心を持ってさえいれば、いつか、どこかから『良い魔法使い』が現れて、自分を救ってくれる」と信じているからこそ、逆境に耐えることができる。もちろんそのような奇妙な信念は、現実を目の当たりにしつつ成長して大人になれば消失する。その「物語によって与えられた信念」が、「十分に発達した理性」に置き換えられるからである。しかし、子どもにおいては、そのような「物語によって与えられる架空の信念」が必要である。それなくしては、子どもは、現実から学ぶことができない。私たちがそこから何かを学ぶ「現実」とは、決して論理的に構成されているものではないし、また、その現実は、千差万別である。そのような個別の現実から、有用な何かを学び取るために必要となるのは、勇気である。時代の価値は変化するし、まったく同じ価値観を持っている人間はいない。時代は個別で、人も個別である。私たちは、それらの個別の状況下で、効率的に何かを学び取らなくてはならない。そのときに必要なのが、試してみることであり、「試す」ために必要となる勇気の源となるのが物語である。

　ベッテルハイムの立脚点は、彼の物語分析にも現れている。物語の中にある種の「構造」が存在し、その構造が子どもの心的な構造と相同性を有しているということを基軸として、物語分析を進めていく。しかし、その構造もしくは物語の構造がそのまま意味として伝達されるのではなく、それに触発される形で、読者の側に新しい意味が発生する。この考え方は、現代解釈学のものと同じである。また、物語の役割や意義として、読者の側における意味の生成を明確に示しているという点についても同様である。この立脚点は、同じく精神分析の文脈で物語分析を行ったビルクホイザー—オエリとは、少し異なるものであると言える。ユング派の分析家のすべてが必ずしもビルクホイザー—オエリの考え方をとっているわけではなく、フロイト派に関してもベッテルハイムとは異なる考え方をしている分析家もいると推測されるが、大枠としてフロイト派の物語分析は日常的な生活の中での価値の生成とその価値の機能（意義）を基軸とした分析であり、一方、ユング派の分析は、ある文化圏に共通して存在する価値の体系を物語の中に見いだすことに基軸を置いた分析であると言える。

端的に言うならばフロイト派の物語分析は、個人を見据えつつ、より現実場面に即した論となっている場合が多く、ユング派の分析は、時代や文化を見据えた論となっている場合が多い。この両者の立脚点の違いにより、同じ物語を分析しても異なる解釈が得られている。

別の言い方をすれば、ユング派の分析では「価値を生成する枠組みの分析」としての側面が強調されており、フロイト派の分析では「その物語によって生成される価値そのもの」が分析対象となっているとも言える。その意味では、ユング派の分析は、いわゆる美学における「叙述美学（＝ある作品が生まれた背景に着目して分析するという立場）」により近く、フロイト派の分析は「受容美学（＝ある作品がどう受け取られるかに着目して分析するという立場）」により近いと言える。

しかしながらこれらの違いは瑣末なものであるとも言える。両者ともが中心に据えているのは読者もしくは受容者であり、その人間たちがどのような枠組みのもとで「ある物語を解釈しうるのか」を知ろうとしているという点では同じだからである。つまり、これら両者の解釈における差異は、現代物語論、現代解釈学の文脈で言うならば、同じものの別の見方であると言える。なぜなら、物語世界とはたとえるならば「箱庭」であり、その箱庭の中を泳ぐことによって読者が自ら生成するのが「物語の解釈（価値）」だからである。それは、物語世界という箱庭に着目して分析を行う（ユング派）か、その中で泳いだ読者の内部に発生する価値に着目して分析を行う（フロイト派）かという違いであると言える。

本書では、ユング派の元型理論を分析の基礎理論として採用しているが、それは、前述の喩えで言えば、物語世界という「箱庭」の構造を明らかにすることが重要であると考えているからである。ただし、そのさらに先に、その箱庭の中で生成される価値についての検討も必要である。その「箱庭」の中を読者が泳ぐことによってどのような価値が生成されるかの検討については、ベッテルハイムの考え方のみならず、バンデューラによる社会学習理論やヒューズマンによる認知的スクリプト理論が重要な役割を担うと考える。

ただし、前述したビルクホイザー－オエリの分析と、ベッテルハイムの分析とでは、殺害方法に関しての解釈がかなり異なっていることに注意が必要である。

第Ⅱ部　構造分析手順

はじめに

　一般に「物語構造分析は難しい」「誰がやっても同じにはならない」と言われる。おそらくその一部は誤解であるが、一部には真実を含んでいる。まず難しいという点についてだが、微分方程式を解いたりするのが難しいというレベルでのことであれば、確かにそうであろう。しかしながらそれは「（基礎さえできていれば）数時間も練習すれば、普通、誰でもできるようになる」ものでもある。微分方程式を解くためには、四則演算を知らなくてはならないし、微分法や積分法を知らなくてはならない。それらの基礎がある程度習得されている人間にとっては、それほど難しいことではない。同様に「構造分析」を行うためには、記号論と構造主義を知らなくてはならない。同様に、それらの基礎がある程度習得されている人間にとっては、映像作品などの構造分析手法を習得するのはそれほど難しいことではないと言える。どんな技術にも難しいところはあるし、誰でも習得できるわけではないかも知れない。しかし、習得できないという理由の大半は、「前提として知っていなければならないことを知らない」ということであったり、練習時間が少ないことである。数時間程度やってみて、「難しい」「できない」と感じるのであれば、処置なしである。数時間でできるようになる技術は、実はそう多くないし、それほど簡単なのであれば、何千円も出して書籍を購入する意味もないだろうと思われる。つまり、構造分析は「その程度には、難しい」と言える。もちろん、本書の内容のみの訓練を積んだだけで物語の構造分析が十分にできるようになるかと言われれば、正直なところ自信はない（ただし、必要なことはすべて説明したつもりである）。それは、スキーの教則本にはすべての技術が掲載されているが、「それを読んだだけでスキーを上手にすべることができるようになるわけではない」ということと同じである。必要なのは最低限の知識と訓練時間である。ちなみに、筆者は複数の大学で本書の内容の訓練を学生に施しているが、90分間×15回の講義と毎回の課題提出という状況下（総計50時間程度）においてさえ、全体の達成度は5割程度（およそ7割の学生が、平均で7割程度達成する）である。

つまり、その程度には難しい。

　もちろんもう一つの問題は、「これまで、構造分析の方法を効率的に解説している書籍が少なかった（もしくは無かった）」という事情もあるだろう。筆者も含めて、この分野の研究者の多くは、かなりの数にのぼる文献から断片的な手法に関する知識を寄せ集め、自らの技術としてきたといえる。そのためにかかる費用と時間は、（この分野を専門とする職業的研究者であれば）受忍しなくてはならないものであると思われるが、少し専門から外れているのであれば、そこまでの時間と費用をかけるのは難しいという事情も理解できる。本書は、その解決策を提供するという目的で書かれており、効率的な手法の習得を第一義に置いている。したがって、本書に書かれている内容で十分な技術を習得することができるはずだと考えるが、前述のとおり、少々の前提知識は必要になるだろう（それさえも本書で解説されている）。

　さらに「誰がやっても同じにはならない」という指摘については、そのとおりだと言わねばならない。人文科学・社会科学の分野に存在する分析手法の多くは、分析者の力量に負うところが大きいという特徴がある。しかしこれは「ナマもののデータ」を扱うという限りにおいては、自然科学や工学分野においても同様である。たとえば統計解析などはその最たるものであろう。統計解析は「かなり確立された分野」であると思われるが、その分野においてさえ、誰がやっても同じになるということはない。

　そこに議論が生じるのは、手法が確立され、多くの人間が認める基本的な手続きが存在しているか否かによる。構造分析にはそれがなく、統計解析にはそれがある。しかしながらそれは、手法の妥当性や正当性の問題なのではなく、研究者サークルの生態系によるものであるといえる。構造分析は構造主義を基礎とする分析手法であるということもあり、学会のような研究者サークルによる権威付けを嫌う傾向がある。統計解析手法の正しさの多くは、権威、もしくは、それが多くの研究者に認められている手法である、ということに依拠している。その本来的な妥当性を吟味し始めれば、どの学問分野における手法も「誰がやっても同じにはらない」という事態に陥るであろう。なぜなら、「誰がやっても同じになる」ことを担保するのは、手法の画一化（権威化）であるからだ。本

書では、統一された（画一化された）手法の構築を提案しているが、それは暫定的なものとしての意味しか持たない。もともと「手法によって分析結果が画一化される」ような手法の排除こそが、構造主義の主張の一つでもある。構造分析は、「現象をマス目に当てはめる」ようなものであってはならないし、事実そうではない（これは多くの人間が誤解しているところでもあるようだ）。

（1）分析手順概略
①典型ストーリーの抽出
　連続ものの映像作品（主としてテレビ番組など）において、「毎回繰り返されるストーリーの骨子」を抽出する作業。
②シーケンス分析
　番組の流れ（シーケンス）を分析する。シーケンス分析としては、クロード・ブレモンによる方法などがある。また、複数のストーリーが入り組んでいる場合には、それらをいったんばらして、複数のストーリーとして組み立て直す。この分析手順は、最後に行ってもよいが、「複数のストーリーが入り組んでいる」場合には、この段階で行う方がよい。
③話素の抽出
　のちの分析で必要となる「要素（話素）」を抽出する。話素は、登場人物および対象によって構成される「機能」である。
④行為項分析／機能分析
　登場人物・対象・機能のそれぞれについて、「関係」（対立・相同・矛盾・共変）を抽出する。同時に、この段階でそれらが示している「暗喩」に関しても検討する。
⑤シーン分析
　特徴的なシーン（もしくはすべてのシーン）を、「一枚の絵画」を分析する手法（主として絵画分析や図像解釈学の手法）を用いて分析する。
⑥暗喩の同定と元型分析
　ストーリー構造の分析をもとに、「暗喩」を同定する。また、シーン分析の分析結果をもとに、それらに「元型分析」を施す。元型分析は、結局のところ

「暗喩の同定」に等しい作業である。
⑦深層構造の同定
　前項の暗喩の同定をもとに、それらを組み立てて「深層におけるストーリー構造」を同定する。
⑧訴求構造の同定
　深層構造をもとに、それが受容者・読者・鑑賞者に対して訴求している構造を同定する。

(2) 映像作品ごとに想定される分析手順
1)「単発もの」の映像作品
　この種類に分類される映像作品の代表的なものは映画である。この類の映像作品の場合、「①典型ストーリーの抽出」は省略される。典型を抽出することが困難だからである。連続ものの映像作品に比して、特徴的なシーンに関してのシーン分析にも重点的に作業量を傾注しなければならない。特に、映像のインパクト・映像の美しさなどに主眼が置かれていることが明らかである作品の場合などは、無駄と思われる個所に関しても詳細にシーン分析を行う必要がある。結果としてさほどの意味を持っていないことがわかったとしても、そのような作業自体が重要な意味を持つ場合が少なくない。
　②　シーケンス分析
　③　話素の抽出
　④　行為項分析／機能分析
　⑤　シーン分析
　⑥　暗喩の同定と元型分析
　⑦　深層ストーリーの同定
2)「連続もの」の映像作品の一回分
　連続ものの映像作品の場合には、「典型ストーリーの抽出」は省略できない。また、シーン分析は、特徴的なシーン（ヒーローもののアニメなどにおける変身シーンなど）を除き、省略することが可能であると思われる。逆にいえば、毎回使用されるそのような特徴的なシーンに関しては詳細な「シーン分析」が

必要である。
- ①　典型ストーリーの抽出
- ③　話素の抽出
- ④　行為項分析／機能分析
- ⑥　暗喩の同定と元型分析
- ⑦　深層ストーリーの同定

3）「連続もの」の映像作品の全編を通しての分析

連続ものの映像作品の場合には、上記の「一回分の分析」とともに、「全編を通してのストーリー構造の分析」を想定することができる。特に、子ども向けの番組ではない場合には、「一回ごとの分析」はあまり意味がなく、全編を通した分析が重要な意味を持つ場合が多い。逆に、子ども向けの番組である場合には、全編を通してのストーリーの分析はほとんど意味を持たない場合が多い。

- ②　シーケンス分析
- ③　話素の抽出
- ④　行為項分析／機能分析
- ⑦　深層ストーリーの同定

4）CMの分析（ストーリー性の低いもの）

ストーリー性が低いCM作品（複数枚の画像を連続的に提示することがその映像作品の主眼となっていることが明らかである作品）の場合、ストーリーを分析する意味はほとんど存在しない。したがって、シーン分析を詳細に行うことのみが重要となる。しかしながら、「深層ストーリー」は存在するはずであることから、シーン分析のみの結果からそれを同定する必要がある。

- ⑤　シーン分析
- ⑥　暗喩の同定と元型分析
- ⑦　深層ストーリーの同定

5）CMの分析（ストーリー性の高いもの）

ストーリー性の高いCM作品においても、シーン分析は欠かせない。15秒から60秒程度のCM作品においては、いずれにせよ「複数枚の画像を提示すること」が（少なくとも副次的には）意味を持っている場合が少なくないから

である。ただし、シーケンスを特定することは容易ではないので、省略することが可能であると思われる（もちろん省略しなくても問題ではないし、必要な場合も存在する）。

③　話素の抽出
④　行為項分析／機能分析
⑤　シーン分析
⑥　暗喩の同定と元型分析
⑦　深層ストーリーの同定

第8章 典型ストーリーの抽出

1. 概　要

　テレビシリーズの場合、一般的に、そこに存在するストーリーを少なくとも二種類に分類することができる。
　① 毎回繰り返される「基本パターン」的ストーリー
　② 全編を通して展開される「長編ストーリー」
　視聴者対象層の年齢が上がるにしたがって、上記の②の要素が強くなってくる。比較的若年者向けである「アニメ」「特撮もの」などにおいては、むしろ「長編的なストーリー」「全編を貫くストーリー」の要素はほとんど存在せず、「毎回繰り返される基本的なストーリー」のみでシリーズが進行していく場合が多い。このタイプのものは、「終わらない物語」となる。そこでは「毎回繰り返される単発の物語」で完結しており、「全体を貫く物語」は（それがたとえ作者によって設定されていたとしても）付け足しでしかない。このような構造を持つものの代表は、アニメにおいては「アンパンマン」「サザエさん」「ドラえもん」「ちびまるこちゃん」「クレヨンしんちゃん」である。これは、どれも「最終回の存在しないものとなる（放映としての最終回は存在するかも知れないが、物語は毎回完結しているので、その最終回は物語の終わりを意味するものではない）。「終わらない物語」と言われる所以である。
　逆に、青年層以降を対象視聴者としているテレビドラマである場合には、上記①の要素は小さくなり、全編を貫くストーリーが前面に出てくる。
　たとえば、「アンパンマン」において全編を貫くストーリーを想定することは難しく、また、「あしたのジョー」において、毎回の基本的なストーリーを

見いだすことは難しい。しかしながら、分析対象としたテレビ番組が「連続もののテレビ番組」である場合には、全体を貫くストーリーと個別回ごとのストーリーのいずれが前面に出ているかという違いはあるものの、多かれ少なかれ典型ストーリーが存在する。そして多くの場合（それが青年以上の層を対象としたテレビシリーズであったとしても）、個別回ごとのストーリー構造がきわめて重要な役割を担っていると言える。毎回繰り返されるパターン化したストーリー構造を抽出することができた場合には、それを分析の対象とする必要がある。それは、視聴者に対して繰り返し提示され、少なからぬ影響を与えている可能性が存在するからである。

　いかに全編を貫くストーリーの方が優勢的に用いられている場合であっても、テレビ番組である限りにおいては、一話ごとにある程度の物語が進行しなくてはならないという性質を有している。つまり、長編映画でもない限りは、毎回ごとの典型ストーリーは必ず存在するといっても過言ではない。

　上記①および②の双方ともを構造分析の対象とすることは可能であるが、そのいずれが主たる役割を担っているかに関しては、詳細に検討しておく必要があると思われる。もちろん、「全編を貫くストーリー」と「毎回繰り返されるパターン」とが密接に関係している場合もあるし、また、どちらが主であるかが判然としない場合もある。そのような場合は、まず「毎回の基本パターン」から分析を開始し、そのあとで、全体を貫くストーリーの分析へと進むことが好ましい。

2．毎回繰り返されるパターンの「典型ストーリー」の抽出

　たとえば13回シリーズもののテレビアニメーションにおいて、「毎回用いられているパターン」の枠組みを抽出するという作業がこれにあたる。たとえるならば、この作業は、「似たような絵柄の模様が描かれた薄紙を１３枚重ね合わせ、その共通部分を探しだす」ことに似ている。この作業は同時に、「ある回だけに用いられる設定」を捨象していく作業であるとも言える。

この「典型ストーリーの抽出」に関しては、三つの異なる接近法を想定することができる。

①　シノプシスの抽出に先だって、典型ストーリーを推定してしまう方法

これは、比較的「単純」な典型ストーリーを有している連続ものの映像作品に対して用いられる手法となる。この方法は、分析者が連続ものの映像作品の全編を視聴し、その視聴結果から「分析者の記憶を頼りにして」、その典型ストーリーを抽出するという形式をとる。したがって、正確さに欠けるきらいや、主観的な「抽出」になる可能性があるという欠点はあるが、「労力と時間」を圧倒的に節約することができる。比較的物語構造が単純で、毎回同じストーリーの繰り返しであることが明白である場合には、こちらの方法をとるべきである。分析者にはそれぞれの目的が存在するわけであり、その目的を達成するためには、時間的な制約が重要な要素となることは当然である。

②　各回のシノプシスを作成し、そのシノプシスの重なり方を元にして、典型ストーリーを抽出する方法

この方法は、比較的労力と時間が必要になるが、より正確で客観性の高い「典型ストーリー」を抽出することが可能となる。毎回繰り返されるストーリー構造に共通して存在する「典型ストーリー」の抽出が、上記の方法（視聴による方法）では困難であると考えられる場合、もしくは、典型ストーリーのパターンがかなりの種類に及ぶ場合などは、こちらの方法をとるべきであると考えられる。

③　シーケンス分析による方法

これは、第一の方法よりも正確性において優れ、第二の方法よりも、労力の節約という点において優れている中間的な方法である（しかしながらそれは逆に、第一の方法よりも労力の節約性において劣り、第二の方法よりも正確性において劣るという意味でもある）。

もちろん、抽出結果の客観性を高めるという目的のもとに、全回のストーリーを分析し、その「重複部分」のみを抽出するという手法（シノプシス分析による方法）がとられる場合もあるが、前述のとおり、多くの場合それは時間の浪費である、13回のテレビシリーズを概観し、その視聴結果をもとに分析者の

頭の中で「典型ストーリーを抽出する」という簡便な方法で十分である場合が多いといえる。

そのような比較的複雑な事例の場合には、次章に示したシーケンス分析を実施するのが得策である。シーケンス分析の結果、いくつかのパターンの繰り返しを抽出することができれば、それがその番組の典型パターンであるといえる。

3．視聴による典型ストーリーの抽出

いずれの方法をとるにせよ、(その時間的な多寡の差異は存在するが)比較的低年齢層向けのテレビアニメの場合、典型ストーリーの抽出作業はそれほど困難なものではない。たとえば「アンパンマン」の「典型ストーリー」は、以下に示すようにきわめて単純なものであり、「視聴による方法」で十分に妥当な抽出を行うことができる。「アンパンマン」における典型ストーリーは以下のように抽出することができる。

　　食品を模したキャラクターが登場する（どのような食品を模しているかは、毎回異なる）。ドキンちゃんが、その登場人物自身（もしくはその登場人物が作る食品）を欲しがる。ドキンちゃんはバイキンマンにそれをおねだりし、バイキンマンは、その食品を不正な方法を用いて入手する。アンパンマンが救援しようとするが、失敗する。「顔が汚れて力が出ない」という状態になる。さらにバイキンマンが不正を働こうとする。先ほど同様に「顔が汚れて力が出ない」という状況になるが、ジャムおじさんが「新しい顔」を焼いてくれる。アンパンマンは「アンパンチ」によってバイキンマンを撃退する。「バイバイキ〜ン」と叫びながら、バイキンマンとドキンちゃんは逃げていき、村に平和が取り戻される。

子ども向けアニメや特撮ものである場合には、上記のように「決めゼリフ」が存在している場合が多い。そしてそれら「決めゼリフ」は典型ストーリーを抽出作業を遂行する際の、とてもよいヒントとなる。それは「毎回必ずと言っていいほど」繰り返されるものであるから、それを軸として典型ストーリーを抽出することが可能となるからである。

主人公のセリフや行動ばかりではなく、敵役の「決まり文句」「捨てゼリフ」

など、または、その他のサブキャラクターたちの同様の行動も、重要なポイントとなる。ストーリー（パターン）の、「変動部分」と「変動しない部分」を区別し、「変動しない部分」を中心として典型ストーリーを組み上げていくことが必要となる。

　この方法の問題点は、前述のとおり、比較的複雑なストーリー構造を有している場合には、抽出の妥当性を欠くことがあるということである。「典型ストーリーの抽出」を「視聴による方法」で実行した場合には、分析者によって若干の違いが出る可能性も存在する。何を捨てて、何を拾うかに関しては、分析者の主観が入る可能性があることを否定はできない。しかしながら、複数の分析者の力量がある程度同じである場合には、抽出の結果はきわめて類似したものになる場合が多い。可能であれば、複数の分析者間での調整を行うことが好ましい。

4．シーケンス分析による典型ストーリーの抽出

　時間的制約が許容するのであれば、「シーケンス分析による方法」によって、典型ストーリーを抽出することが好ましい。

　子ども向けアニメや特撮である場合には、前述のようにこの作業は比較的容易なものとなるが、対象年齢が上昇するにしたがって、次第に抽出するのが困難となっていく。したがって、青年期以降の年齢層を対象とした映像作品においては、「シーケンス分析による方法」を援用する必要性が高くなるであろう。また、「複数の典型ストーリー」が存在している場合、「視聴による典型ストーリーの抽出」では、妥当な抽出結果が得られない場合がある。そのような場合は、まず丹念に各回のシノプシスを作成し、それらの比較検討のもとで、「典型ストーリー」を抽出するという作業が欠かせない。そのような作業の帰結として、「複数の典型ストーリーが存在する」と当初考えられた場合でも、「結局は、一つの典型ストーリーの変種である」ということが判明する場合もある。この方法では、まず、各回の映像を視聴し、そのシーンごとのシノプシスを作成することから始まる。

第9章

シーケンス分析

1. 概　　要

　シーケンス分析とは、物語の連鎖パターンを抽出する作業のことを指す。
　物語分析の研究分野においては、このシーケンス分析はきわめて重要な意義をもち、かつ、詳細に検討されているものでもあるが、本書における位置づけは少々難しいと言わざるを得ない。なぜなら、「シーケンス分析」は、「ある一つの物語の構造分析を遂行する」という意味においては、必要性があまりないものであるからである。物語の連鎖（シーケンス）は、話素を抽出した後で行われるのが普通である。たとえば、

　　物語1：F1 − F2 − F3 − F5 − F8
　　物語2：F1 − F4 − F6 − F7 − F8

という二つの物語構造（話素のシーケンス）が抽出されたときに、

　　物語1：F1 − F2 − F3　　　− F5　　　　− F8
　　物語2：F1　　　　− F4　− F6 − F7 − F8

と考え、「この二つの物語は、一つの話型（F1 − F2 − F3 − F4 − F5 − F6 − F7 − F8）からのバリアント（派生型）である」というような分析を行うのが、「シーケンス分析」であると言える（必ずしもそのような分析ばかりではないが）。もしくは、上記のような物語を複数分析し、その結果として「原形となる話型を同定する」ことが、シーケンス分析の目的となる。
　繰り返しになるが、上記のような分析は、「複数の物語によって提示される構造」を同定し、類型化するという意味においてきわめて重要な作業であるが、「個々の物語を分析する」という意味では、重要性を持たない。

もちろん「ある一つの物語」の分析過程において、「これは、パターン１の物語である」というように既存の類型化を参考にすることは、分析の効率を上昇させることにはなるものの、必ずしも必要である作業手順ではない。なぜなら、結局のところシーケンス分析は、話素を抽出し、シーケンスを抽出したあとで行われる作業だからである。

　しかしながら、限定的な意味では、シーケンス分析が実際の分析において重要な役割を担う場合が存在する。

　たとえば、毎週決まった曜日に放映されるアニメやドラマにおいては、（たとえば13週であれば）「13個の物語」が提示されていることになる。これらは「13の個別の物語」なのではなく、「数種類の」物語シーケンスのパターンに集約される可能性がある。

　また、「連載アニメ」「連載ドラマ」ではなくとも、同様の構造が存在する可能性はある。たとえば、2時間の映画の内部に「6つの物語」が存在し、それらは「3つの物語シーケンス」に集約される、というような場合も存在する。

　上記のように、物語シーケンスを類型化し、派生と原形を同定することが必要となる場合がある。

2．シーケンス分析の手順

　シーケンス分析は、おおむね以下の手順を経て行われる。
① シノプシスの抽出
② 相同な物語事象の抽出
③ 物語事象の再配置
④ スキーマの同定

　この手順は、本書第3章の「レヴィ＝ストロースの神話分析」で説明したものと同じである。もちろん、これらの作業は直線的に行われるわけではなく、調整を行いながら、行きつ戻りつ遂行される。

　シーケンス分析とは、その物語の一話（内容的な話の区切り）がどこからど

こまでであるかということを抽出する営みに等しい。分析の基本となるのは、相同な物語事象の抽出である。ここで「相同な物語事象」とは、たとえば、何度も繰り返し出てくる戦闘シーンなどのことを指す。ここで「相同」とは、物語事象の外形が相似であるという程度の意味で用いているが、具体的には「同じ種類のイベント（＝物語事象）として括ることができる」ということである。全編を通して同じ種類の物語事象が繰り返し出現する場合、それを「シェーマ（スキーマ）」として抽出することが可能となる。シーケンス分析は、したがって「スキーマ分析」と同じ手順で行われる。ただし、シーケンスの同定に中心が置かれる場合に「シーケンス分析」と呼ばれ、スキーマの抽出に中心が置かれる場合に「スキーマ分析」と呼ばれる。

　端的には繰り返される回数が重要であるが、必ずしも回数のみによって抽出されるべきではなく、重要な表現であると考えられる場合には、その回数によらず抽出されるべきである。

　もちろん、すべての話素・物語事象を対象としてしまうと、スキーマの数は莫大なものとなってしまうので、重要なものから順に4個〜10個程度の「相同な物語事象」を抽出するという方針で臨むのがよいと思われる。詳細に分析するという態度は重要であるが、分析とは常に「情報をそぎ落とす形で進行する」ということにも留意するべきである。物語全体を「正確に反映していること」は重要であるが、あまりに正確さにこだわると、分析の主眼である「骨子の抽出」から遠いものとなってしまう可能性がある。

　ここでは、二ノ宮和子のコミック『のだめカンタービレ』を例として、シーケンス分析の手順を追っていく。

1）シノプシスの抽出

　まず、主要な事象をシノプシスに起こしていく。ここで、何が主要であるかを判断するのが難しいが、「繰り返される事象・事件」を中心として書き下していくことが好ましい。逆にいうと、ある程度全体の構造を把握しておく必要がある。『のだめカンタービレ』の場合は、繰り返されるシーケンス要素として「演奏の披露」を抽出することは比較的容易なので、まずはそれを拾っていく。

　① （L1 1-20）千秋が、のだめのピアノを聞く

② （L1 1-23）千秋は、飛行機恐怖症であることを彩子に告げる
③ （L1 1-28）のだめが、酔いつぶれた千秋を介抱する
④ （L2 1-49）千秋は、彩子にふられ、江藤先生にも見捨てられる
⑤ （L2 1-56）千秋は、のだめの部屋を掃除する
⑥ （L2 1-63）千秋は、のだめにピアノを指導する
⑦ （L3 1-87）のだめと千秋が、谷岡先生の前で連弾する
⑧ （L3 1-94）のだめは、千秋に恋をしたと感じる

（L1 などは、Lesson1 を示す。第 1 話が "Lesson1" である。1-20 などは、第 1 巻の 20 ページであることを示す。以下同じ）

2）相同な物語事象の抽出

さらに、話素の抽出を続ける。

⑨ （L4 1-102）のだめが、峰龍太郎と出会う
⑩ （L4 1-105）千秋は、のだめに食事を作る
⑪ （L4 1-108）千秋は、のだめにピアノを指導する
⑫ （L4 1-119）のだめは峰の実家で食事をとり、千秋の部屋に来ない
⑬ （L4 1-124）のだめは千秋にお土産を持って帰る（千秋は彩子と一緒にいる）
⑭ （L4 1-130）のだめは失恋したと感じ、ふぬけになる
⑮ （L5 1-152）千秋は、峰にヴァイオリンを指導する
⑯ （L6 1-177）千秋と峰が、峰のヴァイオリン試験で演奏する

ここで、⑥・⑪・⑮に「指導」、⑦・⑯に「演奏の披露」という相同性が存在しているので、それに基づいて MS-Excel などの表計算ソフトを用いて、該当の箇所にシノプシスを記入していく（表 9 – 1）。

この段階で、「演奏の披露」は、各話（物理的な区分ではなく、物語上の区分）の終端に位置すると考えられる。つまり折り返し点である。それは、次の段階で「峰龍太郎」という新しい人物が登場し、新しい話が始まることからも分かる。

相同性の抽出と、話素の抽出は、シーケンス分析においては並行的に行われる。後述する「行為項分析」を施した結果、相同性・共通性を抽出するという方法が、より厳密な方法であるとも思われるが、分析的研究においては作業効

表9-1

		千秋による指導	演奏／コンサート
		(6)(L2 1-63) 千秋が、のだめにピアノを指導する	(7)(L3 1-87) のだめと千秋が、谷岡先生の前で連弾
		(11)(L4 1-108) 千秋が、のだめにピアノを指導する	
		(15)(L5 1-152) 千秋が、峰にヴァイオリンを指導する	(16)(L6 1-177) 千秋と峰が、峰のヴァイオリン試験で演奏する

率も重要な要素であるため、このような簡便な方法で代替するのが好ましい場合もある。特に、長編コミックや映画においては、その全編にわたって行為項分析を施すことはあまり現実的な方法ではない。繰り返して語られるものを抽出することは、比較的容易な作業であり、必ずしも行為項分析が必要とされるものではないと言える。つまり、この種類の分析としてのシーケンス分析は、行為項分析の簡略版であると位置づけることもできる。

3) 物語事象の再配置

さらにシノプシスの抽出を続ける。

⑰ (L7 2-6) 真澄が、閉所恐怖症であることが分かる
⑱ (L7 2-9) 真澄が木陰から千秋を見る
⑲ (L7 2-10) 真澄が千秋とのだめに嫉妬する
⑳ (L7 2-14) 真澄がのだめに嫌がらせをする
㉑ (L7 2-24) のだめと真澄が千秋をかけて勝負することになる
㉒ (L7 2-29) のだめは、クリスマスに千秋と食事の約束をする
㉓ (L8 2-34) 千秋は指揮の勉強を無駄だと感じて落ち込む
㉔ (L8 2-39) 千秋は、真澄の参加している練習を聞く
㉕ (L8 2-43) 真澄は、練習中に指揮者に「出て行け」と言われる
㉖ (L8 2-49) のだめ・峰・真澄の三人はアンサンブルを組むことにする
㉗ (L8 2-59) 千秋が、真澄・峰・のだめのアンサンブルに参加して、指導する

㉘　(L9)「こたつ」による人間関係のもつれ
㉙　(L9)「こたつ」による人間関係の構築

　これらの中から相同性を有する話素を同定し、物語事象（シノプシス）を再配置していく。②と⑰からは「傷／トラウマ」というスキーマを抽出しうる。ここで、④・㉓・㉕からは「挫折」が、④・⑭からは「失恋」が抽出されるが、それらをまとめて「挫折・関係のもつれ」とし、再配置（スキーマの統合）を行う。これも繰り返しになるが、分析的研究とは常に「情報の縮約」という方向性を有している。縮約とは、情報を「そぎ落とす」ことと同義である。そのとき、物語を構成する骨子としての情報を落とさずに、縮約することが重要であるが、現状の手法では分析経験に頼らざるを得ない。これは、レヴィ＝ストロースの分析においても指摘されていることであるが、「職人芸的」と揶揄されるべきものではなく、「技術」と呼ばれるものである。

　4）スキーマの同定
　物語全体が程よくシーケンスに収まるよう調整が施され、スキーマ（シーケンス）の表が構成される。
　ここで重要なのは、Lesson9までの9話分（物理的区分）に、物語上の区分としてⅠ～Ⅲの3話が含まれているということである。シーケンス分析としての重要な目的は、「物語上の区分を知ること」であり、ここではそれが示されている。各話（物語上の区分／内容上の区分）は、レヴィ＝ストロースの方法とは異なり、左上方から、右下方へと進むように記載されている。もちろん、多くの物語は、必ずしも固定的なシーケンスによって展開されるばかりではなく、逸脱する部分も存在する。例にあげたシーケンス（表9-2）でも、⑧、㉕～㉙は、「折り返し点（物語上の区分での終端点）」を超えて展開されている話素である。それらの逸脱をどのように扱うかは、それぞれの物語によって方法を変えるべきであるが、ここでは、「各話（物語上の）でのサブ主人公（第Ⅱ話では「峰龍太郎」、第Ⅲ話では「真澄」）を中心としてシーケンスを構成している。
　ここでは、スキーマを、［出会い］［傷／トラウマ］［挫折・関係のもつれ］［世話・関係の構築］［恋］［千秋による指導］［演奏の披露］の7つとしているが、スキー

第9章　シーケンス分析　*161*

表9-2

	出会い	傷/トラウマ	挫折・関係のもつれ	世話・関係の構築	恋	千秋による指導	演奏の披露
I	(1) (L1 1-20) 千秋が、のだめのピアノを聞く	(2) (L1 1-23) 千秋は、飛行機恐怖症であることを彩子に告げる	(4) (L2 1-49) 千秋は、彩子にふられ、江藤先生にも見捨てられる	(5) (L2 1-56) 千秋は、のだめの部屋を掃除する	(8) (L3 1-94) のだめは、千秋に恋をしたと感じる	(6) (L2 1-63) 千秋は、のだめにピアノ指導する	(7) (L3 1-87) のだめと千秋が、谷岡先生の前で連弾する
I	(3) (L1 1-28) のだめが、酔いつぶれた千秋を介抱する						
II	(9) (L4 1-102) のだめが、峰龍太郎と出会う		(12) (L4 1-119) のだめは峰の実家で食事をとり、千秋の部屋に帰って一緒にいる	(10) (L4 1-105) 千秋は、のだめに食事を作る		(11) (L4 1-108) 千秋は、のだめにピアノ指導する	(16) (L6 1-177) 千秋と峰が、峰のヴァイオリン試験で演奏する
II			(14) (L4 1-130) のだめは失恋したと感じ、ふぬけになる	(13) (L4 1-124) のだめは千秋にお土産を持って帰る(千秋は彩子といる)		(15) (L5 1-152) 千秋は、峰にヴァイオリン指導する	

162　第Ⅱ部　構造分析手順

					(24) (L8 2-39) 千秋は、真澄の参加している練習を聞く			
							(27) (L8 2-59) 千秋が、真澄・峰のためのアンサンブルに参加して、指導する	
(17) (L7 2-6) 真澄が、閉所恐怖症であることがわかる。		(19) (L7 2-10) 真澄が千秋とのだめに嫉妬する						
		(21) (L7 2-24) のだめと真澄が千秋をかけて勝負することになる						
			(22) (L7 2-29) のだめは、クリスマスに千秋と食事の約束をする			(26) (L8 2-49) のだめ・峰・真澄の三人はアンサンブルを組むことにする		(29) (L9)「こたつ」による人間関係の構築
(18) (L7 2-9) 真澄が木陰から千秋を見る	(20) (L7 2-14) 真澄がのだめに嫌がらせをする		(23) (L8 2-34) 千秋は指揮の勉強を無駄だと感じて落ち込む	(25) (L8 2-43) 真澄は、練習中に指揮者に「出て行け」と言われる				(28) (L9)「こたつ」による人間関係のもつれ

Ⅲ

マがこの分析よりも詳細になる場合や、また、より統合されたものになる場合が存在する。たとえば、この例では第Ⅱ話において［恋］のスキーマに該当する話素が存在しない。したがって、このスキーマを除外もしくは統合することが可能となる（「のだめカンタービレ」の例では、ここで示した部分よりも後で、多く［恋］というスキーマに該当する話素が抽出される）。さらには、この分析では抽出されていないスキーマが存在するとされる場合もあるだろう。これは、分析の客観性確保という点で好ましくないが、複数人の分析者で個別にスキーマを抽出し、吟味・検討を重ねることによって、ある程度回避することができる。

第10章 行為項分析

1. 概　　要

　行為項分析とは、登場人物を「行為の主体（もしくは意志の主体）」であると捉え、その「行動の目的・役割」を基礎として分析するという手法である。行為項分析自体が、いくつかの下位手順に区分される。下位手順を以下に示す。

① シーケンス分析による結果を、いくつかのシノプシスに書き下す（話素を抽出する）。
② それぞれのシノプシスを、記号表現する。
③ 記号表現されたシノプシスの「機能」を同定する。
④ 対象を同定する。
⑤ 対象の関係を抽出する。
⑥ 登場キャラクターの位置付けを同定する。
⑦ 登場キャラクターの関係を抽出する。
⑧ 対象の暗喩を推定する。
⑨ 深層構造を抽出する。

2. シノプシスの作成

　シノプシスを作成する。典型ストーリー（もしくはストーリー）を、シーケンス分析の結果に応じて、複数の単純なシノプシスに書き下す。
　この場合のシノプシスは、主語と述語が一つずつ存在する単純なものとする。

この段階では、後の「記号表現」を考慮に入れる必要はない。
　たとえば、前掲のアンパンマンの場合、以下のようなシノプシスとする。
　①　食品を模したキャラクターが登場。
　②　ドキンちゃんが、おねだりをする。
　③　バイキンマンが、その食品を不正な方法を用いて入手する。
　④　アンパンマンが救援しようとするが、失敗する。「顔が汚れて力が出ない」という状態になる。
　⑤　さらにドキンちゃんがおねだりをする。
　⑥　バイキンマンがさらに不正を働こうとする。
　⑦　アンパンマンは救援しようとし、先ほどと同様に「顔が汚れて力が出ない」という状況になる。
　⑧　ジャムおじさんが「新しい顔」を焼いてくれる。
　⑨　「アンパンチ」による撃退。
　⑩　「バイバイキ〜ン」と叫びながら、バイキンマンとドキンちゃんは逃げていく。
　⑪　食品キャラが村に到達する。
　⑫　食品キャラが食品をみんなに振る舞う。

3．話素の抽出

話素は以下の要素から構成される。
①意志の主体者
②行為の主体者
③対象
④行為
この分類に基づいて、前項で作成したシノプシスを以下の形式へと変換する。
　　（ある登場キャラ）→
　　　　　　　　　（ある登場キャラ　＋／－　目的となる事物・事象など）

これは、以下のような構造を「単位」とする分析である。

　　（意志の主体者）→（行為の主体者　＋／－　対象）

これは、ストーリーのそれぞれの要素から「話素」を抽出する上での前段階の作業である。記号として用いるのは、以下である。

　　登場人物：Sn（nは番号）

　　対象：On（nは番号）

　　離／接：＋（接）　－（離）

ここで、

　　S1：（S2＋O1）

となっている場合、意志の主体者がS1であり、行為の主体者がS2、S2の行為の対象がO1であることを示している。

意志の主体者とは、この一つの記号列で表される物語要素の「意志」を構成している人間である。行為の主体者とは、実際にそれを行うものである。対象とは、その行為の「目指すもの」「目的」もしくは「目的物」である。

たとえば、「Aは、Bが幸せになることを望んだ」という文は、以下のように記号化することができる。

　　A：B＋幸せ

上記は、意志の主体者と行為の主体者が異なっている例であるが、その二つが同じである場合も当然存在する。

　　「Aは幸せになりたい」

　　A：A＋幸せ

さらに、「行為」は、機能として（）を付けて冠記する。

　　（得る）A：B＋幸せ

　　「Aは、Bが幸せを得ることを望んだ」→

　　　　　　　　　　　　「AはBに幸せになって欲しいと考えた」

意志の主体者と行為の主体者が同じである場合も同様である。

　　（得る）A：A＋幸せ

　　「Aは幸せを得たいと思っていた」→「Aは幸せになりたかった」

対象も同様に記号化するので、「幸せ」をO1と置いた場合、

（得る）A：A + O1
となる。

　このタイプの記号化を行うことは、物語構造分析の初期段階においてきわめて重要な意味を持っている。

　物語は「意志と行為と対象」によって過不足なく要素に分析することができるというのが、構造分析的物語分析研究のたどりついたひとつの有益な成果である。もちろん、物語分析は「物語を『構造』という名前のマス目にはめこむもの」では決してない（前述のとおり、この種の誤解は世の中に蔓延している）。したがって、分析対象となる物語をこの形式にしたがって記号化することは、単なる「作業の一段階」でしかなく、こののちの分析作業を軽くするために行うという面を多分に有している。であるから「意志と行為と対象」という要素に分解できないストーリーに直面した場合には、素直にその構造を表現する「新しい記号」を創出して構わないのであるし、むしろ率先してそうすべきである。しかしながらここで述べた記号化は英語の基本五文型に相当するものであり、構造分析においてのみ用いられるものではない。基本五文型のいずれかに書き下せるシノプシスであれば、上述の記号化を行うことができる。

　たとえば、以下のようになる。

　　第Ⅰ文型：SVm
　　（V）S：S + m
　　第Ⅱ文型：SVC
　　（V）S：S+C
　　第Ⅲ文型：SVO
　　（V）S：S+O
　　第Ⅳ文型：SVOC
　　（V）S：O+C
　　第Ⅴ文型：SVOO
　　（V）S：O+O
　　（V：動詞　S：主語　m：修飾語　C：補語　O：目的語）

上記の例で、第Ⅰ文型の場合、修飾語句 m が必要になる。これは議論の余地が存在するが、「物語の基本要素（話素）」としては、「単純な第Ⅰ文型の叙述（たとえば、「彼女は歌う」などという文）は想定されにくい。それは、「彼女の性質」や「属性」を説明している叙述文であり、「物語の進行上、重要であると想定される話素」にはなりにくいことによる。
　たとえば、
　　She goes to the land.
は、
　　（go）：she + the land
　　「彼女は、その国に向かった」
となる。
　第Ⅱ文型の場合でも、
　　She is clever.
などのように、be 動詞を伴う文も同様のことが言える。これは「物語の進行」を構成する叙述ではなく、「彼女の性質、属性」を説明している文であるので、「話素」とはなり得ない。
　　She became a doctor.
の場合には、
　　（become）：she + a doctor
と記号化することが可能となり、また、これは「話素」となり得る類の叙述である。
　また、第Ⅳ文型、第Ⅴ文型においては、「意志の主体者」と「行為の主体者」が異なっていることが想定されるが、そのように考えることができない場合も存在しうる。
　たとえば、
　　He made me free.
は、
　　（make）He：I + free
と記号化しうるが、

He left the door open.

は、

　（leave）He：He ＋ door

などとなるであろう。「行為の主体者」は登場する人物などに限定されるので、扉は行為の主体者とはなり得ないことによる。

　いずれの場合にせよ、「意志の主体者」「行為の主体者」「対象」および「動詞」に要素を分けて話素を記述することは、それほど困難な作業となるものではない。また、もちろんこの処理によって、「元の物語文に存在していた情報」は、かなりの部分が剥奪される。しかしながら、「分析」とは、「情報を削ぎ落とし、骨格部分を明らかにする」という段階を経ることによって、完遂されるものであるということに留意すべきである。その際の問題は、「重要な情報を削ぎ落とさないようにすること」である。

　＋／－もしくは（離）／（接）は、多分に「主観的評価」になりがちな記号変換であると言えるが、それでも問題はない。なぜなら、一つの物語分析の中で「首尾一貫して」使用されることのみが重要であり、他の分析と比較する際においては、＋／－は、ほとんど問題とならないことによる。

　たとえば、

　She hates the man.（彼女はその男を嫌っている。）

は、

　（hate）She：She － tha man

と記号化される。これは、hateという動詞が「その対象を遠ざける」方向性を有しているものと判断されたことによる。しかしながら、これを仮に＋としても、最終的な記号変換においては符号が調整されるので、問題ない。ただし、この符号の極性（プラスかマイナスか）をしっかりと同定しておいたほうが、分析が効率的に進むということは否定できない。

4．機能の同定

次の段階では、それぞれのシノプシスの動詞部分を「機能」として冠記する。さらに、目的語となっている部分（A：BがCを〜する、のCの部分）を「対象」とし、それが「離れる」ことを意味しているのか、「付く」ことを意味しているのかによって、プラスもしくはマイナスの記号をつけていく。ここで、正負の記号は、専ら動詞が意味している意味内容によって決められる。登場キャラクターには前述のとおり Sn の番号を振り、登場キャラクター以外の事物や事項などに関しては、On の番号を振る。

　（来訪）x1：S1 ＋ O1
　（欲求）S2：S2 ＋ S1
　（入手）S2：S3 ＋ S1
　（制止）S5：S5 − S3
　（汚濁）S3：S5 ＋ O2
　（妨害）S3：S5 − O3
　（欲求）S2：S2 ＋ S1
　（入手）S2：S3 ＋ S1
　（制止）S5：S5 − S3
　（汚濁）S3：S5 ＋ O2
　（妨害）S3：S5 − O3
　（復活）S4：S5 ＋ O4
　（制止）S5：S5 − S3
　（排除）S5：S3 − O1
　（排除）S5：S2 − O1
　（復旧）S4：S1 ＋ O1
　（獲得）S1：S6 ＋ S1

ここまでの作業も、コンピューター上の表計算ソフトなどで作業を行うと比較的容易に行うことができるが、これから先は、むしろ「コンピューター無くしては実行が困難」である作業に入っていくことになる。

5．行為項の機能の同定

次に、「意志の主体者」ごとに分類してみる。

〈不明〉
（来訪）x1：S1 ＋ O1

〈S1：食品キャラ〉
（獲得）S1：S4 ＋ S1
（獲得）S1：S4 ＋ S1

〈S2：ドキンちゃん〉
（欲求）S2：S2 ＋ S1
（入手）S2：S3 ＋ S1
（欲求）S2：S2 ＋ S1
（入手）S2：S3 ＋ S1

〈S3：バイキンマン〉
（汚濁）S3：S5 ＋ O2
（妨害）S3：S5 － O3
（汚濁）S3：S5 ＋ O2
（妨害）S3：S5 － O3

〈S4：ジャムおじさん〉

（復活）S4：S5 + O4
（復旧）S4：S1 + O1

〈S5：アンパンマン〉
（制止）S5：S5 − S3
（制止）S5：S5 − S3
（制止）S5：S5 − S3
（排除）S5：S3 − O1
（排除）S5：S2 − O1

　ここまで記号化すると、それぞれの「意志の主体者」の役割（機能）があらかた明確となる。

　　S2の機能：欲求と入手
　　S3の機能：汚濁と妨害
　　S4の機能：復活と復旧
　　S5の機能：制止と排除

　ここでは、それぞれ二つの単語となっているが、多くの場合はもう少し複雑になる。
　次にそれぞれの「機能」をよく代表する一つの単語を考案する。

　　S2の機能：欲求と入手　→　欲望
　　S3の機能：汚濁と妨害　→　汚濁
　　S4の機能：復活と復旧　→　復活
　　S5の機能：制止と排除　→　撃退

　元のキャラクター名に戻すならば、

```
    ドキンちゃん　：欲望
    バイキンマン　：汚濁
    ジャムおじさん：復活
    アンパンマン　：撃退
```

というそれぞれの機能が存在していることが分かる。

　ここまでの作業結果を簡潔にまとめると、この物語の「最も単純な全体のシノプシス」を作成することができる。それは以下のようなものである。

　『ドキンちゃんは欲望し、バイキンマンは汚濁する。アンパンマンは一度撃退されるが、ジャムおじさんによって復活させられる。アンパンマンはドキンちゃんとバイキンマンを撃退する。』

6．対象の同定

　次に、記号列の分析を通して「対象」を同定する。

〈O1〉
（来訪）x1：S1 ＋ O1
（復旧）S4：S1 ＋ O1
（排除）S5：S3 － O1
（排除）S5：S2 － O1

〈O2〉
（汚濁）S3：S5 ＋ O2
（汚濁）S3：S5 ＋ O2

〈O3〉
（妨害）S3：S5 － O3

（妨害）S3：S5 − O3

〈O4〉
（復活）S4：S5 ＋ O4

〈S1〉
（獲得）S1：S4 ＋ S1
（獲得）S1：S5 ＋ S1
（欲求）S2：S2 ＋ S1
（入手）S2：S3 ＋ S1
（欲求）S2：S2 ＋ S1
（入手）S2：S3 ＋ S1

〈S3〉
（制止）S5：S5 − S3
（制止）S5：S5 − S3
（制止）S5：S5 − S3

　これらの記号列のうち、一番右にある項が「対象」である。
　それぞれの登場キャラクター（Ｓｎとして表現されているもの）の対象が何であるかを抽出する。
　この例の場合、対象は、

　　O1・S1・O2・−O3・O4・−S3・−O1

である。負記号が付されているものも「対象」になり得る。
　これらを元に戻してみるならば、以下のようになる。
　　　O1（村）
　　　S1（食品キャラ）

O2（顔の汚れ）
- O3（力を出さないこと）
O4（新しい顔）
- S3（バイキンマンの撃退）
- O1（村からの排除）

（復旧）S4：S1 + O1
→S4の対象はO1である。

（欲求）S2：S2 + S1
（入手）S2：S3 + S1
（欲求）S2：S2 + S1
（入手）S2：S3 + S1
→S2の対象はS1である。（S3はS2の補助者である）

（汚濁）S3：S5 + O2
（妨害）S3：S5 - O3
（汚濁）S3：S5 + O2
（妨害）S3：S5 - O3
→このように「対象」が負記号で表現されている場合、以下のように変換することが可能である。

（妨害）S3：-（S5 + O3）

7．主題と主人公の同定

　続いて、物語の主題と、物語の主人公を同定するが、ここで、「主要登場人物」と「対象」を特定しておく必要がある。

1）主要登場人物

「主要登場人物」とは、ストーリーの中に繰り返し登場するキャラクター、もしくは、重要な役割を担っていると思われるキャラクター、回ごとに役割が変動しないキャラクター、などを指す。

2）対象

「対象」とは、主人公が得ようとしているもの、主人公が失ったもの、もしくは、反対者が奪おうとしているもの、反対者が失ったもの、を指す。基本的には、この「対象」を機軸としてストーリーが進行する。ただし「対象」は暗喩として表現されている場合が多く、初期の段階における分析の主眼は、この「対象の暗喩」を同定することだと言っても過言ではない。

ここまでの分析結果を見て、主人公がどのキャラクターであるかを判定する必要がある。もちろん「アンパンマン」という番組名であることから「アンパンマンが主人公」であることが第一に推測されるが、分析の結果、必ずしもそのようにならない場合もある。

主人公とは、「主題」を追い求める者である。その意味で「主題（主たる対象）」と主人公とは密接な関係を持っている。したがって、ある物語の「最も重要な主題（対象）」が何であるかを、その前に同定しておく必要がある。

ただし、主人公が誰であるかは、実際には「物語の構造」のみで決せられるものではない。視聴者にとっての「主人公」とは、「感情移入の対象となり得る登場キャラクター」だからである。異なる視聴者の間で「主人公」が異なるという状況は、往々にして発生する。

視聴者の感情移入という要素を勘案せずに、「主人公」を物語構造から同定しようとする場合には、以下の条件に適合するか否かを判断基準とするのがよい。

① 物語の初期において、行為の主体者として「主題：主たる対象」を求めている／得ようとしている。

これは、必ずしも「正の値を持った対象」のみに限られない。負の値を持った対象を「求める（＝排除しようとする）」というものも含まれる。

物語とは、主人公が「何かを得ようとする」もしくは「何かを排除しようとする」ことを基軸として進展する。したがって、物語の初期において「求めるもの／排除するもの」が提示されている必要がある。
　② 物語の中で、行為の主体者として何らかの行動を行う。
　③ 物語の最終局面において、行為の主体者として「主題：主たる対象」の獲得に成功もしくは失敗する。
ほとんどの物語では、主人公は主題の獲得に成功するが、必ずしもその限りではない。主題の獲得に失敗する物語も成立しうる。しかしながら、主題の獲得に向けて「何らかの行動」を起こし、その帰結が最終局面で描かれているものが「主人公」である。これは物語の基本的構造からすればむしろ当然であると言える。

したがって、作業はそれほど難しいものではない。
　① 「行為の主体者」の項で抽出をかけ、物語の初期局面で「主題となる対象」を同定する。
　② 「行為の主体者」の項で抽出をかけ、物語の中で「行動」を行っているか（つまり話素たる行為項が存在するか）を判断する。
　③ 「行為の主体者」の項で抽出をかけ、物語の最終局面で①と同じ対象を獲得しようとしている。
この①と②の条件に適合した項の「行為の主体者」が、その物語の主人公である。

これまで同様に、アンパンマンの分析を例として説明を続ける。

〈行為の主体者でソートした結果〉
〈S1〉
1　（来訪）　X1　　　：　　S1　　　＋　　O1
16　（復旧）　S4　　　：　　S1　　　＋　　O1

〈S2〉
2　（欲求）　S2　　　：　　S2　　　＋　　S1

7	（欲求）	S2	:	S2	+	S1
15	（排除）	S5	:	S2	−	O1

〈S3〉

3	（入手）	S2	:	S3	+	S1
8	（入手）	S2	:	S3	+	S1
14	（排除）	S5	:	S3	−	O1

〈S5〉

4	（制止）	S5	:	S5	−	S3
5	（汚濁）	S3	:	S5	+	O2
6	（妨害）	S3	:	S5	−	O3
9	（制止）	S5	:	S5	−	S3
10	（汚濁）	S3	:	S5	+	O2
11	（妨害）	S3	:	S5	−	O3
12	（復活）	S4	:	S5	+	O4
13	（制止）	S5	:	S5	−	S3

アンパンマンの分析例では、対象のリストとして以下のものがあげられていた。

　　O1（村）
　　S1（食品キャラ）
　　O2（顔の汚れ）
　−O3（力を出さないこと）
　　O4（新しい顔）
　−S3（バイキンマンの撃退）
　−O1（村からの排除）

これらのうちで、「（物語にとって）最も重要なもの」は何であるかを判定し

なくてはならない。物語にとって「最も重要な対象」とは、その物語の最終局面で「獲得」が表現されているものである。さらには、その獲得によって「恵与」が行われているものであるといえる。

　重要な対象としてはS1がある。しかしながら、S1は主題とはなり得ていない。なぜなら、初期にS1を［求めた］者は、最終局面でS1を得ていないからである。(ドキンちゃんとバイキンマンは最終局面では排除されている)。

　もちろん、最終局面において「求めたものを得ることができない」というバッドエンドの物語を想定することも可能である。その場合は、「この物語の主人公は、バイキンマンである」ということになる。(ドキンちゃんは主人公にはなり得ていない。ドキンちゃんは「意志の主体者」である)。

　上記の分析結果において、「初期に」求めた対象を得ているのは「食品キャラ」である。(初期に村に到達しようとし、最終局面で村に到達している)。さらに、食品キャラが村に到達した時点で村に平和が回復され、恵みとして「食品」が振る舞われる。しかし、「村」を主たる対象とした場合においては、その行為の主体者である「食品キャラ」は、物語の途中で何ら積極的かつ中心的な「行為」を行っていないという点で「主人公」に欠格している。

　もちろん、物語の構造は、その捉え方によって複数存在する。この例は、「バイキンマンが主人公である物語」でもあり「アンパンマンが主人公である物語」でもあり「食品キャラが主人公である物語」でもある。

　そして、ここで述べているのは、それらの三つの可能性のうち、「最も支配的な物語構造はどれであるか」と問われた場合、その答えが「食品キャラが主人公である物語となる」と言っているにすぎない。

　いずれにせよ、「可能性のある主人公」のそれぞれのパターンについて分析する必要がある。

　この段階での分析の要点は、「主題」と「主人公」の関係を明らかにしておくことである。アンパンマンの例では、前述のとおり、以下のようになっている。

　　（主人公）　　　（主題：主たる対象）
　① 　食品キャラ　　―　村

②　アンパンマン　―　バイキンマンの排除
③　バイキンマン　―　食品キャラ

　少なくとも上述の分析結果からする限り、この物語の主人公としてこの三つ以外の登場キャラクターを考えることは難しい。
①の場合、「食品キャラが、村に到達する物語」となり、
②の場合、「アンパンマンが、バイキンマンを排除する物語」となり、
③の場合、「バイキンマンが、食品キャラを求めて失敗する物語」となる。
　繰り返しになるが、このいずれも「正しい」。ただし「主人公は感情移入の対象となる者を指す」という制限条件を考慮に入れるならば、3）は多くの視聴者にとって「成立しにくい」物語構造であると言える。なぜなら、連続もののテレビ番組において「毎回失敗することがあらかじめ知られているキャラクター」に繰り返し感情移入することは想定しにくいからである。
　上記の三つともに「欠格」が存在する。これは、アンパンマンという物語を考える上で非常に重要な分析結果であるとさえ言える。つまり、「この物語には、確固たる主人公が存在しない」。準主人公が三人存在し、そのどれもが「主人公」とはなり得ていない。三つの物語が「どれが支配的となるわけでもなく」並行して存在している物語であると言える。

8．関係の抽出

　前述のとおり、構造分析における「構造」とは「関係の集合」を指す。したがって、「構造分析」の中心は、「関係の分析」であると言える。これも前述のとおり、「関係」として重要なのは「対立関係」である。ほとんどの物語は「主要要素間の対立関係」を基礎として構成されている。
顔の汚れ（O2）は「力が出なくなる」ことと同義として表現され、また、新しい顔（O4）は「力の復活」を意味している。
　　［汚れた顔］―［新しい顔］

という対立関係が存在しているのが分かる。そしてこの対立関係は、
　　［無力］─［力］
という別の対立関係の「表層的な原因」でもある。
［新しい顔］と［力］は「相同」の関係にある（新しい顔が得られるということは、すなわち「力が得られる」と同義である）。
したがって、
　　O4　＝　O3
となり、また、
　　－O2　＝　O4　＝　O3
となる。O2（顔の汚れ）とO3、O4は、［対立関係］にある。

したがって、以下の話素の記号列のうち、O2、O3をO4で置きかえることができる。

　　〈O2〉
　　（汚濁）S3：S5＋O2
　　（汚濁）S3：S5＋O2
　　　→
　　（汚濁）S3：S5－O4
　　（汚濁）S3：S5－O4

　　〈O3〉
　　（妨害）S3：S5－O3
　　（妨害）S3：S5－O3
　　　→
　　（妨害）S3：S5－O4
　　（妨害）S3：S5－O4

新しい記号列は以下のとおりとなる。

〈O2〉

（汚濁）S3：S5 − O4

（汚濁）S3：S5 − O4

〈O3〉

（妨害）S3：S5 − O4

（妨害）S3：S5 − O4

〈O4〉

（復活）S4：S5 ＋ O4

つまり、上述のうち（汚濁）と（妨害）は、同じ話素の別の表現であることが分かる。また、対象の項目にはS1とS3の二つの項が存在することから、

［食品キャラ］—［バイキンマン］

という対立関係が存在していることが分かる。

〈対象 = S1〉

2　（欲求）S2　　：　　S2　　＋　　S1

3　（入手）S2　　：　　S3　　＋　　S1

7　（欲求）S2　　：　　S2　　＋　　S1

8　（入手）S2　　：　　S3　　＋　　S1

17　（獲得）S1　　：　　S6　　＋　　S1

〈対象 = S3〉

4　（制止）S5　　：　　S5　　−　　S3

9　（制止）S5　　：　　S5　　−　　S3

13　（制止）S5　　：　　S5　　−　　S3

S1（食品キャラ）はS2（ドキンちゃん）の欲求の対象であり、S3（バイキ

ンマン）は S5（アンパンマン）の排除対象である。
　ここで、
　　　－S1　＝　S3
と置き、S3 をすべて、S1 に置換する。

〈対象＝S3〉
4　（制止）S5　：　S5　＋　S1
9　（制止）S5　：　S5　＋　S1
13　（制止）S5　：　S5　＋　S1

（来訪）x1：S1 ＋ O1
（欲求）S2：S2 ＋ S1
（入手）S2：S3 ＋ S1
（制止）S5：S5 ＋ S1　＊＊
（汚濁）S3：S5 － O4　＊
（妨害）S3：S5 － O4　＊
（欲求）S2：S2 ＋ S1
（入手）S2：S3 ＋ S1
（制止）S5：S5 ＋ S1　＊＊
（汚濁）S3：S5 － O4　＊
（妨害）S3：S5 － O4　＊
（復活）S4：S5 ＋ O4
（制止）S5：S5 ＋ S1　＊＊
（排除）S5：S3 － O1
（排除）S5：S2 － O1
（復旧）S4：S1 ＋ O1
（獲得）S1：S6 ＋ S1
ここで、重複しているもの（＊、＊＊が付された項）などを除外する。

（来訪）x1 : S1 + O1

（入手）S2 : S3 + S1
（制止）S5 : S5 + S1　＊＊
（妨害）S3 : S5 − O4　＊

（入手）S2 : S3 + S1
（制止）S5 : S5 + S1　＊＊
（妨害）S3 : S5 − O4　＊

（復活）S4 : S5 + O4
（制止）S5 : S5 + S１　＊＊
（排除）S5 : S3 − O1

（復旧）S4 : S1 + O1
（獲得）S1 : O1 + S1

※ S2（ドキンちゃん）は、行為者としての役割が小さいので、すべて除外する。
※ S6 は、「村人およびパン工場の住人」であるので、Ｏ１「村」に代表させる。

　ここまでの分析は、物語に含まれる冗長な情報をすべてそぎおとすという明確な分析の方向性を持っている。そして、この段階において、物語の骨子が抽出されたことになる。

9．登場キャラの位置付け

　S5 は S4 の依頼を代行しているという構造が存在しているので、S4（ジャムおじさん）が「送り手」であると想定される。また、反対者は「バイキンマン」であり、反対者の送り手が「ドキンちゃん」となっている。
　ここまでの分析で判明したことは、このアンパンマンのストーリーは意外に

も複雑で、「ドキンちゃん」を一方の送り手としたストーリー構造と、「ジャムおじさん」をもう一方の送り手としたストーリーの二つが錯綜していることである。

　　　送り手　　　　　主人公
　　　ドキンちゃん　　　バイキンマン
　　　ジャムおじさん　　アンパンマン

　バイキンマンを主人公としたストーリーにおいては、反対者がアンパンマンであり、アンパンマンを主人公としたストーリーでは反対者がバイキンマンとなっている。

　そして、シーケンス分析の結果からも明らかなように、前半ではバイキンマンが勝利し、後半ではアンパンマンが勝利する。結果として「村」には平和が戻り、食品キャラは初期の目的を達成する。

10. 暗喩の同定

　それぞれの対象が、深層構造において何を暗喩しているかを同定する必要がある。この作業は、「対立関係」を有するものから始めると容易になる。
　　［汚れた顔］─［新しい顔］
　これは、［力の無さ］と［力］の対比と相同関係を有している。顔が汚れると「力が出ない」状態となり、新しい顔を得れば「元気百倍」となることからもそれは分かる。
　さらには、「提供によって顔の一部を食べられてしまう」と同様に「力を失う」ことから、「欲望の発露によって、力を失う」という構造を有しているとも考えられる。
　　［ドキンちゃん］─［アンパンマン］
　　［バイキンマン］─［アンパンマン］
　この二つの対立関係は、欲望と慈善、汚濁と清潔という対立図式を有している。ただし「汚濁と清潔」の軸は、それほど強調されてはいない。

また、それぞれのアイテムを分析することによって、それらの暗喩を同定することが可能である。
　バイキンマンは乗り物に乗るが、アンパンマンは乗らない。バイキンマンは「機械」（バイキン光線など）を使って戦うが、アンパンマンは素手で戦う。ここで、バイキンマンが「科学の権化」として表現されていることが分かる。また、アンパンマンは「自然」を代表する者として表現されている。
　　［自然］―［科学］
という対立図式が、この両者の関係には存在している。
　このように、暗喩によって対立関係を抽出するということは、情報量を減衰させる処理であるということに多大な注意を払う必要がある。これは、構造分析における対立関係の抽出において、きわめて重要となる留意点であるのみならず、すべての分析的手法における留意点でもある。
　たとえば、「善と悪」という軸や、「正しい―悪い」などという軸を抽出することは、比較的容易に行うことができるのだが、そのように抽出された対立軸が「十分に、もとの作品の情報を持っているか否か」を考えなくてはならない。客観的な分析を目指すあまりに情報量を減衰させすぎれば、「より客観的な分析」とはなりうるが、分析としての意義が存在しなくなってしまう。情報量を削ぎ落としすぎれば、元の作品の様態を反映しなくなってしまうということである。たとえば、ほとんどすべての子ども向けヒーローものの特撮やアニメであれば、必ずと言っていいほど、以下の対立関係が存在する。
　　［正義］―［悪］
　　［力］―［無力］
　そのように分析したところで、その分析からは、何ら有意義な示唆は得られない。もちろん、それらの軸が前面に出ているものにおいて、そのような対立軸の抽出を行うべきではないというわけではない。
　分析の客観性とは、分析それ自体の目的と矛盾する場合が存在する。客観的に、誰が見てもそのように見える分析結果にすることに拘泥するがあまりに、情報をそぎ落としすぎる傾向は、初学者に多く見られがちな決定的な誤謬である。
　分析の目的は、それぞれの研究者によってさまざまであるので、一概にその

基準を設定することはできないが、端的に言うならば「分析の目的」を忘れて過度に客観的となった分析結果に、何の研究的意義も発生しないのは当然である。これは、決して本研究手法においてのみの問題ではない。たとえば、手法が確立されていると一般に考えられがちである統計処理もしくは統計解析の分野においてさえ、同様のことが言える（統計解析は、誰がやっても同じ結果になるというものではないということに注意が必要である）。分析的研究が恣意的であってはならないということは当然である。しかし、恣意と客観は対立概念ではない。「恣意的ではない」ということは、確立された手法に則って分析を行うことであり、「勝手に何かを言っているわけではない」ということの表示を伴うとき、恣意性は排除される。もちろん客観性というのは、確立された手法に則って分析を行うことによって担保されるものであるが、本書で説明している手法のように、決して研究手法が確立されているとは言いがたい分野においての扱いは、当然異なるものとなる。したがって、論理的に整合した手法に則って分析を行うとき、恣意性は排除され、客観性が担保されるのだと考えるべきである。

　蛇足ながら、学問分野に属する研究者がその研究の客観性、非恣意性に拘泥するのはきわめて好ましい態度であると断言できるものの、一般的な社会の中で何かを実践しようとする場合に、客観性、非恣意性という制限を自らに過度に課すということの是非に関しては、議論の余地が存在すると考える。なぜなら、社会や文化に少なからぬ影響を与えている言説の多くは、研究分野から出たものではなく、何ら学問的背景を持たない者たちの感想によって構成されている部分が大きいと思われるからである。

第11章 シーン分析

1. 概　要

　これまで紹介してきた手法のほとんどは、物語分析の研究文脈に位置するものであり、「時系列にそったストーリーの展開」をその分析の基礎に置いてきた。しかしながら、映像作品においては「象徴的な1枚の絵柄」が用いられることがあり、またそれが非常に重要な意味を持つ場合が多々存在する。そのような「象徴的シーン」を、物語分析の手法を用いて解釈することは不可能ではないものの、きわめて困難であると言わざるを得ない。
　一つの象徴的なシーンを「時系列にそわない1枚の絵画」であると考え、絵画分析の手法を援用してそれらを解釈し、物語分析的手法の一助とすることができると考えられる。
　また、コマーシャルフィルムなどにおいては、表面的には「物語」が提示されるのではなく「一続きの絵柄」を連続して提示することをその中心的な目的としていると考えられるものが多数存在する。そのような「ストーリー性」および「シーケンス性」の希薄な映像作品に関しては、むしろ「絵画分析」の手法を中心として分析を組み立てることの方がより効率的かつ妥当な分析結果を得ることができると想定される。
　たしかに、一つの映像作品が「物語中心（ストーリーテリング中心）」であるのか「映像中心」であるのかを初期において判別することは容易ではない。「付け足し」的なストーリーであってもそれが十分に機能している場合はあるし、逆に「ストーリーテリング」を目指した作品にきわめて象徴的なシーンが存在する場合もある。それは、作者の意図を離れて機能する類のものだと思わ

れる。したがって、一見「物語中心・ストーリーテリング中心」であると思われる作品に対してさえ、その作中で繰り返し用いられる絵柄などに関しては、本章で解説する分析手法を援用して分析する必要があると考える。そうすることによって物語分析の分析結果を補完したり、強化したりすることが可能になると考えられる。

　しかし、ここで強調しておかなくてはならないのは、一つの映像作品や、その中のあるシーンは、単に「絵柄を見せる」という目的のみを持っているわけではないということである。視聴者は、ある映像表現を見て恐怖したり笑ったり感動したりするが、それは「絵柄」によってではなく、その映像表現が示す何らかの「意味」によって引き起こされる。ある映像作品が物語性を中心として構築されている場合でも、映像表現を中心として構築されている場合でも、何らかの意味の流れやストーリーが重要となる。その意味で、本論で用いる「シーン分析の手法」は、隠されている物語を明らかにすることであると言っても過言ではない。したがってシーン分析と呼称するものの、それは「ある一つのシーンのみ」の解釈によって成立するものではない。シーン分析とは、一つのシーンが「連続するシーンの中でどのような意味を有しているか」を読み解いていく作業であると言える。

　人間は、「一見、文脈から遊離しているように思える表現」を目にしたとき、その「意味」の解釈を試み、「整合性のある一連の物語の中の一つの要素」として位置づけるという機能を有している。そして、この人間の心的機能の特性を利用することによって、映像表現に意味や訴求力を持たせるのが「映像における比喩表現」の基本的機序である。

　誤解されがちなことであろうと思われるので、ことさらに強調しておくが、「シーン分析」は（また、次項で説明する「元型分析」も）、決して、「ある映像記号表現と1対1に対応する『記号内容』がある」ということを基礎とするものではない。たとえば「『黒い帽子』は〜を暗喩する」「『白い光』は……を暗喩する」などということはない。それらの映像表現の「意味」は、文脈によって決せられるのであって、文脈から離れて「意味」が存在するわけではないということに注意しなくてはならない。ただし、たとえば「黒い球体」に「希望」

を暗喩させることは困難であり、また「輝く白い羽」によって「不安」を暗喩させることも難しい。そのような「緩やかな、比喩表現の方向性」を詳細に検討していきながら、一連のシーンの視聴によって視聴者の内部に発生すると推測される物語を同定することが、シーン分析の主たる目的である。

2．シーン分析の手順

(1) 手順の概略
　シーン分析の手法は、おおむね以下の手順を経由して行われる。
① 　シーン抽出
② 　シーンに存在するアイテムなどの抽出
③ 　シーンに存在するアイテム・キャラクターの比喩の特定
④ 　深層における物語の同定

　①は、分析対象となる「シーン」を1枚の絵として抽出する作業を指す。絵画分析の手法を援用するための準備段階であるといえる。
　②は、絵画分析の最初の段階の作業である。その「絵柄」に含まれる（できる限りすべての）アイテムを抽出し、リストを作成する必要がある。
　③は、②で抽出したアイテムの「比喩（暗喩・換喩・提喩・直喩）」を特定する作業である。絵画分析における中心的な作業であるといえる。
　④は、③を受けて、「深層における物語」がどのようなものであるかを同定する作業である。
　これまでの分析作業同様、これらの作業も分析者の熟達を必要とする。特に主観的分析といわれがちであるのは、③の「比喩の抽出」である。また、元型分析そのものが主観的分析と称せられることが少なくない。しかしながら、どのような分析も主観の混入する余地を免れるものではない。また、主観が多く混入したように見えるのは、単に「分析過程において、適切な手法手順を用いなかった」ことによるものであるといえる。十分に定式化された手法を用いるのであれば、そのような指摘があたらない程度にまで分析を精緻化し、客観的

分析に近いレベルにまで近づけることが可能であると思われる。

　もちろんであるが、③「比喩の抽出」は、分析者（もしくは視聴者の大半）が居住する文化圏によってさまざまなものとなる。そして同時に、正確な意味でまったく同じ文化を共有している二人の個人というものは存在しない。したがって、分析者Aが「これはaの比喩である」と言い、分析者Bが「これはbの比喩である」と言うという事態を想定することは可能である。これは、比喩の特定を分析の中心に据える分析手法である以上、免れ得ない問題であるといえる。「ある文化圏において一般に用いられる比喩のリスト」などというものが存在するのであればこの問題を容易に回避することが可能であるが、そのようなものは存在しない。しかしながら、以下の理由によって、この分析手法を役に立たないと指弾することはできないと考える。まず、比喩の特定を中心に据えるという分析手法の主眼であるが、この方法自体には代替物が存在しない。絵画を鑑賞する人間がその絵画によって惹起される情緒的反応のほぼすべては「比喩（もしくは象徴）」によって駆動されているものであるといえる。したがって、絵画（もしくは一つのシーン）を分析する上では、その「比喩（象徴）」を分析するのが最も近道であり、かつ「その他の有効な分析手法は、これまで提案されていない」と言える。また、シーンに存在するさまざまなアイテム相互の関係によって、「比喩の特定の客観性」は十分に保たれる。これに関しては後述するが、手法利用者の熟達の問題であるとさえ言える。分析の目的は、そこに「本当は何が隠されているか」ということなのではなく、その絵画（シーン）を見た人間の多くが「そこから何を感じ取るか」を判定することである。またさらに言えば、「その絵画（シーン）を視聴した人間の内部にどのような象徴的意味が発生するのか」の判別さえ中間的な目的であるに過ぎず、分析の目的は影響力の評価および影響を受けた視聴者の行動予測および行動制御の可能性を探ることである。したがって、瑣末なことがらはすべて排除して構わないとさえ言える。私たちの目的は、真理や本当のことに近づこうなどという不遜な類のものではないということをすべての分析者は肝に銘じておくべきであるし、真理など存在しないと考えるべきだということは、これまでにさまざまな場所で繰り返し述べられていることである。

(2) シーンの抽出

　もちろん本来的な意味からすれば、分析の対象である作品の「すべてのシーン」を対象とすべきであろうが、それは理論的には可能であるものの、現実的な接近法であるとは言いがたい。30分以上の映像作品のシーン数はゆうに200を超えるであろうし、それらのシーンのすべてに「重要な」「特筆に価する」深層構造や象徴が存在しているわけではないことは明らかである。私たちは「重箱の隅をつつくような」分析手法をとるべきではないし、そのような分析は「分析結果自体が娯楽の対象となる」ことはあっても、私たちの基本的な目的とはあまりに別のところに存在している。したがって、限定されたシーンのみを分析対象とすべく、シーンの抽出を行うことを念頭に置くべきである。ただし後に例示するように、CMなどは15秒〜60秒と時間も短く、シーン数もさほどにはならないということから、「全シーン」を分析対象とすることに躊躇すべきではない。

　抽出すべきシーンの選択は、分析者の「主観」「直観」にゆだねられる点が少なくない。「力のあるシーン」「意味ありげなシーン」などという「直観的評価」を過信する必要はないが、機械的に客観化を追求するあまりに、分析者の「直観」をないがしろにするのでは、本末転倒となる。繰り返しになるが、本来この種の分析は、「分析者の直観」を補強し、説得力をもたせるためのものであるということを忘れてはならない。しかしながらその分析結果を判定する（目にする）人間は、「客観的な装いをまとった分析結果」の方に、より「説得力がある」と考える傾向があるというのも事実である。分析者は、その両方を勘案して妥協点を見つけなくてはならない。おおむね、以下の「選択基準」を適用するのがよいと思われる。

　①繰り返し用いられるシーン

　これは、それが「意味がない」と思われようとも分析対象シーンのリストに入れておく必要がある。「意味が存在するかしないか」は、分析の結果を待たなくてはならない。すべてのシーンに深層構造や象徴が存在しているわけではなく、また制作者側が意図的に塗り込めようとした象徴的意味が（表現手法の未熟さにより）失敗している場合もあるが、少なくとも分析の対象としてリストにあげておき、分析の結果「特筆すべき象徴的意味が存在しない」という判

断を下さなくてはならない。その際、制作者の意図を勘案する必要はまったくないが、補足的な説明としてそれを加えても問題はないといえる。

②多くの視聴者が「象徴的だ」と感じるシーン。または、多くの視聴者が「代表的だ」と感じるシーン。

分析の主眼は「視聴者がどのような影響を被るか」に存しているのであるから、この「選択基準」は重要である。ただし、この選択のために広範囲なアンケート調査を行うまでの必要はないと考える。それは「分析および研究」の効率および生産性の観点から判断されるべきものであるが、一般に、それほどの調査を行う意義は感じられない。

③ストーリーの展開から明らかに逸脱したシーン

一般的に考えて、ストーリー展開から逸脱したシーンが発生する原因は以下の二つである。

　1）制作者側の明らかなミス
　2）制作者側の意図的な挿入

1）は往々にして発生しうる。本来はそのシーンにストーリー展開上の意味が存在していたのだが、いくつかの関連シーンの削除、シナリオの急な変更などによって、ある「シーン」がまったく不自然な形で残ってしまう場合がある。これは、「ミス」ではあるが、この「ミス」が視聴者に何らかの影響を与える可能性は否定できない。視聴者は、そのような異質な映像を提示されたときに、その意味を判別しようと精神的にもがく。「意味のないシーン」というのは、視聴する側にとっては我慢ならない事態なので、無理やりにもそれに意味付与を行おうとする傾向がある。その過程で制作者の意図しない効果が発生する可能性を否定することはできない。

2）に関しては、分析の対象とするのは当然であるといえる。その意図が成功しているか失敗しているかは「分析結果を見なければわからないが、少なくとも「意図的に挿入されたシーン」である可能性がある以上、分析の対象とするのは当然であると思われる。

④入念に作られているシーン。高額な費用がかけられていると推測されるシーン。

わずか1秒のシーンに、数千万円もかけるというようなことが、映画などでは日常茶飯事として発生している。これは②と同様、そのシーンに何らかの意図の存在を推定する必要があると思われる。「重要な意義が存在する」と制作者が考えたことの帰結としての入念さや高額な費用という状態が発生するわけであるから、当然の選択であると言える。もちろん、往々にしてその意図は達成されていなかったりするのであるが、可能性のある場所はすべて分析の対象とすべきである。

(3) シーンの言語化

分析対象のシーンを選択し、抽出したら、次に行うのは、そのシーンを「詳細に記述する」ことである。これは、以下に示す下位作業に分割される。
① 登場人物・登場キャラクターのリストの作成
② アイテムのリストの作成
③ ①②で作成したリストのそれぞれの項目の詳細な記述

繰り返しになるが、シーン分析は「絵画分析」の手法を基礎としている。したがって、選択抽出したシーンを「一枚の絵」として詳細に記述する作業が前段階として欠かせない作業となる。それは、その「シーン」に存在する可能な限りすべての事物に関して、できる限りの詳細さをもって記述説明したリストを作成することを指す。当然、無駄なものは存在するであろうが、「それが無駄なもの」「意味のないもの」であるか否かは、後に続く分析を待たねばならない。当初から「無駄である」「無意味である」ことが分かるのであれば、そもそも分析手法や分析手順などは必要ない。

(4) シーンに存在するアイテム・キャラクターの比喩表現の抽出

前述の比喩についての基本的な枠組みに基づき、シーンに存在する「登場人物」「キャラクター」「アイテム」のそれぞれにつき、「比喩表現」の可能性が存在しないかどうかを個別に判断していく。

それぞれの要素（アイテムなど）が、「比喩表現である可能性」もしくは「比喩的意味・象徴的意味を有する可能性」は、おおむね以下の基準によって判定

することができる。

　1）物語の文脈から逸脱した表現

　ある表現が「物語の当然の進行」と何ら関係のない場合、それを「文脈からの逸脱」と呼ぶ。比喩が比喩として機能するためには、まず「文脈からの逸脱」が必要である。逆に言うならば、文脈から逸脱していない表現は、比喩として機能しない。

　2）表層的な「主題」との間で何ら関係性を有しない表現

　まず、コマーシャルフィルムを例にとって説明する。コマーシャルフィルム（以下 CF と略）は、ある特定の商品の機能や特長、競合製品との違いを告知するために行われているというのが「表層的な主題」である。しかしながら、単に「性能や機能を告知するため」に CF が放映されていると考える人間は少ない。表層的な「主題」（機能や性能の告知）とは関係のない映像表現が多数使われている場合、そこに、比喩表現を通して別の主題が提示されている可能性が存在する。したがって、「比喩表現の抽出」の第一は、この種の「表層的な主題とは関連の薄い映像表現」を抽出するという点から始めるのがよい。この作業は比較的容易ではあるが、「多くの、本来は比喩とは関係ない」ものを抽出してしまう可能性がある。しかしながらそれらは分析が進むにつれて次第に排除されていくので、この段階では多くなることを気にせずに、可能性をもとに抽出していくというのが好ましい分析の態度であるといえる。

　たとえば、「アルコール系飲料の CF」において、美しい女性が肌もあらわな姿で登場するのは、当然「表層的な主題（その飲料の機能や性能）の告知」からすれば、何の関連もないはずである。したがって、そこに「何らかの別の主題（隠された主題）」が存在する可能性を見て取られねばならない。これはあまりにも当たり前のことであるので、「分析」と呼ぶべきレベルのものではないとも思われるが、抽出した一つひとつのシーンに関して、地道なこの作業を遂行することがまず最初の段階であると考えられる。

　CF 以外の映像作品においても、同様の方法で比喩表現の抽出を図ることができる。あらかじめ物語構造の分析が済んでいれば、その「物語の（表層的な）主題」と関連の薄い映像表現（アイテムなど）が、その対象となるであろう。

3）強調されている表現

あるアイテムやキャラクター、登場人物などが、「強調されて」表現されている場合がある。近接撮影により大写しになる、刺激的な音と同時に提示される、光学処理・CG などの映像処理による強調が施されている、などの例がこれに該当する。これは「制作者が何らかの理由でそれを強調したい」と考えたことの表れであるから、それが前項①の条件をクリアしているのであれば、そこに「別の主題」が存在している可能性はより高まると言える。

4）不自然に省略された表現

シーン全体の構成からして当然存在すべきものが存在しないというような場合がこれに該当する。また動きのあるシーンで、その「帰結」が省略されていたり、不自然に中断されていたりしている場合も同様である。そのようなシーンがシーケンスに欠けている場合（映像作品分析の場合、シーンを一枚の絵画として分析するという方法をとるものの、そのシーンが「あるシーケンス」の中に位置しているということを忘れてはならない）、視聴者はそれを補完する。視聴者の自律的な補完を惹起する映像には、比較的強力なイメージ生成力が存在する。提示されたものよりも、「想像させられたもの」の方が往々にして強い力を持つ。

5）対を形成している表現

「光と影」「黒と白」「昼と夜」「清潔と汚濁」などといった「対になる表現」が存在している場合、それは入念に分析対象としなければならない。むしろ「対になる表現」を探すところからシーン分析を始めるべきであるとさえ言える。対になる表現は、「その一対で、一つの概念を象徴している」可能性が存在する。それは制作者の意図のもとでそうなっている場合もあるし、また、制作者が意図せずに（映像制作者の直観的表現によって）そうなっているという場合もある。その「いずれであるか」は分析者にとっては、さしたる問題ではない。重要なのは、「対を構成する表現」は、強い象徴喚起力を有するということである。

6）比喩対象（被喩辞）の特定（隠喩／提喩／換喩の比喩対象の特定）

シーン分析における比喩表現は、さらに重なり合う場合もある。たとえば映像表現として「牙」が用いられた場合には、それが「牙（を持つような危険な

動物）」を換喩によって表現し、さらに「牙を持つような危険な動物」が、「自然環境に内在している危険」を隠喩で表現している場合がある。それらが実際に「何を比喩対象（被喩辞）」としているかは、分析対象となるシーン全体との関係の中での位置付けをもとに判定していかなくてはならない。

　その意味で、シーンに使用されている「比喩」を特定することは容易ではない。「黒い帽子」が使用されているからといって、それが「死を暗喩している」と即断することはできない。それは、その他に用いられているさまざまな要素との関係を吟味した上で特定されるべきものである。

7）意味（もしくは主題）の推定

　映像作品におけるシーン分析では、近接する複数のシーンを一括して分析しなければならないという事態に遭遇する場合がある。たとえば、CF分析などにおいては、「ほぼ全編にわたってシーン分析」を行うので、「前後に存在するシーン同士の関連」を念頭に置かないわけにはいかない。また、近接する複数のシーンを分析対象とする場合には、それら複数のシーンを貫いて、あるいは共通して存在する主題（もしくは意味）を推定する必要がある。

　たとえば、CFなどにおいては、15秒から60秒の映像作品において、使用されている「主題」は少数である。あまりに複雑な（多数の）主題概念が提示されれば、視聴者の注意は散漫なものとなり、効率的な主題の伝達を行うことが難しくなる。視聴者の側からすれば、鮮烈なイメージを持つ「一つもしくは二つの主題概念」が提示されている映像の方に、強い力を感じる。多くてもせいぜい一桁の個数の主題を推定するにとどめるのが得策であると言える。できれば、一つから五つ程度が好ましいであろう。分析の結果、それ以上の個数の主題がたとえ明らかに推定されたとしても、その「下位に位置する」主題は、視聴者には届かない可能性の方が大きい。

　比喩によって表現される「意味」は、表面的な表現の連鎖によって形成される。文の表現での例を見てみる。

　「彼の両肩には、全社員の生活が重くのしかかっている。」という表現において、「両肩」は比喩である。しかしこれが比喩であることは、この文全体を読まなければわからない。さらに言えば、

「彼は背中に重荷を負っている。それは部下たちの明日の食事である。」
という表現では、それが比喩なのか、そうでないかは、その文の前後を読まなければわからない。もしかしたら彼の部下が3名であり、3名分の明日の食事を荷物として一人で持っているのかも知れないし、比喩的に使われているのであれば、「彼の決断によって、部下たちが生活できなくなる」という意味であるかも知れない。つまり、文脈によって意味が決定されていくということであり、逆に言うならば、「同じ表現であっても、その意味は、文脈によって別様にもとられうる」ということになる。

　途中に意味の喚起力（象徴喚起力）の強い表現が存在した場合、その前後の表現は、強い意味喚起力を持つ表現に引っ張られる。それが文脈効果である。人間は、何らかの像があると、そこに意味を見いだすという機能を持っている。たとえばそれは「相貌的知覚」としても知られているものである。相貌的知覚とは、単純な図形の組み合わせが「顔」に見えるということを指す。自動車のテールランプを見るとき、私たちはそれを「犬や猫の顔」だと知覚することがある。二つの横に並ぶ光点があると、人間はそれを「目」だと感じる。シーン分析においては、まず「意味喚起力の強い」表現に着目し、シーン全体がその意味に引っ張られる形で、あるまとまった意味を構成するという考え方をとる。象徴的表現に着目するのは、その意味においてであり、また、文脈からの逸脱に着目するのも同じである。

　ここにおいて、「文脈から逸脱した表現」が、「文脈に回収されていく」という一連の流れを意識しながら分析を行うということに注意が必要である。

3．シーン分析の具体例（Nissan・Fairlady Z）

　シーン分析においては、特に「比喩の特定」に多少の困難が存在する。ここでは、実際の分析の「具体的作業手順」をできるだけ詳細に記述することにより、補足説明としたい。

　サンプルとして使用しているのは、1990年版 Nissan Fairlady Z の CF であ

る。(Nissan 300zx No.1 from WINDING ROAD Magazine 参考URL〈http://www.youtube.com/watch?v=oTV8ZGhwFB4〉)
このCMを選んだのは「全編に無数の比喩表現が存在している」ことによる(というよりもむしろ「ほとんど比喩表現と象徴表現だけで構成されている」とさえ言える)。

(1) 手順概要

比喩は、比喩表現によって一意に決まるわけではない。また、制作者が意図していないものが比喩として機能することも想定される。問題は、視聴者に「いかに見えるか」である。このとき、「物語の流れ(文脈)が整合する」ように、「比喩表現」の示す「比喩対象」を特定していく。

(2) 手順具体例

1) 言語化

まず、表11-1に示したように各シーンに登場する人物やアイテムなどを、「修飾語句」-「名詞」という単純な形で記述する。原則として、「重要である」と思われるものを抽出する。

このとき「重要である」とは、前述の「比喩表現である可能性」を指す。ただし、物語の文脈との整合性を図るので、比喩表現ではないと思われるものについても、同様に記述しておく。その意味では、この1)の作業は、シーンに存在する表現を網羅的に言語化していく作業であるとも言える。

2) 文脈からの逸脱／象徴的表現の抽出

次に、「文脈からの逸脱」「象徴的表現」を抽出する(表11-1の網掛け部分)。この例では、最後の「衝突音」と「蛇」、さらに「X印」「黒ずくめの男」がそれに該当する。これらは明らかに文脈から逸脱しており、「比喩表現／象徴表現」であると言える。「衝突音」に関して「物語の文脈から逸脱していないのではないか」と考える向きもあるかもしれないが、それは誤解である。自動車のCFにおいて、対象となる自動車が「衝突する」という表現は、明らかに「文脈(広告としての文脈)」から逸脱している。また、「蛇」に関しては、それを

表 11 - 1

段階	#	time	小見出し	比喩表現 表層修飾語句	比喩表現 表層名詞	(音声)
	1	0:00	砂漠	輝く 黒い 茶色の	光 石 砂塵	
	2	0:02	バイク	黒い 黒い 描かれた	格納庫 バイク X印	
	3	0:03	蛇	(蛇に)何かを投げる	男	
				動き始める	蛇	
				下ろされる 黒い	手 ヘルメット	
				黒ずくめの	男	

「象徴」と考える場合には「死と再生」の元型的表現となるが、必ずしも「元型」や「象徴」に拘泥する必要はない。ここでは単に「不気味さ」を表す隠喩としている。このとき「蛇」という映像表現の「文脈からの逸脱の程度」は、かなり「はげしい逸脱」を示している。そのような場合には象徴的表現であると考えることに理由がないわけではないが、この段階では決することができないとする方が、妥当である。

次に、これらの表現が何を象徴しているのかを、表 11 - 2 に示したように記載していく（表 11 - 2 は冒頭 3 秒までの例）。

「X印」→組織・悪

「衝突音」→事故

「黒ずくめの男」→影

「蛇」→死と再生

「映像比喩」において前述したとおり、これらは象徴的表現であり、イメージの喚起力が大きい。また、これらの表現は、「衝突音」「蛇」を除いて繰り返

表 11 - 2

段階	#	time	小見出し	比喩表現 表層修飾語句	比喩表現 表層名詞	(音声)	表現種類
1	1	0:00	砂漠	輝く 黒い 茶色の	光 石 砂塵		
2	2	0:02	バイク	黒い 黒い 描かれた	格納庫 バイク X印		換喩：組織
3	3	0:03	蛇	(蛇に)何かを投げる 動き始める 下ろされる 黒い 黒ずくめの	男 蛇 手 ヘルメット 男		象徴：死と再生 象徴：影

し登場し、深層における意味の構成において中核的要素を担うと考えられる。

3) 対立関係の抽出

続いて、「対立関係」を構成する要素の組を抽出する。

ここで、

　　A a（輝く光 – 黒い石・黒い塔・黒い球体）

　　B bb'（茶色の砂塵 – 白い煙 – 青い空）

　　C c（黒い乗り物 – 輝く 300ZX）（排気音・爆音 – 機械音）

などが抽出される。

これらの対立要素は、前述の象徴的表現に比べてイメージの喚起力が小さい。これらの対立要素によって惹起される心象は、2) の象徴的表現に影響を受け、それによって引っ張られることとなる。表 11 – 3 に例を示した（冒頭 3 秒まで。以下同じ）。

表 11 - 3

段階	#	time	小見出し	比喩表現 表層修飾語句	比喩表現 表層名詞	(音声)	表現種類		対立
1	1	0:00	砂漠	輝く 黒い 茶色の	光 石 砂塵				A a B
2	2	0:02	バイク	黒い 黒い	格納庫 バイク				C F
				描かれた	X印		換喩	組織の・悪い	
3	3	0:03	蛇	(蛇に)何かを投げる	男				D
				動き始める	蛇		象徴	死と再生	D E
				下ろされる 黒い	手 ヘルメット				E
				黒ずくめの	男		象徴	影	

4) 比喩対象の同定

さらに、「対立関係」に基づいて比喩対象を同定する。ここで、参考のために、分析者が想定する（であろう）比喩に関して、少々詳細に記した表を記載しておく（表11 - 4）。

これは、本来からすれば表を構成する要素ではなく、分析する過程において分析者が想起するであろうもののリストである。もちろん、このリストは筆者の主観的な感覚に基づくものである。おそらくこれに類するリストが分析者の内部において出現するはずだが、その中から、2）の象徴的表現と整合するものが選択される。

ここにおいて、「主観的分析」という非難が該当しないということについて補足しておく。前述したように、現代解釈学の文脈においては、分析者は、テキストの外側に立つことができない。分析者もまた、視聴者同様に、解釈という営みの中に存在し、ある文化的価値観などの「先入見」を持ちつつ分析を行う者である。

表 11-4

段階	#	time	小見出し	比喩表現 表層修飾語句	表層名詞	(音声)	表現種類					対立
1	1	0:00	砂漠	輝く 黒い 茶色の	光 石 砂塵			未来 不安 息苦しい	希望 不吉 乾燥した	輝かしい 墓 不快	儀式	A a B
2	2	0:02	バイク	黒い 黒い 描かれた	格納庫 バイク X印		換喩	狭い 強い 否定	機械的 威圧的 組織	工場 不吉 悪い	悪い 不吉	C F
3	3	0:03	蛇	(蛇に)何かを投げる 動き始める 下ろされる 黒い 黒ずくめの	男 蛇 手 ヘルメット 男		隠喩 象徴	命令 不吉 躊躇 恐い 影	指示 不気味 緩慢な 悪い 悪い	恐い 不吉	死と再生 強い	D D E E E

　1)〜4)までの処理で、「深層における物語」を同定するための基本路線が示される。次に、これらの解釈を基軸として、それと整合するようにその他の表現の比喩対象を同定していく。

　繰り返しになるが、「シーン分析」は、制作者の意図を明らかにするためのものではない。ある映像作品の1シーンが、多くの視聴者にとって、どのような物語として「見られる・読まれる」かを推測する営みであるということに注意する必要がある。

　5) 整合的意味の同定／深層の文脈への回収

　1)〜4)で抽出された「比喩対象」を基軸として、他の比喩対象候補のうちから、妥当だと思われるものを抽出していく（表11-5の太字部分）。ここで、抽出されたものはとりあえず固定的だとして、それと整合のとれる（整合的な物語を構成しうる）要素を抽出していく。

204 第Ⅱ部 構造分析手順

表11-5

段階	#	time	小見出し	比喩表現 表層修飾語句	比喩表現 表層名詞	(音声)	表現種類					対立
現実の提示(1)	1	0:00	砂漠	輝く 黒い 茶色の	光 石 砂塵			未来 不安 息苦しい	希望 不吉 乾燥した	輝かしい 墓 不快	儀式	A a B
影	2	0:02	バイク	黒い 黒い 描かれた	格納庫 バイク X印		換喩	狭い 強い 否定	機械的 威圧的 組織	工場 不吉 悪い	悪い 不吉	C F
影	3	0:03	蛇	(蛇に)何かを投げる 動き始める 下ろされる 黒い 黒ずくめの	男 蛇 手 ヘルメット 男		隠喩 象徴	命令 不吉 躊躇 恐い 影	指示 不気味 緩慢な 悪い 悪い	恐い 不吉	死と再生 強い	D D E E E

6）完成形

1)～5)までの作業を繰り返すことによって、隠喩の連鎖を整合性のあるものとして把握する（表11-6）。

7）深層の物語を「書き下す」

（現実の提示1）視聴者が置かれている現実には、希望と不安が存在しているが、全体として「息苦しい」ものである。

（影）視聴者の内面には、「影」として、「悪く」「威圧的」で「組織に属している」という様相が存在している。また、「影」を克服するために「死と再生」が必要だと感じているが、躊躇している。

（現実の提示2）さらに、視聴者は、空虚で宗教的な現実に重圧を感じ、この世界は息苦しいと感じている。

（自己移入）視聴者は、不安を克服し、「正しい」世界へと移行したい。そのために300ZXに乗って「影」から逃げなくてはならない。

（影からの逃走1）しかし「影」はそれを許さない。「影（自分の内面）」は

表 11 – 6

段階	#	time	小見出し	比喩表現 表層修飾語句	比喩表現 表層名詞	(音声)	表現種類		対立
現実の提示(1)	1	0:00	砂漠	輝く 黒い 茶色の	光 石 砂塵			希望 不安 息苦しい	A a B
影	2	0:02	バイク	黒い 黒い 描かれた	格納庫 バイク X印		換喩	悪い 威圧的 組織	C F
影	3	0:03	蛇	(蛇に) 何かを投げる 動き始める 下ろされる 黒い 黒ずくめの	男 蛇 手 ヘルメット 男		象徴 象徴	命令 死と再生 躊躇 悪い 影	D D E E E

粗暴だが、本来は「冷静」に「正しく」ありたいと感じている。

（影からの逃走 2）「影（自分の内面）」は、息苦しい世界にいるため「暴力的」になっている。さらに不安による重圧感もある。それらを除去し、「聖なる」段階へと進みたいと考えている。

（影からの逃走 3）「影」は、軍隊のように威圧的で、地をはいずるように現実的である。視聴者はそれを克服し、「正しい」世界で生きたいと考えている。しかし、限界が訪れ、そのような努力は空しいということが分かる。

（帰結）「不安と重圧感を克服」し、「影」から逃走するためには、信念に基づいて、聖なる場所へと移動しなくてはならない。それは、「死と再生」を目論むことに等しい。

（広告）300ZX に乗れば、上記の物語を実行できる。

第12章 元型分析

1. 概　要

　元型とは、精神分析学（分析心理学）の分野において多く用いられてきた概念である。ここでいう元型分析とは、その応用事例としての、表現制作物の深層構造の抽出への援用のことを指す。ユングの元型理論に関しては前述したので、それを参照されたい。基本的には1枚の「絵柄」に含まれている「象徴的表現」を特定し、それらの象徴の集成によって、提示されている深層構造を特定しようとする試みであるといえる。そして、そのような試みの多くは、前項「シーン分析」によって説明したものに含まれる。「シーン分析」においては、「比喩表現」を分析の要素としても用いることにより「深層における物語」の同定を試みたが、「比喩表現」に類似しているものの、区別されるべき「表現」として「象徴」がある。元型分析は、比喩表現ではなく、象徴を分析の要素とするものである。その意味で、本項で説明する元型分析も、シーン分析の一つの特殊な形態であると言える。しかしながら、「象徴」に関してはユングに代表される「分析心理学」の分野における知見に多く依拠しなくてはならず、「シーン分析」と同時に説明すると煩雑になると考え、本項として別立てした。

　CMもしくは絵画的映像を分析対象とする場合には、そこに「ストーリー」と呼べるようなものを見いだすことが難しく、行為項分析を行うための十分な要素が揃わないことがある。そのような場合に、元型分析は有効な分析手法となり得る。また、すでに行為項分析を行った後に、抽出した行為項のそれぞれに関して元型分析を施すことによって、分析を多面的なものとすることも可能である。もちろん、それらは実際には不可分であり、一つの物語に上記の二つ

の構造が含まれていることもありうる。もちろん、シーン分析のみで分析終了とすべき場合も多数存在する。必ずしもすべての映像作品が「元型的構造」を有しているわけではない。むしろ、「元型的構造」を有している作品は少数派である。しかしながら、「元型的構造」を有している映像作品は多くの場合、視聴者に対して強烈な訴求力を有するものとなる。蛇足ながら、映像制作者の側からすれば、元型的構造を作品に内在させることは、非常に有効な手段であると言えるだろう。15秒から1分間という非常に短い時間で視聴者に対して十分な訴求力を構成しようと考える映像制作者にとって、「元型」の使用は効率的な手法であると言える。

　しかしながら、日本で放映されているCMにおいて元型的構造が用いられている例は、きわめて少ないといえる。この原因は定かではないが、その原因の一つとして「西欧社会において抽出された類型である元型」は、日本人視聴者に対してそれほどの訴求力を有しないということを考えることもできるだろう。日本の昔話や神話の分析を通して、「日本の文化的土壌に根ざした元型」を抽出しようという試みが行われていた時期も存在していたが、現在ではそのような研究を行っている研究者の数は、限りなくゼロに近いといえる。

　元型分析と行為項分析との間の最も大きな違いは、行為項分析においては、対象が「視聴者の心的構造と相同となる」ことを仮定しているのに対して、元型分析においては「いくつかの登場人物相互の関係」が「視聴者の心的構造と相同となる」ことを仮定しているという点である。これらは両者とも分析開始時の仮定に過ぎず、分析が進行するにしたがって、どちらがより妥当であるかが判明する。したがって、その時点で、以下の基準によって分析手法を選択する必要がある。ただし、原則として、「ストーリーがある程度明確に存在するもの」に関しては、原則として行為項分析を施したのちに元型分析に移行するのが好ましい。

〈元型分析を援用すべきである場合〉
　①物語構造を特定する上で十分といえるシーケンスが存在しない場合
　この場合は、「元型分析を援用すべき」というよりも、行為項分析の実行に

支障が生じているわけであるから、元型分析のみを実施するということになる。
　②行為項分析の結果、十分な「対象の構造」を同定できない場合
　行為項分析の結果が芳しくない場合には、元型分析を試みる必要がある。元型分析を施したのちに、さらに行為項分析による対象の抽出を試みることによって、新たな（それまでは気づくことのできなかった）対象の構造を抽出できる場合が存在する。

〈行為項分析のみで分析終了とする場合〉
　③登場人物のうち「元型」に該当するものが一つ以下である場合
　単一の元型が抽出されても、それだけで「相同なる心的構造」を推定することはできない。十分な量の元型の象徴が存在し、それら相互の関係を検討できる場合にのみ、元型分析は意味を持つといえる。

　分析手法は私たちにとってあくまでも「道具」に過ぎないのであるから、その時々に応じて最も適切な道具を使うことが好ましいということに関しては議論の余地はない。「なにもかもを元型分析で」もしくは「すべての映像作品を行為項分析で」分析するという立場は、その意味で好ましくないといえる。元型とは、ユングの類型的研究の成果物であり、その意味で、元型分析とは「類型にあてはめる」タイプの分析になりがちであることに注意が必要である。しかしながら、ユングの研究成果である元型がきわめて重要な意義を持っているということも認識しておく必要がある。私たちは、効率的に研究を進める上で有効な道具が存在しているのであれば、それを使うのに躊躇する必要はない。もちろん、論理的な整合性を確保しつつ分析を行うということは当然である。元型分析と行為項分析の双方ともを行った場合、それらの結果が「著しく差異のあるもの」であっても、躊躇する必要はない。それが分析の結果であるなら、それをもとにさらに考察を進めるほかはないといえる。
　ここでは、ユングによる類型化を参考にしつつも、それに拘泥することなく、分析の結果を「深層構造の同定」の作業に援用しうる可能性について検討する。

2．元型の抽出

　元型分析における第一段階は、登場人物や登場する事物がどのような「元型」を象徴しているかを同定することである。その意味で、行為項分析とは手順が逆になる。元型分析において、登場人物の「行為」は、元型を同定するための要素となる。

　まず「元型」として例示されているものの「象徴的表現」を探すことから始まる（元型の「意味」に関しては、前述の「ユングの元型分析」の項を参照のこと）。その場合、過度に「象徴的表現」にこだわる必要はない。象徴的表現が用いられていない映像作品もたくさん存在するし、前述のように「蛇」が使われていれば「一意的に・いつでも」それが「死と再生」という元型の象徴的表現であると考えるのは誤りである。その際に要点となるのは、比喩表現の抽出に同じく「文脈からの逸脱」である。「明らかに、（表面的な・表層の）文脈から逸脱した状況」において（つまり突拍子もなく）登場するキャラクターや事物や動物などが「象徴」である可能性は高い。「可能性は高い」という言い方をしたが、それは誤解を招く表現である。本来は「象徴として読まれる・見られる（視聴者の内面に、元型の表象が惹起される）」と言うべきである。制作者の意図は問題ではなく、視聴者にとって「どのように見えるか」が重要であると考えるべきである。制作者が意図したにもかかわらず、稚拙な表現であるために「象徴的表現」となり得ていない場合もあるし、「まったく制作者が意図していない」にもかかわらず、「象徴」として機能してしまう表現もある。

　表層の文脈から逸脱した表現がすべて「象徴」であるわけではない。その多くは「比喩表現」であり、それらの中で「突出して強烈なイメージ喚起力」を持つものが「象徴」として機能しているものであると言える。逆に言うならば、分析心理学の分野における「象徴」の類型化は、その突出したイメージ喚起力をもとに行われてきたと言える。ある文化圏や社会において「比較的共通して用いられる隠喩的表現の集合」が「象徴」であると考えることもできる。

　分析を行う立場としては、若干「心もとない言い方」と言えるかもしれない

が、元型を伴う「象徴」の抽出の端緒においては、その多くを「直観」に頼らざるを得ないと言わざるを得ない。ただし「直観」を「直観のまま」で終わらせてはならないということに留意しなくてはならない。端緒は直観であったとしても、その直観の妥当性を極力高いものにするために、さまざまな吟味、検討を加える必要がある。

理論編における「ユングの元型分析」の項においては、「元型」の説明を中心としたが、以下においては抽出作業における手法的説明を中心として、「元型」および「諸元型」ごとに再度説明していく。

1）自己（self）

心の「統合体」としての元型である。王・預言者・球体・円型・陰陽図・曼荼羅などを象徴表現として持つ。つまり、「バランスのとれた状態」「完成体」を象徴とする。完成体としての「王」とは、「勇者と賢者と祭祀者（呪術者・魔法使い）」の「統合した状態」を示す。「王」は、「英雄」として表現されている場合「アニムス」にもなり、また、「自我」にもなることに注意が必要である。ここで示した象徴的表現としての「王」は、「統合体」「完成体」としての王である。西洋の魔法物語では登場することの多い象徴であるが、日本における神話・民話ではこの類の「自己」の象徴は、ほとんど見られない。したがって、日本人にとっては「王」は、自己の象徴にはなり得ないとも考えられるが、それは「個々の分析者が判断すべきことがら」であると考える。日本での作品においても「統合体」「完成体」の側面が強調されていれば、「王」が自己元型を象徴することは十分に考えられる。逆に言えば、「王」であることだけでもって「自己元型」の象徴とすることはできない。

預言者に関しても同様である。蛇足ながら注意喚起のために補足しておくと「預言者」は「予言者」ではない。「預言者」とは「神の言葉を預かるもの」であり、「予言を行う者」とはまったく異なる概念である（実際の物語においては、「預言者」が「予言」を行う場合があるので、それにも注意する必要がある……これが多くの混乱の原因であるとも考えられる。なぜなら、「神から預かった言葉」が「未来を予言するもの」であることがあるからである）。「神の言葉を預かる者」が「統合体」「完成体」として表現されている場合、それは「自己元型」の象

徴として解釈される可能性が高い。ただし、「神」の表現そのものは「自己元型」の象徴とはなりえないと考えられる。「預言者」における統合とは、「神の摂理・知恵」と「人としての存在」という二者の統合であると考えられる。

円型・球体・陰陽図・曼荼羅などは、どれもが「完成体」の意味を含んでいる。これも当然ではあるが「球体」の表現があれば、一意的に「自己元型」の象徴と考えることはできない。その球体の表現が「表層の文脈から逸脱していること」、さらに、その球体の表現が「完成・統合」を意味する「補足的な他の表現が存在すること」があって初めて「自己元型」の象徴としてのイメージ喚起力を有する。

2) 自我／エゴ (ego)

「自我元型」の象徴的表現は多岐にわたる。額・目・強調された頭部・個性的な姿・個性的な服装・個性的な動作などが該当するが、すべてを列挙することは難しい。「自我元型」とは、「認識しうる・認識されうる、ユニークな存在」としての表現を「象徴的表現」とする。逆に言うならば、「自我元型」を象徴する表現を作品中に見いだすことはとても難しい。それは、たとえ直観的なレベルで「これは自我元型の象徴的表現である」と感じたとしても、それを吟味検討して他者を説得できる形式にまで論を精緻化することの難しさであるともいえる。個人的には、「自我元型」の象徴表現を指摘することは、できるだけ避けたいと考えている。なぜなら、それは説得的なものになりにくいからである。分析とは、説得的でなければならない。統計処理を使用するのも、構造主義的手法を使用するのも、説得的であろうとするためのものであり、もしも説得的であることを放棄するのであれば、それは、言いっぱなしのエッセイか、もしくは「学会サークル内での茶話的論文」にしかなり得ないと考える。

「自我元型」の象徴表現が成立しにくいのは、「自我」の性質による。自我は類型化されることを嫌う。「これが視聴者の自我の元型を象徴している表現である」という文言は、その本来的性質からして受け入れられない可能性がきわめて高い。「この表現は、あなた（視聴者）の自我を象徴しているものです」といわれて、すぐに納得できないのは「自分の自我」と比較するからである。もちろん、元型分析における「自我元型」とは、「ある個人の自我」を示すも

のではなく、「広く一般に、自我と呼ばれている何がしかの機能」を示すものであるので、分析を読んだ読者が「自分の自我」と比較すること自体に誤謬が存在しているのだが、この種の誤謬を払拭している読者は巷間にはきわめて少ない。彼らに「分析者・研究者」と同じレベルの認識を求めることはまったく無謀なことではないとは考えるものの、おそらく非現実的であると思われる。それは、職業的研究者の中にさえ、この種の誤謬を保持したままの人間がいることを考慮にいれるのであれば、強ち悲観的とも言えない対処だと思われる。

3）影（shadow）

「自我元型」に関しては、かなり否定的な見解を述べたが、この「影元型」に関しては、そのような否定要因はあまり存在しない。「自我」の裏面である「影」は、「自分のことではない（これ自体誤解であるが）と感じられているので、感情的・情緒的な反応が惹起される可能性が低いことが原因であると推察される。この誤解を解くことは必要ではあるが、「物語分析」の文脈からすれば、その必要性はあまりないと感じられる。しかしながら「分析者」におけるこの種の誤解は致命的であるので、確実に払拭しておくべきである。「影元型」は「自我元型」の裏面であり、「視聴者の内部に存在している、自我の無意識に沈潜している側面」を示している。「影」は排除すべき対象では決してない。「影」は、そもそも「排除を企図されたこと」によって「影」となったということに注意すべきである。

影元型の象徴表現は、比較的に言って、類型が効を奏する場合が多い。それは「黒服の男」「黒い影」「敵対者」「反抗者」「反逆者」「隠れている者」「正体を伏せている者」「名乗らない者」「偽名の者」「覆面の者」「顔を隠す者」「目を隠す者」である。たとえば「黒騎士」「ダースベイダー」である。そして「影元型」の象徴表現が「自我元型」の象徴表現と同一人物として表現されている場合もある。もちろん、ハリーポッターのように、「影（＝ヴォルデモート）」と明確に区別されている場合の方が圧倒的に多く、それは「影との対決」という一つの物語ジャンルを形成しているほどである。

4）仮面／ペルソナ（persona）

「ペルソナ元型」は、「自我元型」と混同されやすい特徴を持っているので注意が必要である。ペルソナは「仮面」であり、自我は「顔」である。象徴的表現としては、仮面の他に、「顔を覆うもの」「覆面」「兜」などある。前述のダースベイダーもバットマンもゾロも象徴としての「仮面」「覆面」を被っているが、それが前述の「影元型」の象徴表現であるのか、もしくは「ペルソナ元型」の象徴表現であるのか、またはいずれでもないのか、は「表現形式」のみからでは同定されない。バットマンもゾロも「正体を隠す」ために覆面をつけているわけであるから、「文脈からの逸脱」は存在しない。それらの登場人物が「どういう理由で」正体を隠さなくてはならないのかを吟味してはじめてそれが「影」であるのか「ペルソナ」であるのかが分かるということになる。

5）魂（soul）

魂の象徴的表現は、「アニマもしくはアニムス」となることがほとんどである。例外として、「仮面をとるという行為」や「鎧を脱いだ姿」、「眼鏡の奥に見える目」などが用いられることがある。

6）アニマ（anima）

いわゆる「女らしい女性」。前述のとおり、アニマとは、「男性が抑圧し、無意識へと追いやった女性像」である。つまり、男性が思い描く女性像となる。したがって、女性の実態とは著しく異なる表現である場合が多く、現実には存在し得ないような女性像となる。

7）アニムス（animus）

「男らしい男性」。アニマの対概念である。「女性が思い描く男性像」。

8）太母（great mother）

感情の権化。ただし「守り、慈しむ」感情を表す（太母の良い面）。母。女神。豊穣の神。大地。地母神。属性として、大喰らい、豊満で曲線的な体つきなどを伴う場合もある。「守る」ために破壊を厭わない場合、破壊神、嵐、河川の氾濫などとなることもある（太母の悪い面）。

9）老賢者（the old wise man）

知恵の権化。賢人、老人。白髭、白髪、修道服、僧服、杖などを伴って表現される場合も多い。太母の対概念として提示される場合も多く、直線的で無機的、乾燥していて、色が伴わない（白色）像として表現される。

10）始原児（the miracle child）

奇跡的な活躍をする英雄児。超越した能力を持つ子ども。成長を隠喩する元型であり、急に大きくなったり、突如として能力を発揮したりする童子像として表現される。アニメや特撮などでは、巨大化、変身、などによって表現される場合が多いが、変身すれば必ず「始原児元型」の象徴表現というわけではないことに注意が必要である。典型例は一寸法師、三年寝太郎、ウルトラマンのハヤタ隊員（変身後は超自我）。

11）永遠の少年／プエル・エテルヌス（puer aeternus）

純朴な子ども。高い能力を持っている場合もあるが、「成長」を感じさせない。もちろん「成長の拒否」を示す元型である。この元型は、単体で象徴表現を構成することはそう多くない。前述のように、「未熟な王」「未熟なトリックスター」であったりする場合が多い。また、象徴的表現は童子である場合が多く、始原児と同様であるが、その意味するところはまったく逆であるので十分に注意が必要である。半ズボン、麦わら帽子、軽装、などの表現を伴う場合が多い。典型例は、ピーターパン、星の王子様、コミック「ONE　PIECE」のルフィ。

12）トリックスター（trickster）

いたずらな子ども。道化、詐欺師、裏切り者など。象徴的表現として童子である場合もあり、始原児、永遠の少年と区別がつきにくい。また、一人の童子が、トリックスター元型であると同時に、永遠の少年元型、始原児元型の象徴表現となっている場合もある。前述「ONE PIECE」のルフィは、トリックスター元型の象徴表現としても描かれている。典型例は、同じく「ONE PIECE」のウソップ、「ハリー・ポッター」のハグリット（初期にはメンターでもある）、「スター・ウォーズ」のR2D2、「ウルトラセブン」のカプセル怪獣ウィンダム。

3．元型同士の関係の同定

　元型は、対概念として存在しているが、その対応関係は多少複雑である。
まず、以下の対概念の存在を認識しておく必要がある。

　　自我⇔影

　　ペルソナ⇔魂

　以下の対概念においては、その一方が「ペルソナ」を形成する場合、他方が「魂」を形成する。さらに、「魂」が抑圧されている場合、それは「影」となる。

　　アニマ⇔アニムス

　　太母⇔老賢者

　　始源児⇔永遠の少年

　一般に、問題の原因となるのは「影」であることを考えるならば、元型のうちのいずれかが「影」として表現されているということを抽出するのが、元型分析の初期の作業であると考えられる。
上記の対概念は、以下のような「基軸」を持つ。

　　アニマ⇔アニムス：性

　　太母⇔老賢者：感情と理性

　　始源児⇔永遠の少年：成長

　換言するならば、元型分析において抽出されうるのは「性・感情と理性・成長」という三つの概念のみである。しかしながら、これらの三つの概念は、人間にとってきわめて重要なものであり、その意味では、大きな訴求力を構成することが可能な要素であるとも言える。

第13章 深層構造の抽出

1. 概　要

　これまで説明してきた構造分析手順は、物語の表層における構造に基づいて、いくつかの「深層における対立軸」を抽出するという作業であると考えることができる。つまりこの段階において、それらの対立軸は、すでに「深層構造」に分類されるものとなっている必要がある。行為項分析においては、主体／機能／対象が抽出されるが、それらは表層における要素である。それらを対立関係ごとにまとめ、さらにそれらの暗喩するものを同定した段階で、「深層構造において対立軸を構成する要素」が抽出されたことになる。シーン分析においては、シーンに配置されている諸要素が抽出され、それらが対立関係ごとにまとめられ、さらにそれらの象徴や暗喩、意味が同定された段階で、対立軸要素の抽出となる。さらに元型分析においては、抽出された諸元型がすでに対立関係を有しているため、それをもって対立軸要素であると考える。また、シーケンス分析においては、「シェーマ」として抽出されたものが対立軸要素となる。

　つまり、ここまでの分析を行ってきた場合、（対象とした表現制作物の種類にもよるが）シーケンス分析、行為項分析、シーン分析、元型分析、の四つの分析手法の結果から、それぞれ「対立軸を構成する要素」が抽出されていることになる。ただし、それぞれの分析手法で得られた結果同士の間で、新しい対立軸が構成されるということも想定しうる。

　さらにここで、一つの作品の深層における意味（＝深層構造）を抽出する段階に進むことになる。

2．対立軸の抽出

　ここでは、これまで説明してきた分析手法における説明と一部重複するが、対立軸の抽出手法に関して再度説明する。それは、この対立軸の抽出は、構造分析において重要な位置を占めていることによる。

　対立軸の抽出において重要となるのは対立関係と相同関係である。この二つは、構造分析における中心的な概念であるとも言える。構造分析とは、対立関係の抽出を基礎に置く分析手法であると説明されるが、実際には、対立関係だけではなく相同関係が重要な意味を持っている。たとえば、前述のシーケンス分析においては、シェーマを抽出する際に相同関係が用いられる。前述のとおりこれは神話分析においてデュメジルやレヴィ＝ストロースが用いたものとしても知られる。端的に言えば、シーケンス分析とは、「相同性」に着目して話素をシェーマに分類していく作業にほかならない。しかし一方で、行為項分析やシーン分析においては、対立関係に多く着目し、表層において対立する機能や対象やシーン要素の関係を抽出していくという手順がとられる。

　深層構造の抽出においては、それらの手順によって抽出された対立関係を構成する要素を、相同関係によってまとめるという作業が行われる。このとき、どの分析手順によって得られた要素であるかは問題とはならない。すべての要素を対象とし、それらのうちで対立関係と相同関係を構成すると考えられるものを抽出していく作業が必要となる。

　たとえば、
　　A － a
　　B － b
　　C － c
　　D － d
　　E － e
などという「対立関係」の組が得られたとする。これらの要素（A、a、B、bなど）については、行為項分析や、シーン分析、シーケンス分析によって得ら

れたものが同列に扱われる。たとえば、Aは、行為項分析の結果として得られた「対象」で、aは、シーン分析の結果として得られたシーン要素であったとしてもよい。より具体的に言えば、行為項分析の結果として対象「自動車」が得られ、シーン分析の結果のシーン要素「徒歩」が得られた場合、それらを「自動車—徒歩」という対立関係として定置することを指す。

このとき、何をもって「相同である」と考えるのかという問題が発生する。たとえば、「黒い球体」と「黒い塔」は、「球体—塔」という対立関係を有していると考えられるが、同時に「黒い物体」という意味において相同関係を有していると考えることもできる。もちろん、そのいずれが妥当であるかは、文脈に依存する。また、文脈によっては、対立関係と相同関係の双方を有している要素も存在する。

つまり、前述したような対立関係（表層における対立関係）が抽出された後、

　　（A、D、E）－（a、d、e）
　　（B、C）－（b、c）

などというように、相同である要素をまとめる作業が必要となる。それに続いて、それらのまとめられた要素に共通する「深層における意味」「暗喩」「象徴」などを同定する作業が必要となる。たとえば、レクサスのCMフィルムにおいては、

　　仕事（オン）　—　余暇（オフ）
　　男　—　女
　　黒いレコード—　明るいスイーツ
　　黒い椅子　—　白い椅子
　　暗い都会　—　明るい田園
　　暗いオフィス　—　明るいリゾートホテル
　　レクサス　—　赤い椅子

という対立関係が抽出され、続いてそれらの要素が

　　α（仕事、都会、オフィス）—　β（余暇、田園、ホテル）
　　γ（男、レコード、黒い椅子、レクサス）—　δ（女、スイーツ、白い椅子、赤い椅子）

のようにまとめられる。(参考 URL：〈http://www.youtube.com/watch?v=4YH1HvlHUpU〉LEXUS IS350（GSE21）-1) 分析シートの冒頭部分を表13-1に示す。

表13-1

段階	#	time	小見出し	比喩表現		対立関係1	対立関係2
				表層修飾語句	表層名詞		
現実の提示	1	0:00	レコード	回転する 古い 重厚な 高級な	レコード 黒ディスク ターンテーブル ステレオ装置	M H	M 黒いレコード ＝仕事
	2	0:02	オフィスの部屋	黒い 高級な 高級な 高級な 高級な 高価な	椅子 椅子 デスク ライト ステレオ装置 管球アンプ	A A C 「古いが性能は良い」	N オフィスの椅子 ＝自己
	3	0:03	仕事中	黒い 男の 電話をする すれ違う	影 影 男 影	B B	O 仕事 ＝影
対象の提示	4	0:06	レクサス	銀色の 止まっている	レクサス レクサス	P P	P レクサス停止 ＝自己の停止
	5	0:09	仕事中	走る サインをする	ペン 手	L G	O' 仕事遂行
	6	0:10	仕事中	閉じられる 黒い	書類 手	D	O" 仕事完了
	7	0:11	契約成立	握手をする 黒い 秘書の 忙しそうな 視線をそらす 分かれる	男性 影 女性 オフィス 男女 男女	B E F F	O''' 仕事完了

さらに、まとめられたそれぞれの範疇の「意味」を同定するならば、

　　α（重要な仕事） ─ 　β（豪奢な余暇）

　　　γ（重要な仕事をする男性） ─ 　δ（価値のある上品な女性）

などとなる。ここにおいて同定された対立する意味の対が「対立軸」とされる。

　対立軸は多数抽出されるが、それらがさらに統合されることもある。そして、それらの対立軸によって、グレマスの方法に基づく意味空間が構成される。それが以下に示す「記号論四辺形」「記号論六面体」の構築である。

3．記号論四辺形もしくは記号論六面体の構築

　物語の深層構造とは、その物語の表現を契機として鑑賞者の側で惹起される「意味」である。前項のシーン分析の「意味（もしくは主題）の推定」において述べたように、深層構造の推定においては、文脈が重要な意味を持っている。もちろん、文脈とは、表現の連鎖のことである。ある連鎖の中に配置されたそれぞれの要素は、お互いに影響し合い、惹起される意味の範囲を制限し合いながらも、ある枠組み（シェーマ）を惹起すべく収束していく。本書では、グレマスの方法に基づき、その枠組みを四辺形もしくは六面体に配置し、その物語の「深層における構造」として示すという方法をとっている。

　これまでの説明で明らかにしてきたように、構造分析の中心は、深層構造における対立軸の抽出にある。しかし、いくつかの対立軸が抽出されても、それだけで「深層における意味（深層構造）」であるとは言えない。それらがどのように関係し、どのような効果を持っているのかということに関して、さらに検討する必要がある。

　ここで言う「深層における意味空間」とは、鑑賞者がその表現制作物を解釈した結果としての「構造」のことである。もちろん、鑑賞者の解釈はそれぞれであり、そこにかなりの偏差が存在していることにも十分な注意が必要である。しかしながら、ある表現制作物を分析して得られた対立軸は、その表層における要素に依拠しているものであり、分析者の技量によって多少の差異はあるも

のの、おおむね同じものが抽出されると考えられる。また、二人の分析者によって抽出された対立軸が異なるものである場合、その妥当性に関して議論をすることができる。手法は明示されているわけであるから、そのような議論を通して、より妥当なものにしていくことが可能である。

　深層における意味空間とは、鑑賞者が自己移入する意味空間のことである。もちろん、鑑賞者の性質によっては、その意味空間が訴求しない場合も想定される。また、同じ意味空間に自己移入したとしても、自己移入の後にどのように再演するかが鑑賞者によって異なる場合も想定される。ここで抽出した「深層における意味空間（＝深層構造）」とは、たとえるならば、鑑賞者がその中で模擬的に活動する「箱庭」のようなものである。その「箱庭」に自己移入した鑑賞者は、その中で、それぞれの思惑によって再演を行う。これが、ガダマーの言うところの「意味の再生産」であり、また、「共通の意味への参与」である。再生産された意味は、鑑賞者によって異なる場合があるが、それでも、その作品の意味は変わらない。表現制作物とは、ある価値や意味を提示するものではなく、価値や意味を再生産するための枠組み（＝箱庭）を提示するものであると言える。そして、その意味空間（深層構造）の中で、鑑賞者がどのように再演しているのかについては、訴求構造として別様に分析される。

第14章 訴求構造の同定

1. 概　要

　本書で用いている分析手法においては、まず深層構造の抽出が行われる。また深層構造は、グレマスの記号論四辺形という表現形をもって表される。しかしそれは、その物語の表層構造を、構造分析という手法の枠組みによって分析した結果でしかないということについて、ことさらに注意が必要であると思われる。したがって、別様の分析の可能性は存在しているはずであるし、構造分析による抽出が唯一のものではないし、また普遍的な妥当性を有しているものでも、決してない。

　しかしながら、構造分析という手法的枠組みについては、表現制作物の訴求力を説明する手法として長年にわたる精緻化が繰り返されてきたものであると言うことができ、したがって、十分な議論（もしくは反論）の可能性が担保されている手法であると考えられる。

　手法において重要なのは、それが明示的であるということと、再現性が担保されていることであると考える。なぜなら、手法が明示され、また再現性が確保されていることによって、反論が可能となり、反論や議論を通して手法は否定されたり精緻化されたりしうるからである。

　深層構造とは、ある表現制作物の深層における意味の枠組みの提示である。そしてそれが視聴者に対して訴求するのは、視聴者がその深層構造という枠組みの中で、何らかの再演（物語の再生産）を行い、その再演が視聴者の価値観に揺さぶりをかけることに起因すると考えられる。

　したがって、ある深層構造を有する物語を視聴した二人の人間のうちで、そ

の一方が感銘を受け、他方が感銘を受けないということも当然想定される。前述のとおり、深層構造とは「箱庭」の提示であり、その箱庭の中で、どのような物語を再生産するかは視聴者にゆだねられている。しかし、ある箱庭を提示された視聴者は、勝手に物語を再生産できるわけではなく、その「箱庭」という制限の枠内で、何らかの再生産を行う。訴求構造分析とは、したがって、「どのような枠組みが訴求するのか」ではなく、「どのような（再生産された）物語が訴求するのか」ということを同定する分析的営みであると言える。

前述のように、この物語の再生産は、ある枠組み（箱庭、記号論四辺形）に自己移入した視聴者がある程度自由に構築するものとなる場合もあるし、（枠組みという制限はあるものの）その登場人物のうちの一人に感情移入して（その登場人物の行動をトレースすることによって）構築される場合もある。訴求構造の同定とは、それらを勘案ししつつ、視聴者がとりうる可能な選択肢を提示していくことである。

2. 訴求構造同定の手順の概略

まず、「鑑賞者を中心的な分析の対象とするのか」もしくは「作品を中心的な分析の対象とするのか」によって、基本姿勢が異なるということに注意が必要である。それは、鑑賞者と作品の関係をどう考えるかによる違いであると言える。

鑑賞者は、ある文化的背景をもって作品を視聴し、その文化的背景および個人の価値観と、物語によって提示された深層構造が影響し合う形で、新たな「価値」が構築される。もちろんこの価値とは、鑑賞者がその物語構造の枠組みの中で再演することによって再生産した新しい価値であるが、その再生産にあたって、物語の深層構造が「枠組み」もしくは「ガイド」としての役割を果たす。たとえるならば、ここで言う深層構造は、スポーツのルールであり、そのルールという枠組み（もしくは制限）の中で、鑑賞者は何らかのプレイを行う。このとき、「ルールに、より多く着目する」ことも可能であるし、「プレイに、よ

り多く着目する」ことも可能であるが、その双方（ルールとプレイ、もしくは、深層構造と鑑賞者の再演）はお互いに影響し合い、分離が難しいと感じられる場合もある。なぜなら、現実のスポーツやゲームなどと異なり、ここで言う「ルール」とは、鑑賞者が解釈した限りの深層構造だからである。鑑賞者は、物語によって提示された（と感じる）枠組みの中で再演を行うが、その枠組みもまた、鑑賞者が物語を解釈することによって得られたものである。

　分析者は、この問題に遭遇して戸惑うことになる。それは、自分が「鑑賞者を分析の対象とする」のか、それとも「作品を分析の対象とするのか」を決定しにくいと感じるということに由来する戸惑いであると言える。しかしながらそれは、分析の目的が明確である場合には発生しにくいものであるということに注意が必要である。仮に、ある時代において爆発的な人気を得た作品を分析している場合のことを考える場合、その分析の目的が、前述した目的①～③のいずれであるかを明確に意識している必要がある。以下に再掲する。

① 　人気を得ている作品の「深層」に潜む構造を知ることにより、現代社会に生きる人間たちが、「何を求めているのか」もしくは「何に欠乏を感じているのか」などということを推測し、提示する。

② 　ある作品の構造を分析することにより、その作品によって示されている価値観の方向や、基軸とされている概念を知る。

③ 　人気を得た作品の構造を分析することにより、新たな作品を構築する上での示唆を得る。

　もしも①であるなら、当然、「鑑賞者を分析の中心とする」ということになるし、③であるならば、「作品を分析の中心とする」ということになる。目的の②は、その二つの中間に位置づけられる。

　しかしながら、いずれの場合でも「作品の持つ訴求力」を明らかにすることが分析の中心となる。ここで「訴求力」とは、前述のとおり、ある物語の深層構造と、ある鑑賞者の心的構造との間に、相同な関係が存在することによって発生する。つまり、その両者に間に存在する「相同性」を抽出するにあたり、作品の深層構造の側から接近するのか、それとも、鑑賞者の心的構造の側から接近するのか、という違いが存在していると言える。これまで説明してきた個

別の分析手法の中では、元型分析が「鑑賞者の心的構造」の側からの接近に近い。行為項分析やシーン分析は、「作品の深層構造」の側からの接近であると言えるが、それらは程度の問題であり、どの分析手法であっても、「鑑賞者と作品」が影響し合うことが想定されている。つまり、明確に「作品側から」であるか、それとも「鑑賞者側から」であるかを、深層構造の抽出以降の段階で議論することは不毛であるとも言える。純粋に作品だけを対象として分析することはできないし、その逆に、純粋に鑑賞者の心的構造からスタートして分析することもできないということに注意が必要である。

　しかし、分析の目的に応じて、分析における基本姿勢を変える必要は存在している。それは、最終的な結論として提示されるものが、どのようなものであるべきかという判断に由来する。ある作品が広く受け入れられている状況において、その作品によって提示されている価値の枠組みを抽出し提示することにどのような意義が存在するのかというのは、それぞれの分析者が想定する「研究の意義」に関わるものであり、それによって、いかに精緻かつ精巧な分析を行ったとしても、くだらない研究となることもある。科学的な研究においては、客観的な手法を用いて、有意義な結論を引き出すことが重要とされるが、前者のみに拘泥するあまりに意義の無い研究となっているという事例は、多くの学会論文誌において星の数ほど見ることができる（これはむしろ褒め言葉であり、個人的な感触としては「意義のある研究」の割合は、宝くじにあたるほどのものでしかない）。

　訴求構造の同定とは、作品と鑑賞者の間に発生するどのような要素によって、訴求力が発生しているのかを推測することを指す。本書では、訴求力の発生の原因となる構造として、以下の二種類を想定している。

① 鑑賞者が自己移入する物語構造
② 鑑賞者が自己移入する物語において、鑑賞者が感情移入する登場人物の認知的スクリプト

ガダマーが指摘したように、解釈とは、「再演」を行うことである（Gadamer 1960）。視聴者が物語を解釈するという営みは、その物語に自己移入し、そこにおいて、個別の物語を再演することにほかならない。つまり、上記①におい

ては、その自己移入を促す構造に主眼が置かれるのに対し、上記②においては、それぞれの視聴者において再演された物語（の認知的スクリプト）に主眼が置かれるという違いが存在する。この二つの違いは、表現制作物の性質によるものであると考えられる。つまり、ある種の表現制作物は（①に分類されるように）物語構造が重要な意味を持ち、またある種の表現制作物は（②に分類されるように）登場人物の行動の認知的スクリプトが重要な意味を持っている、ということである。上記①は、鑑賞者が物語に「自己移入する」ことによって、何らかの訴求力が発生すると考える立場である。さらに②では、そこから一歩踏み込み、鑑賞者が、作中の登場人物に「感情移入する」ことによって訴求力が発生すると考える。前述の「スポーツ」の喩えで考えるならば、①では、そのスポーツのルールの中で鑑賞者自身がプレイして、何らかの価値を発生させる（再演による意味の再生産を行う）ことが訴求力を形成していると考える。また②では、そのスポーツで実際にプレイしている例が示されていて、その例に沿って自分が再演することによって何らかの価値を発生させるということになる。

　ただし、純粋に①のみの状態によって訴求力が発生するとは考えにくいとも言える。実際の作品の視聴においては、全編を通してとは言わないまでも、ある場面において作中の登場人物への感情移入が繰り返されて、何らかの意味や価値の再生産が行われる場合が少なくない。

　このうち①は、以下に示す「グレマスの記号論四辺形」の同定を指す。また、②は、その物語の登場人物の行動の認知的スクリプトを指す。端的にいうならば、視聴者に訴求する「構造」としては、二種類が定置される。一つは自己移入を誘導する構造であり、もう一つは感情移入した登場人物の行動の認知的スクリプトである。

　ここで、上記②の場合において、物語構造の位置付けが曖昧となっているが、自己移入を誘導する物語構造は、①②のいずれの場合でも必要であると考えられる。

　影響予測を主眼とする場合は、鑑賞者が自己移入する深層構造の枠組みを抽出し、その中で鑑賞者が感情移入したであろう登場人物の行為シーケンスが示す認知的スクリプトを同定することが主眼となる。つまりこれは上記②に該当

する。鑑賞者が感情移入したと想定される登場人物の行動が示す認知的スクリプトは、行為項分析によって抽出されうる。そのときに重要となるのが、「初期状態─行為─帰結状態」という連鎖となる。あるスクリプトを自分の物語として取り込んだ鑑賞者は、そのスクリプトにおいて示されているものと相同な「初期状態」に遭遇したときに、「行為」を発動する可能性が存在する。もちろん、そのこと自体はまったく問題ではない。なぜなら、すべての人間は、何らかの物語を自分のものとして採用し、その物語によって日々の行為を制御しているからである。しかし、その物語（スクリプト）が通常の私たちの社会でのものと大きく異なる場合に、その遂行が問題行動を引き起こす可能性が存在している。

　以下、上記①および②について説明する。

3．鑑賞者が自己移入する物語構造の同定

（1）鑑賞者の側に存在する「相同な」心的構造の推定

　鑑賞者がある物語に触れた場合、その物語を「自分の物語」だと感じることが、感動や感銘を発生させるための前提となる。どのような人間であっても、自分とまったく関係のない物語を見て、感動したりすることはない。表層構造において、宇宙の話であったり、未来の話であったり、中世の物語であったり、どこか見知らぬ世界のものであったとしても、それは鑑賞者が生きている世界の暗喩として語られている。

　ある映像作品を視聴した視聴者が、その作品によって何らかの快感を得ている場合、その快感の発生するメカニズムとしては、いくつかのものが想定される。

①　鑑賞者が有している「欲求」が、そこに表現され、仮想的に実現されている。
②　鑑賞者が直面している「問題」が、そこに表現されている。
③　鑑賞者が直面している困難の「解決策」が、そこに表現されている。

　上記の三つ以外にも存在しうるが、原則としてこの三つのいずれかもしくは

そのうちの複数が深層構造として存在していると仮定して分析を続行することが好ましい。これら三つは、「視聴者の内部に存在している何らかの心的構造と『相同』の構造」が、対象としている映像作品に含まれているということである。

　この分析において中心的に使用するのは、物語構造分析の結果として得られた「関係構造」である。その関係構造が視聴者の心的構造と相同であると考えることが、分析の第一歩である。関係構造としては、グレマスによる「記号論四辺形」の抽出を基礎とする。ここで「相同」とは、構造分析によって抽出された対立軸が、鑑賞者の直面しているものと類似しているということを示している。たとえば、アンパンマンの分析において主たる対立軸として抽出される「欲望―節制」という軸は、就学前時期の子どもたちが直面しているものであると考えられる。そして、そのような対立軸があるからこそ、多くの子どもたちはそれを自分の物語として視聴する。逆に、アンパンマンにおける「欲望―節制」という対立軸は、多くの大人には訴求しにくいものである。それは食欲を基礎とした欲望をどう扱うかという問題は、多くの大人にとっては十分に解決済みの問題であることによる。もちろん、大人であってもそのような問題を抱えている人間は存在しているわけであるから、アンパンマンが大人に訴求しているという事例も想定しうる。同様に、「のだめカンタービレ」においては「精神的外傷（トラウマ）―癒し」という対立軸が抽出され、「DEATH NOTE」においては「信頼―疑念」という軸が抽出されるが、それらは、現代の若年層が抱えている問題であると言える。だからこそ、それらの物語は訴求するわけである。

(2) 自己移入

　ある物語に自己移入するのは、前述のとおり、その物語の深層構造（対立軸の組み合わせ）が、鑑賞者が直面している構造と相同であることによる。ここで「鑑賞者が直面している」とは、その対立軸を構成する二つの要素のうちのいずれをとるべきかについて明確な判断が得られないでいるという状況を指す。

　　「欲望（に身を任せる）か、節制（して生きる）か」

「外傷（を持ったまま生きる）か、癒し（を求めて努力する）か」
「信頼（によって生きる）か、疑念（を抱きつつ生きる）か」
というような対立軸を持つ物語の世界に自己移入するということは、鑑賞者が持っている迷いをその物語世界の中で再演することにほかならない。自己移入とは鑑賞者の能動的な営みであり、そこに自己移入することによって何らかの快が得られるからこそ、それを行う。それは、自分が現実世界において直面している問題を、箱庭的な物語世界において再演し、何らかの結論を得ようとする営みであると言える。

　自己移入が行われるのは、深層構造に対してである。深層構造は、深層における対立軸の組み合わせであるから、グレマスの「記号論四辺形」もしくは本書で説明した「記号論六面体」によって示される。つまり、鑑賞者は、記号論四辺形という意味空間に自己を移入するということになる。

4．鑑賞者が感情移入する登場人物の認知的スクリプトの同定

（1）視聴者の感情移入の対象となる登場人物の同定

　前述のとおり、視聴者は作品に自己移入して、その物語世界を堪能する。しかし、単に自己移入するだけではなく、作中の登場人物に感情移入をすることにより、そこに表現されている「深層構造」と自らの「心的構造」を重ね合わせ（あるいは橋渡しをし）、何がしかの感情的昂揚感を得る場合が多い。これは「感情移入」と呼ばれる。

　ある登場人物に感情移入すると、その登場人物の行為や、それによって得られる帰結が、鑑賞者自らの心的構造と重ね合わされる。

　物語の深層における機能は、「初期状態―行為―帰結状態」という三つの要素にまとめられる。感情移入は、一般に、このうち「初期状態」に鑑賞者が自らを重ね合わせることによって達成される。これは、その初期状態が鑑賞者が置かれている状況と相同であることを示しているわけではない。鑑賞者は、作中のどの登場人物に対しても感情移入することができる。たとえ鑑賞者自身が

不遇であったとしても、作中の恵まれた登場人物に自己を重ね合わせることができる。どの同情人物に感情移入するかは、その物語のプロットやさまざまな演出などによって異なる。また、一つの物語を鑑賞する過程において、感情移入の対象となる登場人物が入れ替わることもある。むしろ、多くの物語においては、感情移入の対象は、その場面場面において異なっている。そして、たとえ「敵」もしくは「悪人」として表現されている登場人物であっても、その人物に対して感情移入しうるし、また、そのような感情移入があってこそ「物語の意味」が受容者の側に発生すると言える。

(2) 主として一人の登場人物に感情移入を行っていると想定される場合

前述のように、感情移入は多くの登場人物に対して行われる。しかし、一般的に、物語構造が比較的単純である子ども向けのアニメなどにおいては、主人公が感情移入の対象として認識されている場合が多い。そこでは、鑑賞者は、ストーリーの最初から最後までを通して「主人公」という一人の登場人物に感情移入し、その視点から物語を見ることになる場合が少なくない。

しかしながら、実際の分析においては、どの登場人物が主人公であるかは判然としない場合も少なくない。「ドラえもん」の主人公は、のび太であると考えられるが、実際にはのび太に感情移入して見ている視聴者はそれほど多くないとも推測される。また、ドラえもんに感情移入して見ている視聴者は多数存在すると考えられる。ドラえもんは、のび太に、問題解決のための道具を提供する役であり、その機能は、「親」のものと相同であると考えられ、その意味において、同時視聴者である親は、のび太にではなく、ドラえもんに感情移入しつつ視聴している可能性が少なくない。また、アンパンマンの主人公は、表面的にはアンパンマンであるが、多くの女児はドキンちゃんに感情移入していると推定される。男児においては、ストーリーの前半では、むしろバイキンマンに感情移入している可能性もある。感情移入の対象は一定ではなく、ストーリーの後半になると、多くの子どもたちはアンパンマンに感情移入して問題解決の状態を味わうことになる。

一方で、仮面ライダーのシリーズや、スーパー戦隊ものにおいては、感情移

入の対象は、一貫して「正義の味方の側」である場合が多い。ただしその場合でも、「正義側」のヒーローが並列的に何人も登場する場合などは、視聴者それぞれによって感情移入の対象が異なっていたりすることがある。

(3) 複数の登場人物に感情移入を行っていると想定される場合／主人公（主体）が複数である場合

　主人公が複数存在している場合には、「対象の関係図」も複数存在している。この場合には、まず、「そのそれぞれが自己投影の対象となり得ているか否か」を判断する必要がある。これは、以下のように考えることができる。

1）並列主人公制の場合

　一人の視聴者は、その並列する主人公のうちの一人に対してのみ感情移入を行っていることが推定される場合がある。視聴者 a は主人公 A に感情移入をし、視聴者 b は主人公 B に感情移入を行っているというような事例は、並列主人公制を採用している多くの映像作品において頻繁に発生する事例である。たとえば、「セーラームーン」などは、この例の代表であると考えられる。

　したがって、並列主人公制の場合には、それぞれの主人公ごとの「対象の関係図」が、それぞれの視聴者の「心的構造」となっている。多くの場合、これらの「並列主人公」は、ほぼ「同様」の対象構造を有しており、その「並列主人公間の差異」は、「性格特性」や「属性」などの差異に過ぎない場合が多い。そのような場合には、「対象の関係図」も同一なものとなっているはずである。

　制作者の側からすれば、「性格特性」や「属性」の異なる広い範囲の視聴者の感情移入を惹起するという目的のもと、「並列主人公制」を採用するという事情が存在している。したがって、この場合には、「単一の主人公」である場合と同様の分析手法によって、相同の関係にある「心的構造」を推定すれば十分である場合が多い。

2）機能の異なる複数の主人公が存在している場合

　行為項分析の結果、「登場人物 A が主体（主人公）である場合には B が反対者であり」、また、「登場人物 B が主体（主人公）である場合には、A が反対者である」というような事例が、これに該当する。このような場合には、それ

それの登場人物 A と B が映像作品中に登場されている時間帯がズレている場合が多い。すなわち、以下のように考えることができる。

・前半部分においては、登場人物 A を主体とする物語が展開されている。
・後半部分においては、登場人物 B を主体とする物語が展開されている。

そして、前半部分と後半部分の中間に、「感情移入の転換」を誘導するための「橋渡しの部分」が存在している場合が多い。この代表的な事例は、「ウルトラマン」である。前半部分においては、「怪獣を主人公とする物語」が展開され、後半部分では「ウルトラマンを主人公とする物語」が展開されている。その二つの間を橋渡しする構造は「変身」である。多くの場合、「変身」は、「精神的成長」を暗喩する構造を有していると推定されるが、「変身」によって「自らの欲望を調伏する存在となる」という構造が、ウルトラマンには存在している。

この意味において、「機能の異なる複数主人公」が存在する映像作品の場合、第一に推定しなくてはならないのは、「それぞれの主人公が、視聴者の心的構造の異なる（表裏となる）二つの側面を表現している」という可能性である。

さらに、「主人公が作中に登場する時間帯が重複している」場合には、別の構造を推定する必要がある。これは、「登場人物 A を主人公とする物語」と「登場人物 B を主人公とする物語」が、並行して展開されるという構造であるといえる。

本書においてここまで事例として扱ってきた「アンパンマン」は、上記の二つの構造の双方を有している作品である。基本的には、前半部分においては、ドキンちゃんを「送り手（意志の主体者）」、バイキンマンを「主人公（行為の主体者）」とする物語が展開され、後半においてジャムおじさんを「送り手（意志の主体者）」、アンパンマンを「主人公（行為の主体者）」とする物語が展開されているが、前半部分から「アンパンマン」は登場する。さらに、「食品キャラ」は「前半部分における対象」であり、同時に「全体を通しての意志の主体者」でもある。

時間的な前後の構造を持たないこのような事例の場合、「同時に存在する二つの心的構造の両側面」が深層ストーリーの骨子であると推定される。

第Ⅲ部 応用

はじめに

　第Ⅲ部では、本書で説明した物語構造分析をCM・テレビ番組（アニメ）・コミックに対して適用した結果について述べている。物語構造分析は、その他にもテレビゲームやドラマや小説、服飾品、スポーツ、遊び等々に適用することが可能であり、筆者らはこれまでそれらに分類される多くの文化現象を分析しているが、紙幅の都合もあり、ここでは上記の三つに限定した。

第15章 CMの構造分析

1. はじめに

　コマーシャルフィルム（CF）を構造分析することの目的は明確である。毎日繰り返し放映されるそれらのCFを視聴することにより、視聴者の内部にどのような構造（関係の束）が形成されるのかを知ることが、その主たる目的であると言える。商売である以上、広告は力を持たなくてはならない。それに異論をさしはさむ余地はない。また視聴者は広告の効果を受け取ることの代価として、娯楽番組を無料で視聴することができるという暗黙の契約関係が存在しているのであるから、視聴者はその影響を甘んじて受けなければならないというのも正しいであろう。しかしながら、果たしてそれら広告の効果は、私たちが常識の範囲内で認識している程度のものなのであろうか。単に「こんな新商品を出しました」という情報提供である可能性は、限りなくゼロに近い。情報提供から一歩も二歩も百歩も踏み込み、視聴者の内面に存在する欲求を引きずりだし、商品の購買行動へと結びつけるような影響を及ぼすことのできるCFこそが、提供者たる企業にとって好ましいCFであるといえる。しかしながら、私たち視聴者は、その「効果」「影響」「企業側の意図」に関して、あまりにも無頓着である。

　以下のCM作品の構造分析は、決してその制作者たるディレクターや、広告主を指弾するためのものではない。CFの多くは芸術作品としても十分に通用するほどの品質で作成されている。CFが現代社会にとって欠くことのできない一つの要素であることは議論を待たない。「広告宣伝費用が、商品価格に上乗せされている」などという青臭い書生気質の議論に耳を傾ける必要はない。広告によって大量に商品が購入されれば、商品単価は劇的に下降する。少なく

とも資本主義経済体制を敷く社会において、広告は必要なだけではなく、積極的な役割を担っていると断言できる。

しかしながら、視聴者の側がそれについて知らなくてもよいとは言えない。むしろ、視聴者の側は、自分に何が施されているのかについて十分な知識を持っている必要がある。

「欲求」「欲望」は、主体者たる人間の根幹を形成する概念であると私たちは考えている。主体者の主体者たる所以は、自ら「欲望」を持つことである。そしてその欲望は、主体者の内部に原因が存在するものであると多くの人は信じて疑わない。しかしそれは一部誤っている。私たちの内部の存在する「欲望」「欲求」の多くは、広告によって喚起され、醸成されたものである。それこそが広告の役割であり、テレビという機械の主たる機能である。

2. ナイキ・リマッチ[*1]

(1) シーン分析

スポーツ用品メーカーであるナイキの2002年のCMであり、「未来世紀ブラジル」「バンデットQ」などの映画監督テリー・ギリアムが演出（監督）した作品である。テリー・ギリアムは「モンティ・パイソン」のメンバーでもあり、彼が作成したオープニングのアニメーションの鮮烈なイメージを記憶にとどめている読者も多いと思われる。このCMは、「シークレットトーナメント」というナイキのCMシリーズの一つであり、「リマッチ（再戦）」と題されている。

このCMシリーズは、著名なサッカー選手が多数出演することでも知られている。シークレットトーナメント（「スコーピオン」と呼ばれるフットサル競技のようなもの）は、「金網で囲まれた檻（cage）」の中で行われるが、この「リマッチ」は船底で行われるという設定になっている。冒頭に登場する男性が「リマッチにケージは不要だ！」と叫ぶが、「籠（cage）」という象徴的表現を用いながらも、権威者である男性がそれを叫ぶということの意味は、きわめて重要であると思われる。表15-1に分析表（冒頭のみ）を示した。

第15章　CMの構造分析　237

表 15 – 1

段　階	S#	小見出し	比喩表現		比喩対象	
			表層修飾語句	表層名詞	比喩種類	比喩
対象の提示	1	貨物船	古い	船	隠喩	（対象の提示）
			暗い	空	隠喩	世界
			暗い	海	隠喩	世界
対象の説明	2	船内部	薄暗い	船底	隠喩	現実
			広い	船底	隠喩	現実
			黒い	天上	隠喩	現実
感情移入対象	3	選手達	不安げな	選手たち		視聴者
			あたりを見まわす	選手達		視聴者
妨害者	4	背広の男	ダブルスーツの	男	提喩	権威者
			横柄な	男	提喩	権威者
			薄汚れた	ペンキ	隠喩	描く道具・指導
			ペンキを塗っていた	男	換喩	指導者
			汚れた	バケツ	隠喩	描く道具・指導
			汚れた	刷毛	隠喩	描く道具・指導
			投げ捨てられた	刷毛	隠喩	描く道具・指導
			描かれた	ゴール	隠喩	描かれたもの
自己の表現	5	選手達	見上げる	選手達		視聴者

(2) 対立関係の抽出

① 高所⇔船底

② 見下げる⇔見上げる

③ 光⇔影

④ 白⇔黒

⑤ 命令する⇔命令される

(3) 文脈から逸脱した表現

1) 手描きのゴール

　まず、冒頭でスーツ姿の男性が「ゴール」をペンキで描いているという点に違和感を感じる。ゲームをする場所として「一隻の巨大な船」を借り切るほどのことをしているにもかかわらず、ゲームの要である「ゴール」がみすぼらし

い「手描き」のものであるという点は明らかに「不自然」である。
　2）ボールが壁にあたるシーンの多用
　このCMは中盤以降、試合を見せるというよりも、それぞれの選手の「華麗な個人技の映像」で構成されている。さらにそれに加えて「ボールがゴール（の描かれた壁）を直撃する映像」が多用されている。試合の様子は、CM開始後の10秒から51秒までの約41秒間であるが、そのうちに14回もの「壁直撃シーン」が挿入されている。およそ3秒に一回の割合で「ゴールのシーン」が使用されていることになる。それぞれのシーンはボールとゴール（壁）のみで構成され、そこに選手は映りこんでいない。さらに、ボールの直撃によって「壁が次第に破壊されていく様子」が克明に表現されていることにも注意する必要がある。特に、#56、#61のカットでは、「ねじが跳ねとぶシーン」が見事なCGによって表現されている。ボールの直撃によって壁が破壊されるだけではなく、「手書きのゴール」そのものも「薄れていく」ように表現されている。

(4) 訴求構造

　[高所・見下げる]側にいるのは「スーツの男」である。このスーツの男が「試合を設定した者」であり「命令するもの」である。さらに「ゴールを手書きした」のもこの男であり「目的を与える者」でもある。しかしここで重要なのは、この「ゴール（目的）」は、決してきちんと書かれたものではなく、ペンキとハケで「適当に」「その場で」書かれたものであるということである。また、[船底・見上げる]側にいるのは選手たちであり、「命令される側」でもあり、「与えられた目的を目指す者たち」でもある。
　[影・黒]は、船底・海・船の表現として使用されている。逆に[光・白]は、ゴール・サッカーボール・流れ込む海水の表現として使用されている。ゴールの白さは終盤では薄れてしまい、その代わりに同じ場所から「白い大量の海水」が流れ込む。また、サッカーボールは「銀色」で表現されているが、ゴールと異なり、最後までその輝きを失うことはない。
　端的に言えば、このCMは「ゴールを破壊する物語」である。ゴールとは「命令するもの・指導者」からあてがわれた「みすぼらしい目的」であり、選手た

ちはそれを「攻撃」する。攻撃のための道具は、「自分たちの並外れた技量」と「その技量をもって操られるサッカーボール」である。ここで「銀色に輝くサッカーボール」を「自由」を比喩するものであると想定し、「技量」を「自分たちの能力」であると想定する。

「能力」と「自由」が与えられた選手たちは、「暗い船底」で、「あてがわれたみすぼらしい目的」を攻撃する。そして、「あてがわれた目的」を破壊し、そこから「新しい目的（＝大量の海水）」が流れ込んでくる。そしてそれは同時に「船」を沈没させる。

この物語は、「親や教師」に代表される「指導者」「価値の強制者」に対しての若者の反抗心を基軸として構成されているものだと言える。この社会に閉塞感を感じつつ、「指導者」によって与えられた「目的」に嫌々ながらもつきあっているのだが、自分に「能力と自由」さえあれば、その「みすぼらしい目的」を破壊し、同時に閉塞した社会から「脱出できる」と感じている。

このCMシリーズ自体、青年層にとって大きな訴求力を有していたものであり、記憶にとどめている読者も少なくないと思われる。非常に大規模かつ巨額の費用をかけて制作された映像であるとともに、その巧緻な構成は特筆に値する。

＊1 ナイキ・リマッチ：Terry Gilliam's Nike ad ＃1 - "The Secret Tournament" 参考URL〈http://www.youtube.com/watch?v=egNMC6YfpeE〉

3．大塚製薬・オロナイン軟膏

(1) シーン分析

シーンは「現代の学校（中学校）」であり、比喩表現は多くないようにも見えるが、終盤に登場する「少女」以外の登場人物は「比喩表現」であると推測される。

まず、「軟膏」という商品の性質上、訴求対象は「主婦層」に限定されると考えられる（若年層、特に男子中学生や高校生が、薬局で軟膏を購入するとい

う事態は、きわめて想定しにくい)。したがって、このシーン分析では「訴求対象層」を「男子中学生・男子高校生の息子を持つ母親」とした。もちろん、登場する「少年」は、訴求対象層の息子の「比喩的表現」となる。表15-2にシーン分析の結果を示す。

(2) 対立関係の抽出と比喩の同定

このCM中に用いられている対立関係には、以下のものがある。

① 走って来る⇔走り去る
② 美しい女性⇔不気味な人体模型(トルソー)
③ 和やかな会話⇔緊迫した雰囲気
④ 見つめる⇔視線をそらす

ここで、対立関係と併せて「訴求対象層」における「自己投影の対象となる登場人物」を考える。上記①の対立関係「走ってくる⇔走り去る」は、「保健の先生のもと(保健室)に走ってやってくる」という映像と、「保健の先生のもとから立ち去る」という映像の対立関係でもある。

シーン分析表中の「主題の提示」の箇所において、母親は「保健の先生」に感情移入することができる。「保健の先生」は、「少年が走ってやってくる」先に存在する者であり、少年に軟膏を塗り、優しい言葉をかける者でもある。しかし「走り去る」場面においては、そうではない。上記①の対立関係においては、「保健の先生」に二重の比喩が施されていることが見て取れる。

また、映像中に「明らかに文脈から逸脱した表現」が二箇所存在する。一つは「α. 風に吹かれたカーテンによって花瓶が倒れる」シーンであり、もう一つは「β. 少年が、不気味な人体模型に視線をやる」シーンである。

これらを時系列順に並べると、以下のようになる。

　　→走ってくる
　　　→美しい女性
　　　　→見つめあう
　　　　　→和やかな会話
　　　　　　→α. 倒れる花瓶

第15章 CMの構造分析 241

表15-2

段階			#	sec.f	内容	音声	比喩表現			比喩対象	
大分類	中分類						表層修飾語句	表層名詞	比喩種類	比喩対象	比喩
対象と主題の提示	対象の提示		1	0:00	少年登場		幼い	少年	直喩	視聴者の息子	比喩
			2	1:06	走ってくる少年		素朴な	少年	直喩	視聴者の息子	比喩
			3	2:04	頭髪を整える		頭髪を整える	少年	直喩	視聴者の息子	比喩
			4	3:01	保健室の扉の前		潰ってくる	少年	直喩	視聴者の息子	比喩
	主題の提示		5	3:23	軟膏を塗る		看護する	先生	直喩	視聴者（母親）	比喩
			6	4:19	保健の先生	「またひどくやられたわねぇ」	看護する	先生	直喩	視聴者（母親）	比喩
			7	5:22	塗ってもらう少年	「いてっ、いててて」	痛がる	少年	直喩	視聴者の息子	比喩
			8	6:22	保健室の二人	「たまにはやりかえしてやんなさいよ」	対話する	二人	直喩	親子の会話	
			9	8:17	なびくカーテン塗り終わる	「イヤでーすよーんなの」	吹き込む	風	隠喩	親子の会話	
			10	9:26	さきげられている軟膏の瓶会話	「そんなんだから……」					
ライバル	告白		11	11:00	告白	「先生には、あいつらに触れて欲しくないから……」					
			12	12:19	倒れる花瓶		風で倒れる	花瓶	隠喩	母子関係	
			13	13:18	ハッとする先生						
			14	14:09	見つめる少年視線をそらす						
	変立場更		15	15:05	人体模型		不気味な	人体模型	隠喩	視聴者（母親）	
			16	16:02	気まずい二人なびくカーテン		吹き込む	風	隠喩	親子の会話	
	後悔		17	17:02	ごまかす少年立ち上がる少年	「なんちゃって……」					
			18	18:00	うつむいている先生						
	逃走		19	18:23	保健室を出る少年	「モトム君！」	立ち去る	少年	直喩	視聴者の息子	比喩
			20	19:16	走り去る		立ち去る	少年	直喩	視聴者の息子	比喩
			21	20:12	保健室の先生	ナ：塗ってもらえる幸せ。オロナインH軟膏。					

注：「ナ：」とあるものは、ナレーション

　　　　　→緊迫した雰囲気
　　　　→視線をそらす
　　　→β．人体模型
　　→走り去る

　まず、上述の対立関係が、「α．倒れる花瓶」を中心として、対称に配置されていることが分かる。つまり、この「花瓶が倒れる」シーンを「折り返し点」として、意味の転換が発生していると考えることができる。この「意味の転換」は、その直前の少年の「告白」によって発生したものであると捉えることができる。それは、それまで「母親」を暗喩していた「保健の先生」が、このシーン以降「恋愛の対象」となるという「意味の転換」である。つまり「保健の先生」は、前半においては「母親」を暗喩し（視聴者の自己投影の対象となり）、後半においては「息子の恋愛感情・恋愛の対象」を暗喩するものとなる。

　さらにもう一つの「文脈からの逸脱」表現である人体模型も重要であると思われる。基本的な認識の素地として示しておく必要があると思われるが、ここで使用されている「人体模型（トルソー）」は「Nihon 3B Scientific 社製 B32/4 型日本人トルソー 18 分解モデル両性」が改造されたものであると推測される。このトルソーは本来「顔面が正面を向いている」ものであるが、ここでは「斜め左」を向いており、少年の側に視線が向くように細工されており、また、顔面にも微妙に加工が施されている。

　それまで少年の視線は「保健の先生」と合っていたのだが、前述の「告白」により気まずい雰囲気となり、視線を向けた先にこの人体模型が存在する。そこで少年の視線と人体模型の視線が合うことになる。前述のように、「告白」によって「保健の先生」が比喩するものは「母親」ではなく「恋愛対象」となる。そして、「母親」を暗喩してきた「少年と視線を交わすもの」は、このシーンによって「人体模型」へと変化する。

（3）訴求構造

　このCMにおける「訴求対象層（母親層）」の感情移入の対象は、したがって、前半部分において「保健の先生」であり、後半部分で「人体模型」となる。も

ちろんこれは「愉快な自己移入」ではないだろう。むしろ視聴者（母親）にとっては「不安をかもし出す」「不快感を惹起する」ものとなると思われる。しかしこの「不安感」は、訴求力を構成する上で重要な意味を持っていると思われる。それは、この「不安感」を払拭するための「アイテム」が映像中に何度も登場しているからである。それが「オロナインH軟膏」である。「保健の先生」が「母親」を比喩しているときは「オロナインH軟膏」を手に持っている（もしくは塗っている）が、「恋愛の対象」となったときは「手に持っていない」し、映像中に登場すらしない。また、少年の「告白」は「保健の先生」がオロナインH軟膏をワゴンに置くのとほぼ同時に行われる。つまり「オロナインH軟膏」は「母親を象徴するもの」として表現されている。そして、少年は「オロナインH軟膏」を持った保健の先生のもとに「走ってやってくる」のであり、それを持っていない（ワゴンの上に置いた）保健の先生のもとから「走り去る」ことになる。換言するならば、「オロナインH軟膏」を手にもってさえいれば、「少年は、そこに走ってやってくる」という構成を有している。

つまりこのシーンで「主題」が提示されている。このCMの主題とは「息子を取り戻すこと」である。ここで「息子を取り戻す」とは、二つの意味を持っている。一つは「素朴で幼く、自分（母親）の庇護を必要としていたころの、かわいい息子」であり、もう一つは「母や家族を大事に思っている息子」である。当然のことながら、多くの「思春期に突入した男子」は、母子関係や家庭よりも、恋愛対象を大事にするようになってしまう。したがって、多くの母親は「喪失感」を抱いている。そして、「息子を取り戻す」ための道具として「オロナインH軟膏」が提示されている。

(4) スーリオの関係分析に基づく人間関係の抽出

上述してきたように、このCMはかなり特徴的な構造を持っている。3名の人物が登場し、4つの「深層におけるキャラクター」を示している。このCMのように「人間関係」をその訴求力の中心に置く物語は、スーリオの関係分析による方法での分析に適合しやすい。ここではスーリオの方法の具体的適用事例という意味も含めて、以下に説明を試みる。

まず、「主題の力（♌：獅子座）」であるが、これは「息子を取り戻す」ということになり、「母親」によって具現化される力となる。

次に、「価値（☉：太陽）」であるが、これは「息子」となる。同時に、息子は「審判者（♎：天秤座）」でもある。それは、価値（息子）をどこに帰属させるかを決するのは、自分自身だからである。

「敵対者（♂：火星）」は、「（息子の）恋愛の対象者」となるが、これはCM中には2名登場する。前半においては「保健の先生」であり、終盤においては「少女」となる。また、最終的に「息子を取り戻す」のは主体者ではなく、（二番目の）敵対者（♂：火星）となっている。

「加担者（☾：月）」は、二つのアイテムを定置する。一つは「オロナインH軟膏」であり、もう一つは「オロナイン液」である。スーリオは「アイテム」を構成要素にするという方法を薦めていないが、このCMにおいては明確に「加担者・協力者」の位置を占めている。

上記をまとめると、以下のようになる。

$$♌ - ☉♎ - ♂1 - ♂♂2 - ☾1(♂1) - ☾2(♂2)$$

ここにおいて、6つの「登場キャラクター」が存在し、それぞれの「映像中での表現」は以下のようになる。

　　♌：前半における保健の先生＝母親
　　☉♎：少年＝息子
　　♂1：後半における保健の先生＝恋愛の対象者
　　♂♂2：少女＝恋愛の対象者
　　☾1（♂1）：オロナインH軟膏
　　☾2（♂2）：オロナイン液

つまりこの物語の深層における物語は、以下のようになる。

『母親は、息子をライバルから取り戻そうとするが、2名のライバルにはそれ

ぞれ協力者がいて、2番目のライバルに息子をとられてしまう。』
　1番目のライバルは途中で「☾1」の協力を得られなくなった（手放した）ために、負けたことが提示されている。しかしながら、上記の物語は、「このCM自体の深層における物語構造」ではあるものの、「訴求対象層の深層において発生する物語」とは若干異なっている。また、「火星（敵対者）が地球（価値）を得る」というのでは、物語として成立しない。
　ここが、この種の「コマーシャルフィルム」に重要な要素であるとさえ思われる。なぜなら、訴求対象層の自発的な何らかの行動によって、上記の物語を変容させることができるという可能性が表現されているからである。上記の関係構造を見れば明らかなように、「協力者」が母親の「味方」になることによって、物語の構造は劇的に変化する。

　　　♌︎☌ − ☉♎︎ − ♂1 − ♂2 − ☾1（♌） − ☾2（♌）

ここにおいて、

　　♌︎☌：前半における保健の先生＝母親
　　☉♎︎：少年＝息子
　　♂1：後半における保健の先生＝恋愛の対象者
　　♂2：少女＝恋愛の対象者
　　☾1（♌）：オロナインH軟膏
　　☾2（♌）：オロナイン液

である。
　この物語においては、最終的に「母親」が「息子」を取り戻す。そのために必要なのは、「☾1:オロナインH軟膏」と「☾2:オロナイン液」を♌（獅子座）の「協力者」「加担者」としなければならない。もちろん、そのように行動することは「訴求対象層」にとって容易なことである。

246　第Ⅲ部　応　用

4．シャネル N'5 [*2]

　シャネル N'5 は、どちらかというと年配者を対象とした製品であると思われているが、この CM によって若年層に購買層を広げようとしたと考えられる。実際に、そのような購買層の変化を惹起できたかどうかについては定かではないものの、以下の構造分析からする限り、かなりの訴求力を持ったものであるということができる。
　この CM は、ストーリー性を持っており、シーン分析のみでは十分なものではないと言える。しかし、行為項分析にかける必要があるほどのストーリー性とは言えず、簡略版のシノプシスを直接分析することによって代替している。

（1）シーン分析

　分析を表 15-3 に示す。

表 15-3

段階	#	time	小見出し	比喩表現 表層修飾語句	表層名詞	対立1
少　女	1	0:00	通路	青白銀色の	橋	A
				細い	橋	A
				黒い	淵	B
				深い	底	B
				歩く	女	C
				赤い	ドレス	D
				青白銀色の	壁	A
				（青白い）長方形を敷き詰めた	壁	A
				（正面の）黒い	壁	B
				青白銀色の	ゲート	E
				（青白銀色の）機械的な	ゲート	E
				（青白銀色の機械的な）円形の	ゲート	E
				黒い	5	B

| 少　女 | 2 | 0:02 | 「5」ゲート | 青白銀色の
機械的な
円形の
黒い | ゲート
ゲート
ゲート
5 | E
E
E
B |
| 成　長 | 3 | 0:03 | 黄金の小部屋 1 | 赤い
金色の
（金色の）正方形を敷き詰めた
金色の
（金色の）細い
（金色の）H 型の
青白銀色の
台に置かれる | ドレス
部屋
壁
通路
通路
通路
通路
カゴ | D
a
a
a
a
a
A
G |

（2）対立関係の抽出

　シーン分析の結果、以下に示す対立関係が抽出された。

●女⇔狼

　　歩く女⇔歩く狼

　　唇に指をあてる女⇔舌を出す狼

　　「しーっ」と言う女⇔吠える狼

●青白銀⇔金

　　青白銀の通路⇔金色のエッフェル塔

　　青白銀の通路⇔金色の通路

　　青白銀の壁⇔金色の壁

●赤⇔黒

　　赤いドレス⇔黒い犬

　　黒い「5」

　　黒い淵

　　黒い壁

　　赤いドレス⇔赤いマント⇔赤いフード

●内（部屋）⇔外（エッフェル塔の景色）

　　丸い・小さいゲート⇔四角い・大きい扉

　　ゲートに入る⇔扉から外に出る

部屋⇔外
●籠⇔手ぶら

　これらの表層構造における対立関係から、深層における意味の同定を行った。

●女⇔狼
　主人公である女性は、視聴者の感情移入の対象であり、主体を直喩している。狼は、その映像表現から「影」を暗喩しているとも考えられる。しかしながら「影」としての要素は、それほど強調されていない。何よりも、狼が登場するのは、主人公の女性が、N°5 をつけた直後からであり、その香りにつられてやってくるという構成になっている。したがって、端的に「男性」を暗喩するものと考える方が妥当であると思われる。ただし、この CM で童話「赤頭巾」がモチーフとして使用されているのは容易に分かることであるので、狼は「不安」「恐れ」をも同時に暗喩していることが想定される。

●青白銀⇔金
　この CM の前半部分における主要な表現が、この「青白銀色」の構造物である。
「通路—部屋—外」
という三つの関係が存在しているが、おおむね、
青白銀の通路—黄金色の部屋——黄金色の大扉・黄金色の塔
という表現構成となっている。
　この「青白銀色」のシーンでは、BGM も不安でさびしい曲調のものが使用されているのに対し、後半の「黄金色」のシーンでは、豪華な曲調への変化が見られる。また、「青白銀色」の通路は細く、黒の背景を伴っているのに対して、「黄金色」のエッフェル塔は大写しで太く、濃い青色と、紫がかった赤の背景の中で屹立している。さらに、「青白銀色」の丸いゲートは小さくて狭く、「黄金色」の大扉はきわめて大きく豪華なものとして表現されている。これらから、この対立関係は、「未熟さ／質素」と「成長／豪華」という対立軸を構成すると考えられる。

●赤⇔黒

　前半と後半の色調の変化がこれである。前半は黒く、後半は赤い。ただし「赤」は、主人公の女性のドレス、マント、フードによって表現されているものがすべてであり、それが大写しになることによって強調されている。前半部分においては、主人公が着ているドレスの色は、それほど強調されていない。前半部分の中心は、壁の黒さ、通路脇の淵の黒さ、であり、前述の「青白銀色」とともに、不安感や怖れを表現していると考えられる。また中盤以降、狼の「黒い影」として黒が多く用いられている。端的に言うならば、このCMは、「青・銀・黒」から「赤・金」の世界への移動と捉えることができる。「黒」と「赤」のみに着目するなら、それは「恐れ」から「力」への変化と考えることができる。それは、赤いマントをまとうことにより、「黒い狼」を制止することが可能となり、また、「赤いフード」をまとうことにより、外の世界へと出て行くことができるようになる、という構成から示唆される。

●内（部屋）⇔外（エッフェル塔の景色）

　ストーリーは、前半部分は何らかの建物の内部に主人公が位置しており、さらに「5の部屋」に入っていき、そこから「外の世界」に出て行くという構成になっている。内部は、原則として「青・銀」であり、外部は「金」である（ただし外部に通じるエントランス内部は金色である）。そして主人公は、この建物の内部に「狼」を封じ込めつつ、「黄金のエッフェル塔」のある街に出て行く。「狼」は、前述のとおり「影」であり、同時に「男性性」であると考えられるので、自分の内部にある「影」としての男性性を封じ込め、赤いマントとフードによって暗喩される「力」を持ちつつ外に出て行く、という構成になっている。これは、「少女から女へ」という成長の暗喩であると考えられる。

●籠⇔手ぶら

　表現上からすると瑣末なものであるようにも見えるが、主人公は、黄金の部屋に入るときに籠を手放す。そしてその後、籠を手にしているシーンはずっと無いが、最後に大扉を出た瞬間に、再び籠を右手に持っている。少女は、少女

から女へと変化するが、そのとき、以前に持っていた「影」としての男性性は置き去りにしつつも、「少女性」を再び手にして外に出て行く。非常に微妙な表現ではあるものの、訴求力を形成する上では重要な点であると考えられる。なぜなら、「少女性」が武器にもなりうるということが暗喩されているからであり、それをいったんは手放したが、外の世界に出て行く段階においては、取り戻している（つまり、完全に捨て去る必要はない）という表現となっているからである。

(3) ストーリーの分析

このCMのストーリーは、おおむね以下に示した進行となっている。

薄暗く青白い銀色の細い橋を渡る
5と書かれた門を通る
黄金で敷き詰められたN°5の部屋に入る
籠を置く
N°5をつける
狼がやってくる
赤いマントを羽織る
金色の大扉を開く（籠は持っていない）
金色のエッフェル塔に向けて歩き出す
狼が追ってくる
狼を制止する
赤いフードをかぶる
籠を持っている
外に出て行く

（4）深層構造の同定

上記分析をまとめると、以下のような深層ストーリーを見ることができる。

　　主人公は、未熟（質素）と恐れと不安の中にいる。
　　　→主人公は、恐れと不安を乗り越えて、「5」の部屋に入る。
　　　　（「5」の部屋の入り口には、「恐れと不安」がある）。
　　　　　→いったん入れば、「5」の部屋の中は黄金でできている。
　　　　　　→外には、まだ「恐れ」が存在している。
　　　　　　　→主人公は、「5」の力を自分のものとする。
　　　　　→主人公は、力を身にまとう。
　　　→主人公は、外への扉を開く。
　　　　（外の世界には、成長（豪華さ）がある。）
　　　→主人公は、恐れを克服する。
　　→主人公は、少女性を保ちつつ、力を持って外に出て行く。

これらの構造を簡略に図示すると図15−1のようになる。
これは、グレマスの記号論四辺形とは少々構成が異なっている。左側の面が、

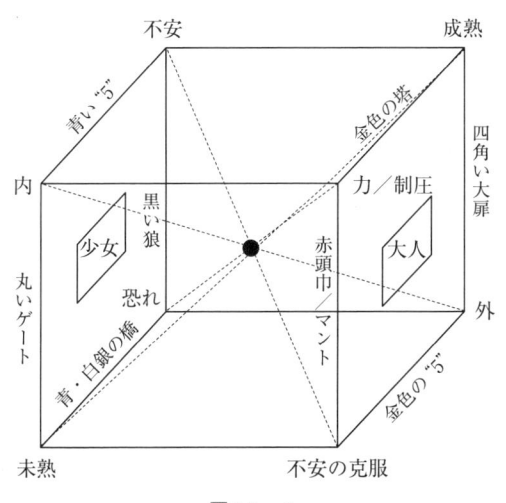

図15−1

N'5 を使用する前の状態を示し、右側の面が使用後を示している。それらの二つの面は、「内－外」・「不安－克服」・「恐れ－力」「未熟－成熟」の4つの軸によって隔てられている。不安を克服し、恐怖を力に変え、内部から外に向かうことによって、未熟で質素な状態から、成長して豪華な状態へと変化する。この二つの状態の変化を担うのが「N'5」である。

つまり、このCMにおいては以下のスクリプトが示されていると考えられる。「N'5は、不安と期待の両側面を持っている。またN'5は『力』である。影を封じ込め、豪華な外の世界に踏み出すには、力が必要である。N'5という力を手に入れるためには、不安を乗り越え、5の部屋に入らなくてはならない。また、N'5という力を手に入れるためには、いったん籠（少女性）を手放さなくてはならない。（力を手に入れるためには、『少女性＝未熟さ』をいったん捨てなくてはならない）。しかし、外の世界に出て行くときには、影としての未熟さは捨て去るものの、『少女性』は持っていくことができる。」

＊2　シャネル No.5：参考 URL 〈http://www.youtube.com/watch?v=dnwHS3wc1B8〉 Chanel No. 5 Estella Warren

第16章

子ども向けテレビ番組の構造分析

1. はじめに

　日本における子ども向けのテレビアニメや特撮は、そのほとんどが基本的に同じ構造を有していると言える。
① 秩序（平和）
② 対象（困難）の提示
③ 通常努力による戦闘と敗退
④ 工夫、努力、訓練
⑤ 再戦と勝利
⑥ 秩序（平和）の回復

　この構造は、基本的にはO→D→Oのパターンと呼ばれるものであり、これまでに分析されてきた西欧の昔話でも多様されてきた物語シーケンスのパターンであるといえる。

　プロップやグレマスによる民話・昔話の分析結果の類型に比べると、日本における低年齢層向け番組に含まれている顕著な特徴を指摘することができる。

　それは、ストーリーの当初で提示される対象が、ことごとく困難であることである。

　一般的な昔話の多くでは、この対象は、主人公が欲しているもの、失ったもの、大切にしている宝物、などのように「正の価値を持つもの」とされる場合が多い。シンデレラでは「王子との結婚」であり、長靴を履いた猫では「裕福な暮らし」である。当初に提示される対象に困難が用いられる例が皆無であるわけではないが、明らかに少数派であると言えるだろう。しかしながら、日本

で放映されている子ども向けテレビアニメと特撮番組のうち、圧倒に多くの数が、対象として「困難」を使っている。したがって、その後の主人公の行動は、「困難の排除」もしくは「困難からの復活」を目指すものとなる。

さらに特徴的な構造として、ストーリーのシーケンス中に、必ずといっていいほど「主人公の敗退シーン」が存在するということがあげられる。

クロード・ブレモンによるシーケンス分析の手法に則る場合、「可能世界シーケンス」が好ましいとされる。これは、たとえば、はじめと2回目のトライアルが失敗し、3回目にようやく成功するという形式をとるシーケンスの構築技法の一つである。

しかしながら、この、単なる一技法にすぎない構成方法が日本の子ども向けテレビ番組のストーリー構成を完全に席巻している。古くはウルトラマン・ウルトラセブンでは、ハヤタ隊員・モロボシ隊員は、初回の攻撃では必ず失敗する。仮面ライダーであっても、ドラゴンボールであっても、遊戯王であっても、このシーケンスは完全に守られている。

2．デジモンアドベンチャー

（1）シノプシスの分析
1）9～11話のシノプシス
以下に第9話～第11話のシノプシスを示す。
行為の主体者ごとに分類したものを、表16－1に、それぞれの機能を表16－2にまとめた。

〈選ばれし子ども達〉
「到着／合流／対立／仲直り／出発」

〈パートナーデジモン〉
「到着／空腹／満腹／進化／撃破／出発」

第16章 子ども向けテレビ番組の構造分析 255

表16-1

	シノプシス	変換1	機能	意志の主体者	行為の主体者	離合	対象
1	選ばれし子供とパートナーデジモンが局に辿り着く。	[ ]：[選ばれし子供と[パートナーデジモン]が[局]に(辿り着く)	(到着)	X0	S1, S2(S3, S4)	+	O1
2	選ばれし子供が操られたデジモンに襲われる。	[デジモン]：[操られたデジモン]が[選ばれし子供]を(襲う)	(襲撃)	S6	S5	−	S1
3	パートナーデジモンは空腹で進化できない。	[パートナーデジモン]：[パートナーデジモン]が[空腹]で(進化できない)／(満腹)を(得られない)	(空腹)	S2	S2(S4)	−	O2
4	選ばれし子供が別の選ばれし子供と合流する。	[選ばれし子供達]：[選ばれし子供達]が(合流する)	(合流)	S1, S3	S1(S3)	+	S3(S1)
5	選ばれし子供達が対立する。	[選ばれし子供達]：[選ばれし子供達]が[選ばれし子供達]が(対立する)	(対立)	S1, S3	S1(S3)	−	S3(S1)
6	選ばれし子供達が操られたデジモンに襲われる。	[デジモン]：[操られたデジモン]が[選ばれし子供達]を(襲う)	(襲撃)	S6	S5	−	S1, S3
7	パートナーデジモンが食料を得る。	[パートナーデジモン]：[パートナーデジモン]が[食料]を(得る)	(満腹)	S2, S4	S2, S4	+	O2
8	選ばれし子供達のデジヴァイスが輝く。	[ ]：[デジヴァイス]が(輝く)	(輝き)	X0	O3	+	O4
9	パートナーデジモンが進化する。	[ ]：[パートナーデジモン]が(進化する)	(進化)	X0	S2, S4	+	O5
10	進化したパートナーデジモンが黒い歯車を破壊する。	[選ばれし子供達]：[パートナーデジモン]が[黒い歯車]を(破壊する)	(撃破)	S1, S3	S2, S4	−	O6
11	操られたデジモンが正常な状態に回復する。	[ ]：[操られたデジモン]が[正常な状態]に(回復する)	(回復)	X0	S5	+	O7
12	局の歯車が正常な状態に回復する。	[ ]：[局の歯車]が[正常な状態]に(回復する)	(回復)	X0	O8	+	O7
13	選ばれし子供達が仲直りする。	[選ばれし子供達]：[選ばれし子供達]が(仲直り)する。	(仲直り)	S1, S3	S1(S3)	+	S3(S1)
14	選ばれし子供達と、そのパートナーデジモンがムゲンマウンテンに向かう。	[選ばれし子供達]：[選ばれし子供達]と[パートナーデジモン]が[ムゲンマウンテン]に(向かう)	(出発)	S1, S3	S1, S2, S3, S4	+	O9

256 第Ⅲ部 応用

表16-2

	シノプシス	変換1	機能	意志の主体者	行為の主体者	離合	対象
主体=選ばれし子供達、パートナーデジモン							
1	選ばれし子供達とパートナーデジモンが島に辿り着く。	[]:[選ばれし子供]と[パートナーデジモン]が[島]に(辿り着く)	(到着)	X0	S1, S2	+	O1
14	選ばれし子供達と、そのパートナーデジモンがムゲンマウンテンに向かう。	[選ばれし子供達]と[選ばれし子供達のパートナーデジモン]が[ムゲンマウンテン]に(向かう)	(出発)	S1, S3	S1, S2, S3, S4	+	O9
主体=選ばれし子供達							
4	選ばれし子供が別の選ばれし子供と合流する。	[選ばれし子供達:選ばれし子供]と[パートナーデジモン]が(合流する)	(合流)	S1, S3	S1(S3)	+	S3 (S1)
5	選ばれし子供達が対立する。	[選ばれし子供達:選ばれし子供達]が(対立する)	(対立)	S1, S3	S1(S3)	−	S3 (S1)
13	選ばれし子供達が伸直りする。	[選ばれし子供達:選ばれし子供達]が(伸直り)する。	(伸直り)	S1, S3	S1(S3)	+	S3 (S1)
主体=パートナーデジモン							
3	パートナーデジモンは空腹で進化できない。	[パートナーデジモン:パートナーデジモン]が空腹で(進化できない)/[満腹]を(得られない)	(空腹)	S2	S2(S4)	−	O2
7	パートナーデジモンが食料を得る。	[パートナーデジモン:パートナーデジモン]が[食料]を(得る)	(満腹)	S2, S4	S2, S4	+	O2
9	進化したパートナーデジモンが進化する。	[]:[パートナーデジモン]が(進化する)	(進化)	X0	S2, S4	+	O5
10	進化したパートナーデジモンが黒い歯車を破壊する。	[選ばれしパートナーデジモン]が[黒い歯車]を(破壊する)	(撃破)	S1, S3	S2, S4	−	O6
主体=操られたデジモン							
2	選ばれし子供が操られたデジモンに襲われる。	[デビモン]:[操られたデジモン]が[選ばれし子供]を(襲う)	(襲撃)	S6	S5	−	S1
6	選ばれし子供達が操られたデジモンに襲われる。	[デビモン]:[操られたデジモン]が[選ばれし子供達]を(襲う)	(襲撃)	S6	S5	−	S1, S3
11	操られたデジモンが正常な状態に回復する。	[]:[操られたデジモン]が[正常な状態]に(回復する)	(回復)	X0	S5	+	O7

〈操られたデジモン〉
「襲撃／回復」

　また、12 ～ 14 話はストーリーの区切り的なストーリーであり、各話ごとに独立した話だったため、シノプシス分析の対象から外した。
　2) 15 ～ 19 話
　第 9 ～第 11 話と同様にシノプシスを起こして行為項分析を行った（分析シートは省略）。行為の主体者ごとに分類し、それぞれの 15 ～ 19 話における役割をまとめると、
　　・選ばれし子どもたちは「探求／獲得」をする
　　・パートナーデジモンは「探求／進化／撃破／退化」をする
　　・悪いデジモンは「襲撃」をする
となる。
　また、20 ～ 21 話はストーリーの区切り的な話で、各話ごとに独立した話だったため、割愛した。以下、「22 ～ 26 話」「29 ～ 32 話」に関して、同様の手続きを行い、主要登場人物の機能をまとめた。27・28 話はストーリーの区切り的な話数で、各話ごとに独立した話だったため、割愛した。
　3) 22 ～ 26 話
　　・選ばれし子どもたちは「探求／合流／対立／仲直り」をする
　　・パートナーデジモンは「探求／進化／超進化／撃破／退化」をする
　　・悪いデジモンは「襲撃」をする
　4) 29 ～ 32 話
　　・選ばれし子どもたちは「探求」をする
　　・パートナーデジモンは「探求／進化／超進化／撃破／退化」をする
　　・悪いデジモンは「探求／襲撃」をする
　5) 9 ～ 32 話における行為の主体者の機能
　上記の機能をまとめると、以下のようになる。
　　〈選ばれし子どもたち〉「探求／合流／対立／仲直り／獲得／到着／出発」
　　〈パートナーデジモン〉「進化／超進化／撃破／退化／探求／空腹／満腹／

　　　　　　　　　　　到着／出発」
　〈悪いデジモン〉　　　「襲撃／探求」
　〈操られたデジモン〉　「襲撃／回復」

ここで対立関係を構成する機能は、以下のとおりである。
　　合流・仲直り　⇔　対立
　　探求　　　　　⇔　獲得
　　進化・超進化　⇔　退化
　　空腹　　　　　⇔　満腹
　　襲撃　　　　　⇔　撃破
　　到着　　　　　⇔　出発

ここで、9～32話を通しての主な機能の対立は、
　　合流・仲直り　⇔　対立
　　探求　　　　　⇔　獲得
　　進化・超進化　⇔　退化
　　襲撃　　　　　⇔　撃破
となる。

（2）シーン分析
1）シーン特定の理由
　「デジモンアドベンチャー」において、最も重要だと思われる「デジモンが進化するシーン」をシーン分析の対象とした。この進化のシーンは、毎話必ず使用されるシーンである。
　進化（成長期→成熟期）のシーン分析を表16-3に示した。
　ここから読み取れるものは、「未来に対する不安」、「自己同一性」、「未来に投じたい希望」である。
　この「進化」は、視聴者の子ども自身の「成長」の暗喩であると考えられる。自分が成長していく上で、このアニメの訴求対象と推定される幼稚園～小学生

第16章　子ども向けテレビ番組の構造分析　259

表16 - 3

段階	#	小見出し	比喩表現 表層修飾語句	比喩表現 表層名詞	比喩種類	比喩対象 比喩	深層修飾語句	深層名詞
目的の準備	1	デジヴァイス	一面の	暗闇	隠喩	未来	不安な	未来
			一筋の	光	隠喩	希望	未来に投じる	自分自身
			バーコードを模した	光		(対象の提示)		
			天に昇る	光	隠喩	希望	未来に投じる	輝かしい自分の夢
目的の準備	2	天の輝き	一面の	暗闇	隠喩	未来	不安な	未来
			七色の	光	隠喩	未来	将来の	夢
			天から舞い降りる	光	隠喩	力	成長する	力
			一箇所で輝く	光	隠喩	夢	輝かしい	夢
目的的行動	3	進化前デジモン	一面の	暗闇	隠喩	未来	不安な	未来
			デジモンを照らす	光	隠喩	自分に向けられるチャンス	選ばれた	自分
			回転する	デジモン	直喩	視聴者	成長する	自分
			天から舞い降りる	光	隠喩	力	成長する	力
			舞い降りる光を浴びる	デジモン	直喩	視聴者	成長する	自分
			後ろを横切る多数の	進化前デジモン名	提喩	アイデンティティ	未だに成長しない	自分
			デジモンに降り注ぐ	進化後デジモン名	提喩	アイデンティティ	成長しようとする	自分
目的達成	4	進化後デジモン	一面の	暗闇	隠喩	未来	不安な	未来
			デジモンを照らす	光	隠喩	自分に向けられるチャンス	選ばれた	自分
			デジモンから発せられる	(各デジモン色の)光	隠喩	優れた個性	自分にしかない	自分らしさ
			回転が止まる	デジモン	直喩	視聴者	成長した	自分
			後ろを横切る多数の	進化後デジモン名	提喩	アイデンティティ	成長した	自分

の子どもは、はっきりとした「成長」の形がまだ理解できておらず、自分が成長しているか否か不安にかられる。そのような子どもにとって、毎話必ず明確に「進化」しているこのアニメは、その不安を消し去る役割を果たしていると考えられる。

　また、この先、群集の一員となっていき、「自分」が失われてしまうかもしれないという不安にもかられているため、暗闇の中でも名前が横切り、光とともに「進化後」の名前が降り注ぐことによって進化するこのシーンは、ただ成長するだけでなく、「アイデンティティ」を確認した上で成長しているという、「自己同一性」を表したシーンでもある。

2）超進化（成熟期→完全体）のシーン分析

　表16-4にシーン分析を示した。

　前項の「進化」と違う点は、まず、紋章である。デジヴァイスの光がタグの紋章を貫き天に飛ばし、天で輝き、弾けて光となり、進化前のデジモンに降り注ぐ。紋章は各人の「個性」もしくは「自己同一性」を暗喩すると考えられる。また、それが「進化」よりも「一段上のもの＝超進化」として扱われていることから、単なる個性や自己同一性の発露・確認だけではなく、「自尊心」「誇り」を示していると考える。「紋章」という比喩表現は自尊心と誇りの「提喩」となっている。それが天に届き、弾けて成長の力となることは、視聴者（自己投影する者）が「自分の個性に誇りを持つこと」がさらなる成長の契機となるという「深層スクリプト」を有していると考えられる。

　それは、誰にでも輝かしい個性があるということを示すとともに、それを認め誇りに感じるということが「成長する力」となることを示しており、つまりこの個性は、前項の「進化」同様、群集の中に自分が消えて行きそうな不安を払拭するための「自己同一性の確認」のさらに「一歩踏み込んだ形態」であると考えられる。

　また、前項の「進化」では、一面の暗闇が広がっていたのが、この「超進化」では、もやがかかったり、最後にはさまざまな色で彩られる。「進化」の時にはまったく不安だった未来が、成長期から成熟期になるにつれ払拭されていき、もやがかかってきた闇が、最後には完全体になり、闇が消える。まさに、自分

第 16 章　子ども向けテレビ番組の構造分析　261

表 16 - 4

段階	#	小見出し	比喩表現 表層修飾語句	比喩表現 表層名詞	比喩対象 比喩種類	比喩対象 比喩	深層修飾語句	深層名詞
目的の準備	1	デジヴァイス	一面の	暗闇	隠喩	未来	不安な	未来
			デジヴァイスの	(各人の) 色	隠喩	優れた個性	自分にしかない	自分らしさ
			一筋の	光	隠喩	希望	未来に投じる	自分自身
			天に昇る	光	隠喩	希望	未来に投じる	輝かしい自分の夢
目的の準備	2	タグの紋章	一面の	暗闇	隠喩	未来	不安な	未来
			タグの紋章を貫く	光	隠喩	希望	自分の力を信じる	心
目的の準備	3	紋章	一面の	暗雲	隠喩	未来	待ち構える	人生の壁
			天に飛ばされる	紋章	隠喩	個性	未来に投じる	個性
			雲を突き抜ける	紋章	隠喩	個性	苦難を乗り越える	自分
目的の準備	4	紋章	一面の	もや	隠喩	未来	以前よりも少し希望の持てた	未来
			光の粒子の	道	隠喩	未来	夢への	レール
			天に昇る光の粒子の	道	隠喩	未来	夢への	レール
			回転する	紋章	隠喩	個性	個性を発揮する	準備
			光の粒子の道に導かれる	紋章	隠喩	個性	夢へ向かう	自分
目的の準備	5	紋章	一面の	暗闇	隠喩	未来	不安な	未来
			一箇所で輝く	紋章	隠喩	個性	輝く	自分
			光を吸収する	紋章	隠喩	個性	磨きをかけた	個性
			弾ける	紋章	隠喩	個性	発揮される	個性
			弾けた紋章が集まった一条の	光	隠喩	力	個性のつまった自分の	力
目的的行動	6	進化前デジモン	一面の	もや	隠喩	未来	以前よりも少し希望の持てた	未来
			回転する	デジモン	直喩	視聴者	成長する	自分
			天から舞い降りる	光	隠喩	力	成長する	力
			舞い降りる光を浴びる	デジモン	直喩	視聴者	成長する	自分
			後ろを横切る多数の	進化前デジモン名	提喩	アイデンティティ	未だに成長しない	自分
			デジモンに降り注ぐ	進化後のデジモン名	提喩	アイデンティティ	成長しようとする	自分
目的達成	7	進化後のデジモン	バックを彩る	(各人それぞれの) 色	隠喩	優れた個性	暗闇を塗り替えた自分の	個性
			回転が止まる	デジモン	直喩	視聴者	成長した	自分
			後ろを横切る多数の	進化後デジモン名	提喩	アイデンティティ	成長した	自分

の個性を発揮して成長して、未来の不安が無くなったものであると言える。

（3）訴求構造

表16 - 3・16 - 4のシノプシスの分析とシーン分析から、この物語の訴求構造を分析する。デジモンの進化・超進化は「名前を得る」「個性を得る」ことの暗喩である。「紋章」は「自尊心」の暗喩であると考えられる。したがって、紋章が登場する15話以降と、それ以前とで、記号論6面体が異なっている。

1）9～11話

対立軸として以下が抽出された。

　　協力 – 単独
　　融和 – 対決
　　個性 – 没個性
　　成長 – 未熟

これを六面体に図示する（図16 - 1）。ただし、4つの軸によって構成されるため、六面体の対角線によって対立軸が表されている。また、それぞれの面は、主人公の位置を示している。

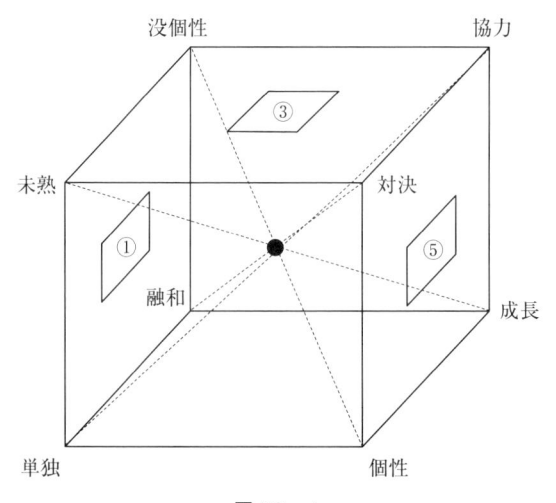

図16 - 1

当初、主人公は、
① ［単独−融和−没個性−未熟］
面にいる。その後、「敵の出現」により、「融和」が「対立」となる。
② ［単独−対決−没個性−未熟］
この段階では、「空腹」のため、デジモンは「進化」できない。「空腹のため進化できない」という表現は、「成長できない」ということの比喩表現であると考えられる。つまり、②［単独−対決−没個性−未熟］の状態では、「勝利を得ることはできない」。仲間と合流することによって、［協力−単独］軸が反転し、
③ ［協力−対決−没個性−未熟］
の面に移行する。
さらに、デジモンが進化することによって
［個性−没個性］軸
［成長−未熟］軸
の双方が反転し、
④ ［協力−対決−個性−成長］
の面へと移行する。
それによって、「勝利」を得ることができる。ここで重要なのは、②から④に移行する前提条件として、「協力」が必要であるということである。「個性を得る」「成長する」ためには「協力」が必要となっている。
④ ［協力−対決−個性−成長］
によって勝利した主人公は、敵だった子どもたちと「融和」する。最終的に、
⑤ ［協力−融和−個性−成長］
という「完成面」に移行することになる。

 2) 15～32話
 15話から32話においては、それまでの［未熟−成長］軸が消え、新たに［自己卑下−自尊］軸が抽出されている。基本的な展開は、9～11話に等しい。

　　協力−単独

融和 – 対決
個性 – 没個性
自己卑下 – 自尊

これらを六面体に構成する（図 16 – 2）。

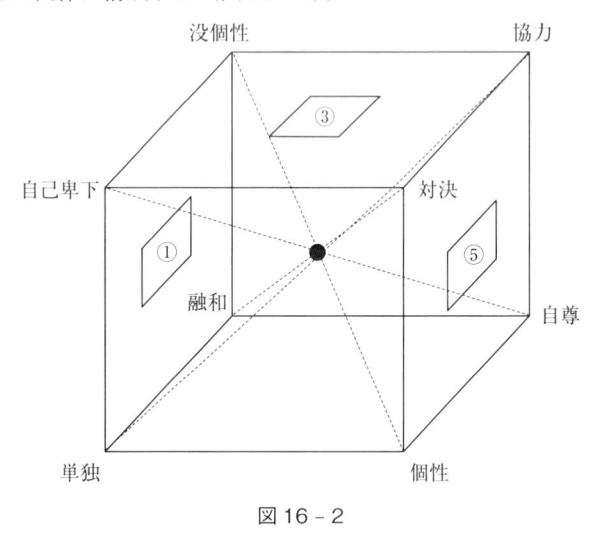

図 16 – 2

当初、主人公は、
① ［単独 – 融和 – 没個性 – 自己卑下］
の面に位置している。
後の変化に関しては、9 〜 11 話に等しいが、最終的に、
⑤ ［協力 – 対決 – 個性 – 自尊］
の面へと進行する。

　また、シーン分析の結果から、この物語の重要なポイントとして「成長」「自己同一性の確認」「光と闇」が抽出された。また、シノプシスの分析から抽出された「進化・超進化⇔退化」と「合流・仲直り⇔対立」、「襲撃⇔撃破」は「成長」、「探求⇔獲得」と「進化・超進化⇔退化」は、この「自己同一性の確認」であり、選ばれし子どもたちと敵である悪いデジモンは「光と闇」の関係である。さらに、第 15 話から第 32 話における対立軸［個性 – 没個性］軸と［自己卑下 – 自尊］軸は、それらの「自分が他の者と異なるということ」「自分が重要な存在であ

ること」という意味から「自己同一性の確認」という含意を持っている。
　つまり、このアニメの訴求構造は、「成長」と「自己同一性の確認」であるといえる。成長と自己同一性の確認は、小学校中学年から高学年の時期の子どもたちにとって重要な意味を持っており、訴求しうる構造となりうる。

3．名探偵コナン

(1) 概　略
　名探偵コナンは週1回放送の連続アニメだが、それぞれの回ごとのストーリーは定型的である（前後編として2週にわけて一つのストーリーが展開されている場合が多い）。
　コナンのストーリーの概形を以下に示す（分析シートは省略）。
　　① 殺人事件発生
　　② 毛利探偵による、事件解決の失敗
　　③ コナンによる謎解き
　　④ 毛利探偵を「眠らせ」、コナンがその代わりとなって事件を解決する
　以下に、コナンと毛利小五郎の物語における機能を抽出する。

〈コナン〉
［知る／眠らせる／謎を解く／なり代わる］
コナンは、殺人事件の真相を知る
コナンは、毛利探偵を眠らせる
コナンは、毛利探偵に成り代わって真相を語る

〈毛利小五郎〉
［捜査／失敗／睡眠／賞賛］
毛利小五郎は、殺人事件を捜査する
毛利小五郎は、謎を解くことに失敗する

毛利小五郎は、コナンに眠らされる
　毛利小五郎は、賞賛を受ける

　まず「毛利小五郎をコナンが眠らせる」という文脈からの逸脱がある。すべてのストーリーの結末部分にこのシーンがあるが、明らかに「不自然」である。コナンが毛利探偵を眠らせるのは「毛利探偵に成り代わって、真相を語る」ためである。ここでの問題は、どうして「毛利探偵」に成り代わらなくてはならないのか、という点である。初期においては、別の人物に成り代わることもあったが、シリーズが進むに連れて「毛利小五郎以外の人物」に成り代わることは、まったくといってよいほどなくなった。もちろん、この「成り代わり」は『名探偵コナン』という物語の中核をなすものである。
　さらにこの物語のもう一つの中核は、「本当は高校生であるが、何らかの薬理作用によって、小学生の体になっている」ということである。小学生となっているのは「身体」のみであり、「知性」の部分は元のままである。そして元の状態である「工藤新一」は、きわめて高い能力を有する高校生として描かれている。
　「変身譚」「変身ものアニメ」は、多くの場合「成長」を深層の物語として持つが、名探偵コナンでは逆となっている。

（2）シーン分析
　このアニメには二つの（必ず毎回行われる）重要なシーンがある。
　一つは、「コナンが、毛利探偵に時計型麻酔銃を使って、麻酔弾を撃ち、眠らせるシーン」であり、もう一つは「コナンが、蝶ネクタイ型変声機を使って、毛利探偵になり代わって謎解きを語るシーン」である。
　比較的単純なシーンなので分析シートは省略するが、まず前者のシーンにおける重要な「アイテム」は「時計型麻酔銃」である。時計型であるのは「常に身につけている」ためにそうなっているのであろうが、「時計」が「時間」の比喩表現（提喩）であると考えると、この「なり代わり」の深層におけるストーリーを推定することが可能となる。ここで「麻酔銃」は端的に「銃」の提喩であると考えられる。名探偵コナンにおける事件が「常に殺人事件」であること

第 16 章　子ども向けテレビ番組の構造分析　267

に注意が必要である。そして「謎解き」は「殺人事件」を対象として行われる。視聴者の内部には「殺人」という概念が既にセットされている状態で、コナンは毛利探偵を「麻酔銃」で撃つ。撃たれた毛利探偵は軽いうめき声とともに「眠る」わけであるが、このシーンは「毛利探偵が殺された」ことを暗喩していると考えられる。もちろん表面的にはそうではないことは設定上明らかであるが、少なくとも視聴者には深層において「そう見える」はずである。

　それに続くシーンでは「蝶ネクタイ型変声機」を用いて、「毛利探偵に成り代わる」こととなる。「蝶ネクタイ」というアイテムは、少なくとも日本では「子どもの正装」という意味が強い。大人が正装において「蝶ネクタイ」をすることも当然あるが、その場合でも「子どもっぽさ」がかもし出されてしまうほどである。「子どもの正装」とは、「子どもが、大人社会における何らかの儀式に参加するとき」の服装を指す。

(3) 全体的な設定を含めての考察

　「名探偵コナン」のストーリーが固定的であることは前述した。そして、その「固定的に繰り返されるストーリー」の中には、特段「訴求力」を持つような関係構造を見いだすことはできない。「名探偵コナン」をけなすつもりは毛頭ないし、「非常に質が高い、良いアニメである」と考えているが、「推理もの」「探偵もの」としてのトリックやプロットの構成には、特に見るべきものはないと言える。少々ひどい言い方をすれば「子ども向け」である（当然だが、それでまったく問題はないし、「子ども向け」アニメであるのだから、これは決して非難には該当しない）。もちろん、このアニメが人気を博している理由の一つに「わかりやすい謎解き」があると推測できるが、それだけでは不十分であると思われる。

　ここでは、各回のストーリーにおけるコナンと毛利探偵の機能とその比喩するものに、「ストーリー全体を貫く設定」を加えて分析する。逆に言えば、このアニメの「訴求構造」は回ごとのストーリー中にあるというよりもむしろ「全体の設定」の中に存在していると考えられる。

〈全体のストーリー〉
　①　工藤新一は毛利蘭と幼ななじみであり、恋人に近い関係にある

② 工藤新一が、薬物によって小学生の身体を持つ「コナン」となる
③ コナンは、毛利小五郎とその娘である毛利蘭のもとに転がり込む（コナン＝工藤新一であるということを二人は知らない）
④ コナンは、毛利小五郎が遭遇する（もしくは依頼される）事件を次々と解決していく

　このうち④が「各回のストーリー」として毎週（2週で1話構成）繰り返されるものであるが、その中で「全体ストーリー」もゆっくりと進行していくとともに、「過去の来歴」が語られていくという構成を有している。
　毛利探偵は、「コナンの父親がわり」として表現されている。つまりコナンの養育者である（実際の養育者は阿笠博士となっていると推測される）。また、毛利蘭は「コナンの母親がわり」として描かれている。コナン（＝工藤新一）の両親は健在だが、あまり登場しない。また、「小学生になった」コナンの「父親と母親」は存在しない。文脈からの逸脱といえば、これほど「生活世界（アニメの世界ではなく、実社会）」での文脈（常識）から逸脱した構成はないだろう。コナンの戸籍の問題や、扶養義務の問題などが山積しているはずであるが、それについてシリーズ中で語られることはあまりない。また、「親戚でも何でもないただの知り合いの子ども」を連れて旅行に行くことなどという考えにくい行動さえ、シリーズ中には存在する。しかしそれらは「自然なもの」に見える。なぜなら、「コナンの父母は、毛利小五郎と毛利蘭である」というのが、深層としてはむしろ「当たり前」のこととして受け入れられているからである。逆に言えば、実社会の常識から逸脱した設定を使用してまで表現されている何かがそこに存在すると考えるべきである。
　コナンのストーリーの真骨頂は、「深層において〈父親〉を暗喩している毛利探偵の代役を務める」というところにある。強力な「睡眠薬」を首筋に打ち込み（現実的には、数秒で眠ってしまう睡眠薬を打ち込まれたら命の危険がある）、その代役を務める。ここに「ソフトな親殺し」の構造が隠されている。もちろん、何のためのコナンがそのような暴挙に出るのかといえば、「毛利蘭（母親を暗喩している）」の愛を勝ち取るためにほかならない。コナンの「元の姿」

である工藤新一は毛利蘭と幼ななじみであり、潜在的に「恋人関係」にあることがストーリー中の多くの部分で示唆されている。

(4) 訴求構造

「名探偵コナン」は、典型的な「エディプス・コンプレックス」の深層構造を有している。「エディプス・コンプレックス」とは、男子児童の「母親に対する愛」の歪んだ形での発露の一つの形態である。男子児童にとっての「初めて好きになる異性」は母親であるが、これは当然のことで、そうでない場合には別の問題が生じている。男子児童のこの感情が歪んだ発達をとげると、「父親を亡きものにして、母親の愛を独占したい」とまで考えるようになる。この感情が、青年期になるまで残存している状態を「エディプス・コンプレックス」と呼ぶ。ちなみに女子児童の父親に対しての同様の状態を「エレクトラ・コンプレックス」と呼ぶ場合もあるが、こちらが問題になることはほとんどない。

4．おじゃる丸

(1) 概　略

まず、このNHKアニメである「おじゃる丸」は、たいへん分析が難しいものである。長編ストーリーは若干存在するものの、訴求力を構成するほどのものまでのものとは思えない。また、各回ごとのストーリーは偏差が激しく、「典型ストーリー」の抽出さえ困難である。

このようなタイプの映像作品は、アニメにおいては実は多数存在する。「ちびまる子ちゃん」や「サザエさん」がそれに該当する。それらに共通しているのは「ストーリーのシノプシスを分析しても、何ら有意義と思われる構造が得られない」ということである。つまり「各回のストーリー」は、ある意味「どうでもいい」ということになる。では重要なのは（訴求力を構成する要素は）何かということになる。本書においては、このタイプの映像作品を「登場人物相互の関係構造そのものが訴求力を構成するタイプ」と分類する。つまりエチ

270　第Ⅲ部　応　用

エンヌ・スーリオの関係分析を用いて分析することが妥当であると考えられる類の作品である。

（2）スーリオの関係分析

　スーリオの関係分析の適用に際しても、重大な問題に直面する。そもそも「おじゃる丸」には「主題の力」なるものが定置されていない（もしくは「主題の力」がきわめて微弱である）からである（スーリオの分析手法に関しては「分析理論」の章を参照のこと）。各登場人物に割り振られる機能を以下に示す。

　　（月光町の住人）♌☌－☉♎－♂－☾（♂）
　　主題の力：月光町でおじゃる丸と暮らすこと／共に暮らすこと

　　（おじゃる丸）♌☌♎－☉－♂－☾（♂）
　　主題の力：月光町でみんなと暮らすこと／共に暮らすこと

　　さらに、閻魔大王の持つ「主題の力」を想定するならば、

　　（閻魔大王）♌－☉♎－☾（♌）
　　主題の力：笏を取り戻すこと／おじゃる丸を取り戻すこと

　この場合、笏は取り戻されないので、☌は存在しない。また、このとき、閻魔大王の物語における「敵対者」をおじゃる丸であると考えることは適切ではない。なぜなら、おじゃる丸は決して「閻魔大王」の目的を阻害しようとはしていないからである。「笏を返さない」ということは、端的に言えば「笏を取り戻そうとする閻魔大王の行動に敵対するもの」ではあるが、この敵対は作中では表現されていない。閻魔大王側の表現としては、「月光町で（おじゃる丸が）みんなと暮らすこと」を否定する立場として描かれているが、「おじゃる丸」の立場はその「否定」の「否定」である（つまり、「月光町に暮らすことの否定」の「否定」である）。したがって、「おじゃる丸が笏を返さない」という行動は、

第16章　子ども向けテレビ番組の構造分析　271

決して「前向きな行動」ではない。それは、アオベエ・キスケ・アカネが「笏を取り戻せない」ことに対して閻魔大王が寛容な態度を示すことによっても示されている。閻魔大王にとっては、「おじゃる丸」は☉（太陽：求められる価値）であり、決して敵対者ではない。閻魔大王が敵対者となるのは「おじゃる丸が月光町で暮らし続ける」ことに関してである。

　以上の三つの「物語」が並列的に進行するのが「おじゃる丸」の物語構造の特徴である。これらの三つの物語を「おじゃる丸」を中心としてまとめる。おじゃる丸は、☉♎であり、♌☌♎である。したがって、

　　♌☉♎☌

となる。これは、主題の力♌であり、求められる価値☉であり、帰結を決定する者♎であり、価値を受け取る者☌である。

　これは、「ドラマ」としては成立しえない構造であるとも言える。おそらくはスーリオもこのような「構成」は想定し得なかったであろう。すなわち、「おじゃる丸」に自己移入する視聴者における「物語」の関係構造は、以下のようになる。

　　（視聴者）♌☌♎☉
　　主題の力：「あるがまま」で暮らすこと

「閻魔大王」とその手下である「こおに」を反対者と置くことは適当ではない。彼らの「求めるもの」も「おじゃる丸」自身だからである。
　この構成の含意は、以下のようになる。
『あるがままの自分が、そのままに振る舞う。自分は「求められる者」であり、また、「享受する者」でもある。そして、自分が価値を享受するか否かも、自分が決める』
　これは「ジゾイド（自己愛）」の構造である。この構造の解釈は容易ではない。
　前提として、このアニメは検討に値するほどに十分な視聴率を得ているということを認識する必要がある。端的に言えば、このアニメの持つ「訴求構造」に感応した人間が多数存在したということである。

前述のように、表現制作物が「高い人気を示す」場合には、その背景として「(その作品で提示されている) 喪失感を持つ人間が多い」ことを示している。したがって、端的に言うならば、このアニメは「自己愛」に関しての喪失感を抱いている人間に対して訴求するものであると言える。

しかしながら、「ジゾイド」における喪失感は、他の心的構成とは少々異なる性質を持っていることを併せて考えなくてはならない。「ジゾイド」にある人格は常に「喪失感」を抱いている。「ジゾイド」は、「飽くことなく拡大する自我」であり、「拡大」のために栄養源を必要とする。つまり、このアニメが「過度に肥大した自我が、さらなる自己肯定のために必要とする物語」である可能性が存在する。

このアニメに関しては、上記の二つの仮説の双方ともが該当するのであろう。「欠乏している自己愛」を取り戻すべく視聴する視聴者が多数であり、その一方で、「肥大した自我のさらなる栄養源として」視聴する視聴者が少なからず存在するであろうと思われる。

それは、誤解をおそれずにたとえるならば、「飢えた人間が栄養を補給するために食べる食物」であり、また「過度に肥満した人間が、昂進した自らの食欲を満たすために食べる食物」でもある。おそらくこの「二つの層」の峻別はそれほど困難ではないが、本書の守備範囲を大きく逸脱するものとなるので、ここで詳細に検討することは控えざるを得ないが、物語構造分析に関連する若干の(雑感レベルの)ことを指摘しておく必要はあるだろう。

Ａという「物語」を必要とする状態には、前述のとおり二種類が存在する。それは「欠乏による喪失感」と「拡大による喪失感」である。「ジゾイド(自己愛)」や「自我の肥大」は「拡大による喪失感」を招きやすい。もちろん、それ以外のさまざまな欲求であっても同じである。「偉くなりたい」という欲求は、「自分は偉い立場にはいない」という喪失感を基礎として発生するものであるが、そこにおいても「欠乏」によるものと「拡大」によるものの二種類が存在する。「一国の首相」となった人間においてさえ、「喪失感」は発生する。しかしながら、「欠乏による喪失感」と「拡大に伴う喪失感」は、本質的に異なるものであると考える必要がある。

第17章 コミックの構造分析

1．はじめに

ここでは2つのコミックを題材とし、「コミック作品の中に存在する物語性・神話性」がどのようなものであるかを検討するための資料とすることを試みた。また、そのそれぞれに物語構造分析を施した手順と結果を示しつつ、分析手順の実例とすることができるよう配慮した。

2．『DEATH NOTE』

ここでは、シーケンス分析を中心に据えた物語構造分析の例として、筆者らの行った『DEATH NOTE』の分析例を取り上げる（水越ら 2008）。

（1）シーケンス分析とシェーマの抽出

まず、DEATH NOTEのコミック全13巻のうち、ストーリーと関係のある12巻までに対してシーケンス分析を施した。シーケンス分析表の冒頭部分を表17 - 1に記す。

表の見出しの部分には、シェーマが記載されているが、当初においてはシェーマは、語られている「事実」を要約したものとして記載されていく。

これはすなわち、『DEATH NOTE』という物語が、表17 - 1のシーケンスの繰り返しによって構成されていることを示している。

274　第Ⅲ部　応　用

表17-1

現実（日常）	生（出現・登場）	知恵1（考察1）	知恵2（考察2）	信頼（警察）	情報（知識）	死人（殺人）	疑念（進展）	決意（決意）
ライトが学校にいる	ノートが現れる		考察2		ノートの情報	約50人を殺害	進展	
ライトが家に帰る	リュークが現れる			国際会議が開かれる				新世界を作る
	Lが登場する							
ライトが家に帰る		ライトの考察		警察からの訴え		Lの影武者を殺害	Lの進展	ライトとLの互いが互いを始末する
ライト小休止	粧裕が登場する	Lの考察		警察本部の報告会	ノートの情報			
父親の帰宅	父親の登場				殺害された者の情報			
ライトが塾から帰る	FBIの調査官に尾行されている	Lが警察内部を疑う	ライトの考察	辞表を出す者が出てくる	警察の推測	1時間おきに殺害	Lの指示で極秘に警察内部を調査	
		調査官を消す方法			人間と死神の違い	実験的な殺人		
		Lの考察（行動も操れるのか）			ノートの使い方	実験的な殺人	Lがダイングメッセージに気付く	
ライトがデートをする	バスジャックの犯人が登場する	調査官の名前を知る方法			調査官の顔と名前	バスジャックの犯人を殺害		
調査官が帰宅する	ナオミが登場する	調査官を全員殺害する方法				日本にいる全ての調査官を殺害		
		調査官の名前を知った方法		FBIが手を引く				ナオミが名前を言うとする

日常／出現・登場／考察１／考察２／警察／知識／殺人／進展／決意

この分析例では12巻までにおいて、このシーケンスが62回繰り返されている。

全体が程よくシェーマの範疇に収まるように再調整したのち、それぞれのシェーマに分類される典型ストーリーを分析し、話素としての機能を同定する。このとき、必ずしも行為項分析を行うまでの必要は無い場合が多いと言える。なぜなら、シェーマに分類するということ自体、それぞれの話素の「機能」を抽出していることに等しいからである。もちろん、行為項分析を通して機能を同定することが必要な場合もあるが、この事例では、ことさらに行為項分析を行うことはしなかった。

つまり、

日常／出現・登場／考察１／考察２／警察／知識／殺人／進展／決意

であったものを、

現実／生／知恵／知恵／信頼／情報／死／疑念／決意

という「機能」へと変換した。

（２）対立関係の抽出

次に、これらのシェーマを基軸として、以下の対立関係を抽出した。このとき対立関係を構成する要素としては、シェーマの要素のみならず、それぞれの話素の中に頻出する登場人物の属性、対象物、道具なども含まれる。

① 生⇔死
② 信頼⇔疑念
③ 現実⇔非現実
④ 警察⇔犯罪者
⑤ ノート⇔最新機器
⑥ 親⇔子ども
⑦ 人間⇔死神
⑧ 出現⇔殺人

⑨ 理性⇔欲望

ここに見ることができるように、明確な対立関係が多い。特に、生と死や信頼と疑念はこの物語の中でも多く見受けられ、中心的なテーマを構成する要素となっている。

(3) 記号論六面体の構成

抽出された対立関係の中で深層的な対立関係は、生と死、信頼と疑念、現実と非現実、理性と欲望（本能）であると考え、その中でも特に頻出しており、重要であると思われる、生と死、信頼と疑念、理性と欲望の3組の軸を用いて記号論六面体を作成した（図17‑1）。

六面体の頂点に置かれる登場人物は、「夜神月」「L」「リューク」「警察」「ニア」「メロ」を挙げ、それぞれ深層構造の頂点に配置した。「夜神月」は理性―疑念―死。「L」は理性―信頼―死。「リューク」は欲望―疑念―死。「警察」は理性―信頼―生。「ニア」は理性―生―疑念。「メロ」は欲望―信頼―死を示す頂点に配置されると考えられる。

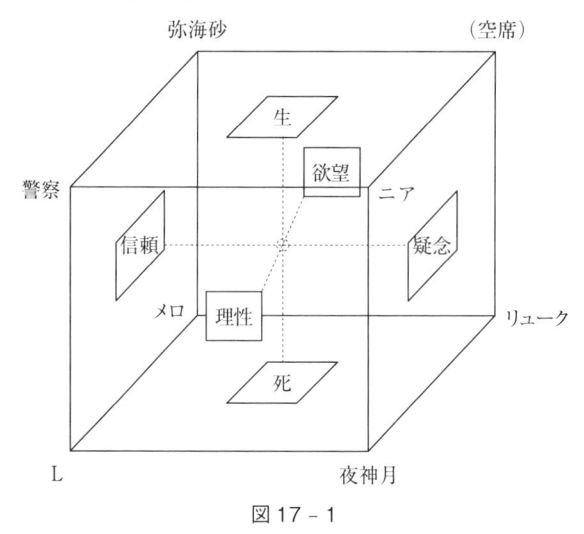

図17‑1

（4）訴求構造の同定

『DEATH NOTE』の構造には、いくつかの特徴が見られる。まず、主人公とその敵対者であると推定される「夜神月」と「L」の構造上の関係である。前述したように、この二者は、

「夜神月」：［理性―疑念―死］

「　L　」：［理性―信頼―死］

という要素を持っているが、対立する軸としての要素は、「疑念と信頼」のみであり、理性、死に関しては、同じ要素を持つものとして配置されている。つまり、構造上でこの両者を区別する要素は「疑念か信頼か」というもののみであり、ことさらにその対立軸が強調される構造を有していることが分かる。

さらに、二つ目の特徴として、

［欲望―疑念―生］

という頂点が空席であることをあげることができる。この頂点が空席であることが、『DEATH NOTE』の訴求構造として特筆に値すると考えられる。

ガダマーが指摘するように、ある作品の解釈とは「意味の再生産」であり、それは、その作品で提示された物語世界へと自己移入した受容者がその内部で「再演」を行うことによって発生するものである。『DEATH NOTE』において、読者は、まず主人公とその敵対者である「夜神月」と「L」の対立関係から、「疑念を持って生きる」と、「信頼によって生きる」との間で揺れ動く。

当初の訴求力は、この対立軸に多く依拠していると思われる。つまり、「疑念と信頼」という二つの価値観の箱庭の中を動き回る（もしくは「泳ぐ」）ことによって、読者はそれぞれ何らかの「意味」を再生産することになる（図17-2の●が、読者が「動き回る」様子を示している）。端的に言うならば、読者における解釈とは、自分の価値として「疑念と信頼」の軸上のどの点を自分の居場所として採用するのか、もしくは「生と死」軸、「欲望と理性」軸上のどの点を採用するのかを決めていくことであるとも言える。もちろん、ストー

信頼 □　　　　　　　●　　　　　　　□ 疑念
　　L　　　　　　　　　　　　　　　　夜神月

図17-2

リーの進行に伴って、その読者による価値の選択は揺れ動く。それは、あるとき「L」に感情移入し、また次の瞬間には「夜神月」に感情移入することによってさまざまなものとなる。

　［生⇔死］軸に関しても同様であるが、この二項対立概念の一方の要素である「生」が示されるようになるのは、かなりストーリーが進行して「弥海砂」が登場するようになってからである。それまでの間にも「生⇔死」の対立概念は表現されているものの、その対立関係は明確ではない。

　ストーリーが進行するにしたがって、「欲望⇔理性」軸が提示されるようになっていき、「疑念と信頼」同様に、それぞれを具現している登場人物に感情移入することを通して、揺れ動きつつも次第に採用すべき価値が決定（もしくは再生産）されていく。読者は、まるでジェットコースターに乗せられているかのように、それらの軸の両端の間で揺さぶられる。

　そこにおいて、当初「信頼と疑念」の間の一次元の軸上を揺れ動いていた読者は、二次元の価値の平面に投げ出され、そこで同様に揺れ動く（図17 - 3の図中の●が、読者が二次元の平面上で「動き回る」様子を示している）。

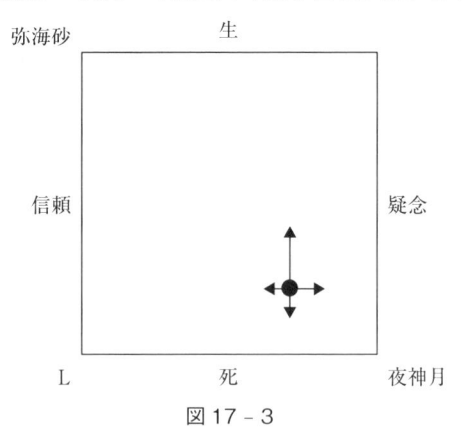

図17 - 3

　上図に示したように、このような状態がガダマーの言うところの物語世界への「自己移入」である。物語を解釈するとは、読者が、あらかじめ用意された価値観を自分のものとすることでは決してない。たとえばこの場合、読者は、「生⇔死」「信頼⇔疑念」の二軸で構成される平面の中を自由に動き回り、その運

動の過程で「意味の再生産」を行う。再生産された意味は、読者によって当然異なる。それは、この平面上のどこに「自分の立ち位置」を置くかということにも等しいが、それは「採用すべき価値の決定」を意味するわけではない。ストーリー上のある時点において、どの「立ち位置」をとるかをその都度その都度決定するという営みの向こうに、読者による「新しい意味の再生産」が発生すると考える。

　さらに、「欲望⇔理性」軸が立ち現れることによって、読者は三軸によって構成された「価値の空間」の中に自己移入する（図17－4）。この立体が、グレマスの「記号論四辺形」の拡張版である「記号論六面体」である。「生と死」「信頼と疑念」によって構成された二次元の価値の平面に自己移入した読者が、その平面上でそれぞれの意味・価値を再生産するのと同様、「生と死」「信頼と疑念」「欲望と理性」という価値の空間内に読者は自己移入し、その空間内を泳ぎ回ることによって、意味もしくは価値を再生産していく。そのとき「泳ぎ回る」とは、さまざまな登場人物への感情移入を繰り返し、自らの「立ち位置」をその都度変えることを意味している。

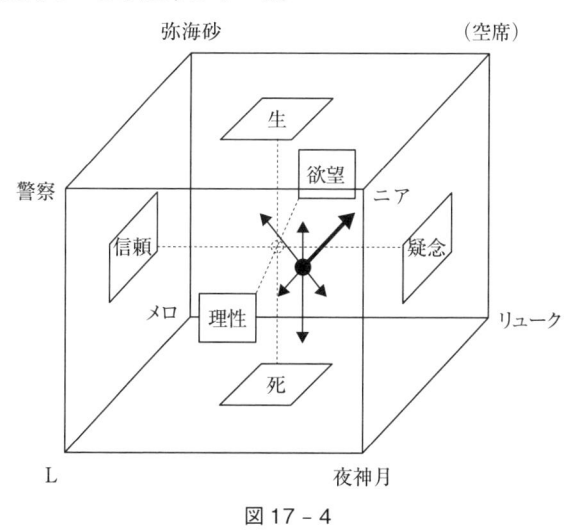

図17－4

　ここで、[欲望—疑念—生]という要素を持った人物が登場しないことによって、そこに空席が生じる。この空席は、「理性－X－死」という構成を持つ二

つの頂点と対立関係にある。この頂点は、決して「模範となるようなもの」とは感じられないものであろう。なぜなら、それは「生に執着し、欲望のおもむくまま、疑念を抱いて生きる」という頂点であるからなのだが、これは、私たちの自堕落な日常の生き方に近い。端的に言うならば、この空席は「読者の予約席」のような役割を担っている。しかしながら、そこに安住することは許容されない。読者は、さまざまな登場人物に感情移入することにより、その「予約席」から引き離される。それはあたかも「君の役割はここ（空席）でしょ？ そこでそうやって生きているんでしょ？」と問いかけられているようなものである。下に示したように、（空席）は、登場人物にも増して読者を誘引する。それは、読者の自己そのものであるからだ。

　私たちが、ある作品に触れたときに感じる感動や感銘は、「正しい」と感じられる価値観が提示され、それにあこがれつつも、結局それを採用できていないときに発生する情緒的な反応である。そのとき私たちは、自分の無様な姿を再確認し、嘆き悲しむと同時に、採用すべき「正しい（とされる）」価値観に向かって動き始めるための精神的な準備を行う。それは精神の成長の契機であったり、変化そのものであったりするが、そのような状態の発生に付随しても情緒的な反応が起こる。感動や感銘とは、「新しい自己」の誕生のための、準備的反応である。

　『DEATH NOTE』が現代において若年層に多大な人気を博していることに鑑みると、「信頼と疑念」という軸が、若年層の心的構造に相同なものとして存在していると考えることができる。『DEATH NOTE』においては、社会正義に対しての信頼および疑念、友人や親、恋人に対しての信頼および疑念などが描かれている。『DEATH NOTE』の訴求力を構成する軸（＝訴求軸）としての第一は、これである。私たちは、若者が全幅の信頼を寄せることができるような社会を構築することができなかった。また私たちは、若者から信頼されるような大人になることもなかった。多くの若者は、疑念を抱きつつ、もしくは、降りかかる疑念を振り払いながら、生きている。

3．『デビルマン』

　本書においては、「デビルマン第1集（1）～第3集（3）KC スペシャル 47 ～ 49、1983」を参考にした。これは連載時に比べて、数か所の用語の変更があるものの、ほぼ連載時と同じ構成・内容のものである。
　その冒頭においては、飛鳥了と不動明の対立関係が存在する。コミック版デビルマン「悪魔復活編」における最初のシーンの分析を通して、まず、それを明らかにする。
　「悪魔復活編」冒頭ストーリーにおける登場キャラクターは以下のとおりである。

　　　不動明
　　　飛鳥了
　　　牧村美樹
　　　不良高校生たち

　また、冒頭における概略的シーケンスは以下のとおりである。

〈ストーリー1　帰宅途中〉
　①　牧村美樹と不動明が不良高校生にからかわれる（不良の行動は「感情的」なものである）
　②　不動明は「おじけづく」（理性的に行動しようとする）
　③　美樹が「売られたケンカ」を買う（感情的に行動する）
　④　明は「困る」（理性的な反応だが、同時に「臆病」でもある）
　⑤　飛鳥了が不良を撃退する

　「不良にからまれるシーン」は、コミック版デビルマンにおいて何度も繰り返される「典型的なストーリー」である。このシーケンスに対して行為項分析を試み、表17－2のような結果が得られた。冒頭部分のみを記す。

282 第Ⅲ部 応 用

表 17 - 2

シーン	話 素	機 能	機能番号	意志の主体		行為の主体	離・合	対象
1	［不良］が［美樹］をからかう	嘲笑	F1	{ S1	→ (	S1	+	S2)}
2	［不良］が［明］をからかう	嘲笑	F2	{ S1	→ (	S1	+	S3)}
3	［美樹］が［不良］に反論する	反論	F3	{ S2	→ (	S2	+	S1)}
4	［明］は［美樹］を制止する	躊躇	F4.	{ S3	→ (	S2	−	S1)}
5	［美樹］は［不良］を攻撃する	攻撃	F5	{ S2	→ (	S2	+	S1)}
6	［不良］は［美樹］を捕縛する	捕縛	F6	{ S1	→ (	S1	+	S2)}
7	［美樹］は［明］に救援要請する	救援要請	F7	{ S2	→ (	S2	+	S3)}
8	［明］は［美樹］を助けない	困惑	F8	{ S3	→ (	S2	−	S3)}
9	［了］が［不良］を嘲笑する	嘲笑	F9	{ S4	→ (	S4	+	S1)}
10	［不良］が［了］を嘲笑する	嘲笑	F10	{ S1	→ (	S1	+	S4)}
11	［了］が［不良］を銃撃しようとする	銃撃	F11	{ S4	→ (	S4	+	S1)}
12	［不良］は［了］の元から退散する	逃避	F12	{ S1	→ (	S1	−	S4)}

次にこれを「行為の主体者」ごとに分類し，それぞれの「登場キャラクター」ごとの「機能」から，それぞれの役割を同定する（表 17 - 3）。

表 17 - 3

シーン	話 素	機 能	機能番号	意志の主体		行為の主体	離・合	対象
［意志の主体］：不良								
1	［不良］が［美樹］をからかう	嘲笑	F1	{ S1	→ (	S1	+	S2)}
2	［不良］が［明］をからかう	嘲笑	F2	{ S1	→ (	S1	+	S3)}
6	［不良］は［美樹］を捕縛する	捕縛	F6	{ S1	→ (	S1	+	S2)}
10	［不良］が［了］を嘲笑する	嘲笑	F10	{ S1	→ (	S1	+	S4)}
12	［不良］は［了］の元から退散する	逃避	F12	{ S1	→ (	S1	−	S4)}
［意志の主体］：美樹								
3	［美樹］が［不良］に反論する	反論	F3	{ S2	→ (	S2	+	S1)}
5	［美樹］は［不良］を攻撃する	攻撃	F5	{ S2	→ (	S2	+	S1)}
7	［美樹］は［明］に救援要請する	救援要請	F7	{ S2	→ (	S2	+	S2)}
［意志の主体］：明								
4	［明］は［美樹］を制止する	躊躇	F4	{ S3	→ (	S2	−	S1)}
8	［明］は［美樹］を助けない	困惑	F8	{ S3	→ (	S2	−	S3)}
［意志の主体］：了								
9	［了］が［不良］を嘲笑する	嘲笑	F9	{ S4	→ (	S4	+	S1)}
11	［了］が［不良］を銃撃しようとする	銃撃	F11	{ S4	→ (	S4	+	S1)}

まとめるならば以下のようになる。

・明は「帰宅／抑制／制止／困惑／弁解する」
・不良は「嘲笑／立腹／捕縛／威嚇／不信／恐怖／逃避する」
・美樹は「出会い／非難／反論／嘲笑／攻撃／救援要請／攻撃を要請する」
・了は「招待／無視／威嚇／説明／同意／銃撃する」

　ここにおいて、［暴力的行動の有無］という軸が抽出される。表17－3のうち、実際に「暴力を行使する」のは、美樹（平手打ち）・不良（捕縛・ナイフによる威嚇）・了（銃による威嚇）である。ここでは、この「暴力的行為の有無」を「正—邪」軸に置く。美樹の「平手打ち」は、「捕縛・ナイフによる威嚇」「銃撃」に比べれば、比較的「弱い」ものである。（「美樹の「攻撃」は、他二者に比べれば「穏当」なものであるものの、明らかに「暴力」であるので、少々「邪」の方向へと寄っている）。また、［嘲笑する］—［嘲笑しない］の軸を抽出しうる。
　ここでは、「嘲笑する」のは不良・美樹の二者である。これを「理性—感情」軸と置くと、この4つの登場人物を図17－5のように布置できる。

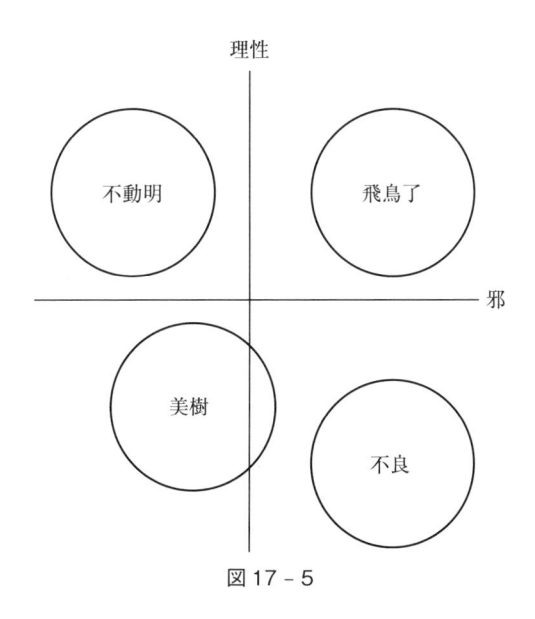

図17－5

図17-5をさらに単純化すると、図17-6のように表現される。

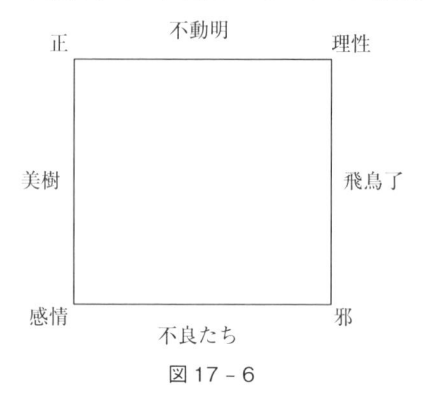

```
          不動明
  正                  理性
    ┌──────────────┐
    │              │
  美樹│              │飛鳥了
    │              │
    │              │
    └──────────────┘
  感情                邪
          不良たち
```

図17-6

　このストーリーにおいて抽出される「要素」は、「理性―感情」軸と、「正―邪」軸である。不良は「邪」の象徴である。しかしながら、このシーンにおいて特徴的なのは「理性的」でありつつも「邪」である飛鳥了の行動である。飛鳥了はコートの中に隠し持っているショットガンで不良を撃退する。その様子は、決して「正義」と呼べるようなものではない。コミック版におけるこのシーンの飛鳥了の「妙に居直った目つき」や「威圧的な口調」は、それが決して「正義の側に位置する」ものではないことを表している。この段階における飛鳥了は「理性的な邪」である。

　その後、飛鳥了は明に対して「悪魔」について説明をしつつ、「悪魔との合体」を明に勧める。この行動自体「邪」に属するものであると言える。ここにおいて、新たな「さらに巨大な『邪』」が登場することにより、飛鳥了は一時的に「正」の側に位置付けられる。これは、図17-7のように図示される。

　飛鳥了の自宅に向かう途中で、二人は「悪魔」に襲撃されるが、その「悪魔」がすべて女性形態であることは、注意しなくてはならないことがらである。

　ここでは、

　①　股間から超音波を発生する悪魔

　②　タコのような手を持ち、へそに目がある悪魔

が、了と明の行く手を阻むが、その二体ともが「女性形態」である。なおかつ「性的に象徴的な様相」を持っている。明らかに「女性であること」を強調した容

図17-7

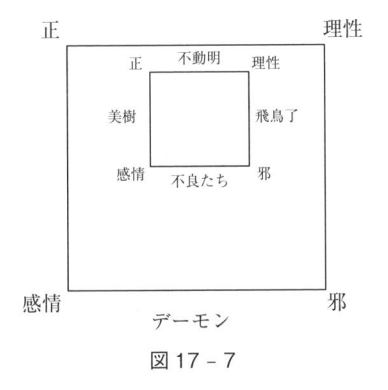

```
          正              理性
        ┌─正──不動明──理性─┐
        │ 美樹         飛鳥了 │
        │ 感情  不良たち  邪  │
        └─────デーモン─────┘
       感情                  邪
```

図17-7

貌となっていることに注意すべきである。

　さらに、了の自宅地下室で「悪魔と合体する」段階になっても「女性形態」である悪魔が強調されている。

　③　胸部が割れて蛇の舌のようなものが出てくる悪魔
　④　口の部分が変形した悪魔（不動明を殺そうとする悪魔）

という二体の悪魔のいずれも「女性形態」である。そして④の悪魔の行動によって、不動明は「アモン（悪魔）」と合体する。

　ストーリー冒頭のこの段階までに登場する「悪魔」は、すべて「女性形態」であることに注意されたい。つまり「悪魔＝女性」という構造がここまでの段階では、明確に強調されている。

　不動明が「アモン」という名前を持つ悪魔と合体した後の、その他の「悪魔」の行動も特筆に値する。不動明がデビルマンに変身したのちに登場する悪魔は、「男性形態」と「女性形態」を持つものがおよそ半々なのだが、その「役割」が異なっている。

　⑤　アモンに問いかける悪魔（1）（男性形態）
　⑥　アモンに問いかける悪魔（2）（男性形態）
　⑦　「人間に意識をのっとられたのね」と言う悪魔（3）（女性形態）

　男性形態を有する「悪魔（人間と合体した悪魔）」は、「アモン（不動明＝デビルマン）」に理性的な「問いかけ」をするのに対して、⑦の女性形態の悪魔は「問いかけ」をせずに「述懐」をする。「悪魔＝女性」という段階から「理性的な

悪魔＝男性形態」かつ「感情的な悪魔＝女性形態」という構造を見ることができる。もちろん「不動明＝アモン＝デビルマン」は、男性形態の悪魔である。ここにおいて「理性＝アニムス」「感情＝アニマ」という同値転換が誘導されていることを見ることができる。不動明は「正なるアニムス」であり、飛鳥了は「邪なるアニムス」となっている。もちろんこれまで述べてきたとおり「デーモン（悪魔）」は、「邪なるアニマ」である。

　不動明が悪魔と合体したのち、その場に存在している悪魔はすべて不動明によって殺される。その場で「殺されない」のは、飛鳥了のみである。飛鳥了だけが「人間形態」のままで、気を失って倒れている。そしてこの段階で、了と明の「位置」が逆転する（図17‐8）。

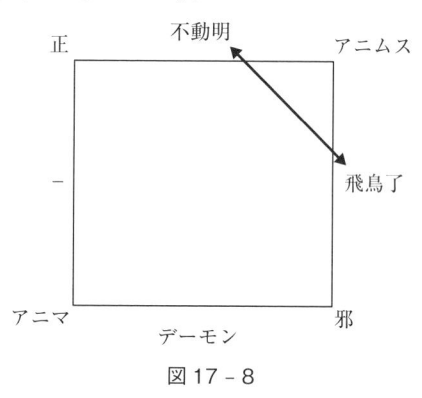

図17‐8

　図17‐8に示したとおり、「デビルマン」となった不動明は「邪」の象徴となり、飛鳥了が「正」の象徴となる。飛鳥了は「デーモン化しないまま（人間形態のまま）」でその場に倒れている。

　この「邪」となった不動明という構図は、続く「妖鳥シレーヌ編」の冒頭でさらに強調される。コミック版デビルマン・妖鳥シレーヌ編の冒頭では、「悪魔復活編」の冒頭と同種のシーンが繰り返される。そこでは、同様に美樹と明が不良にからまれるが、前回とは異なり、明が不良を撃退する。つまり「前回（悪魔復活編）」における飛鳥了の役割を「明」が担っている。しかしこの段階においては「理性」という側面はあまり強調されていず、「力」が全面に出ている。

　図17‐8に示したとおり、この段階では「アニムス（男性原理）の力」が「暴

力的な力」とされている。同じ「アニムスの力」であっても、了のものは「理性的なもの」であったのに対し、明のものは「腕力・暴力」的なものであることが強調されている。ここでは、図17-7において「理性―感情」軸と表現したものを、「アニムスの力―アニマの力」軸と表現する（図17-9）。つまり、ここにおいて「アニムスの力」のうち「知性」を象徴しているのが「飛鳥了」であり、「腕力」の象徴として描かれているのが「不動明」である。つまり、図17-10に示した構造となる。

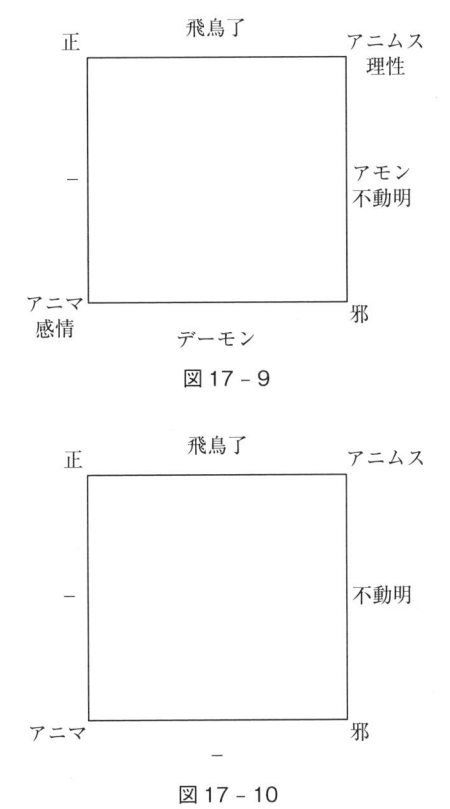

```
            飛鳥了
   正                 アニムス
                      理性

                      アモン
    ―                 不動明


  アニマ               邪
  感情    デーモン
```
図17-9

```
            飛鳥了
   正                 アニムス


    ―                 不動明



  アニマ               邪
             ―
```
図17-10

　シレーヌが登場する段階になって、この構造は、さらにいくつかの要素を得て、複雑なものになっていく。
　まず、図17-11に見られるように、シレーヌ編の冒頭では「邪なるアニマ」

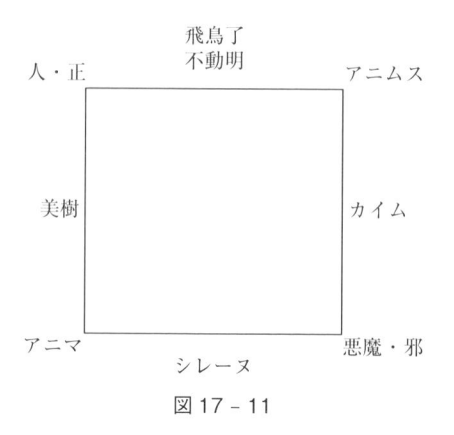

```
                  飛鳥了
       人・正      不動明      アニムス
         ┌─────────────────┐
         │                 │
      美樹│                 │カイム
         │                 │
         │                 │
         └─────────────────┘
       アニマ     シレーヌ     悪魔・邪

                図 17-11
```

としてのシレーヌが登場することになる。もちろんそれは「正なるアニマ」としての「牧村美樹」の位置との対比によってよく表現されている。

この構造は「カイム」の登場により、新しい局面を見せる。以下に「シレーヌ編」の中核部分のシノプシスを示す。

シレーヌ編ストーリー4　牧村宅→上空→森
- ① シレーヌが明を爪でつかみ、上空へと引きあげる
- ② 飛鳥了がショットガンでシレーヌを撃つ
- ③ 明はデビルマンに変身し、シレーヌと戦う
- ④ シレーヌは死線をさまよう
- ⑤ シレーヌはゼノンに助けを求める
- ⑥ カイムが現れる
- ⑦ カイムが「合体」を申し出る
- ⑧ カイムはシレーヌに対して自らの想いを告げる
- ⑨ カイムとシレーヌは合体し、圧倒的な力でデビルマンを打ちのめす
- ⑩ デビルマンは死を覚悟する
- ⑪ しかしシレーヌは、デビルマンにとどめを刺す直前に、死ぬ
- ⑫ 了と明は、シレーヌの「立ち往生」の姿を見て、美しいと感じる

第17章　コミックの構造分析　289

　カイムの登場は、コミック版デビルマンにおいて「最も美しい部分」となっている。それは、「カイム」という要素が「前述（図17－11）の構造変容を要求する」ものであるからである。カイムの登場によって、それまで「憎悪」の象徴であった「デーモン族」が、「愛」を語ることを知る。これまでにも「憎悪」はストーリー中に多く表現されてきたが、デーモンである「カイム」が「愛を語る」ことによって、「憎悪と愛」が一つの軸を構成するものであることが初めて示唆される。この段階において、新しい軸である「愛―憎悪」軸を構造体に加える必要が発生する。それが図17－12である。
　もちろん、「愛を語る」カイムは、
　　（愛―［邪・異端・悪魔］―力―アニムス）
という、図17－11では表現され得ない面を表現する役を担っている。これ（図17－12）は、コミック版デビルマンにおいて表現される「構造体」のうちで「最も美しいもの」であるといえる。それは、
　　（［正・人］―心―愛―アニムス）
という面（図中①の面）を有している。
　ここにおいて「カイム」面以外の面は「空欄」である。それらに該当するキャラクターは登場していない。しかしながら、カイムの登場によって、読者の内

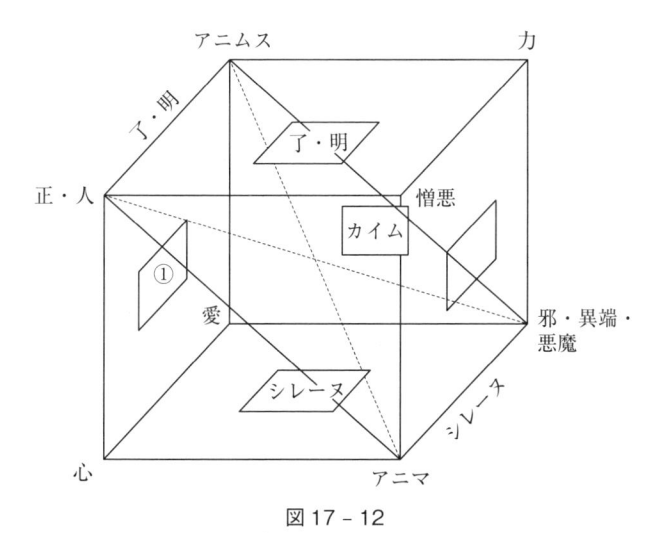

図17－12

面には図17 – 12の立方体が立ち現れる。そして、図17 – 12の立方体は「美しい」。カイムの登場によって構造の「理想形態」が示唆される。カイムが存在しうるということは、

　　（［正・人］―心―愛―アニムス）

が存在しうることを示している。

　さらに、カイムは、「アニマ―アニムス」軸を乗り越えようとする。カイムは自らの首を切断し、シレーヌと合体する。「アニマ―アニムス」軸の反転が発生し、合体シレーヌは

　　（愛―［邪・異端・悪魔］―力―アニマ）

の面に位置することになる。

　ここには、

　　（［正・人］―心―愛―アニマ）

という面が存在する。「アニマとアニムスが愛によって合体」した結果のこの立方体は、はかないものであるが、一瞬のきらめきとしての「理想形態」を表現している。「合体シレーヌ（スーパーシレーヌ）」に触れたときに私たちが感じる「美しさ」は、この図17 – 13の立方体の美しさにほかならない。しかし

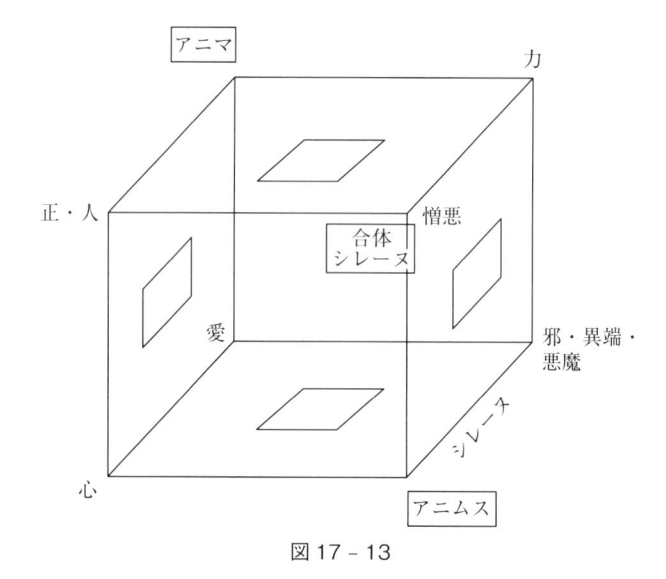

図17 – 13

ながら作者は、この立方体の「他の面」をキャラクターで埋めることはしない。なぜならそれは「決して得ることのできない理想形」でしかないからである。この「カイムとシレーヌの物語」は、コミック版デビルマンにおける「中核的な物語」であり、なおかつこのあとの「明と了の物語」を効果的に描くためには「欠くことのできないもの」であったと思われるが、それについては後述する。そのためにここでことさらに強調しておかなくてはならないのは、「カイムとシレーヌの合体の形態」である。

●カイムは、自らの首を切り落とし、シレーヌと合体する。
●シレーヌは、カイムの首があった場所に、自らの上半身を合体させる。

つまり、シレーヌの上半身と、カイムの下半身が「合体」する。
シレーヌは「アニマ（女性性）」の象徴であり、カイムは「アニムス（男性性）」の象徴である。アニマの「上半身」と、アニムスの「下半身」が合体したのが、「スーパーシレーヌ」であることを覚えておく必要がある。なおかつ、了と明がそれを見て「美しい」という感慨を述べていることも特筆に値する。

妖鳥シレーヌ編の後、ストーリーは「魔獣人面編」を経由して「本編」に戻る（「魔獣人面編」に関しては、紙幅の関係上省略する）。妖鳥シレーヌ編で「美」を見せられた私たち読者は、そののちに披瀝される「醜」に驚愕を感じることになる。前述した図17-13の美しい「深層構造体」は、早々と捨て去られる。それは「はかない理想形態」であり、「現実のものとはなり得ない」ことが披瀝されていく。妖鳥シレーヌ編が「美しければ美しいほど」、その後の「陰惨さ」が強調されることになる。なおかつ（最も陰惨であるのは）、その「どちらも」が、私たち自身の内部に存在する「心的な構造」と「相同」であるからだ。

「魔獣人面編」の後、「悪魔と人間の戦い」を主軸とした物語が展開される。

ストーリー1　ススム君
ススム君の両親が悪魔化している。ススム君は殺される。

ストーリー2　ミーコ
シーン1　ミーコが不良仲間の誘いを断る。

292　第Ⅲ部　応　用

　　シーン2　ミーコが入浴している。ミーコが「デビルマン」となっている
　　　　　　ことが分かる。
　　シーン3　不良がミーコを襲う。ミーコはデビルマンとなり、腹と胸から
　　　　　　体液を放出して不良を溶かしてしまう。

　ストーリー4　無差別合体
　　シーン1　悪魔の「無差別合体」がいたるところで始まる。
　　シーン2　了と明がそれについて話す。
　　シーン3　ソ連が「悪魔」の侵略を阻止するために核を使用したことが報
　　　　　　道される。

　「無差別合体」という名前によって表現されているとおり、この段階においては、ストーリーの「構造」自体も極度に「混沌化」する。どの個体が「合体を受けたもの」であるかが「不明」であるという「混沌状態」となる。このストーリーにおいては、図17 - 14に示したような「混沌状態」が表現されている。立方体（正六面体）の頂点要素は、「アニマ―アニムス」軸の代わりに「感

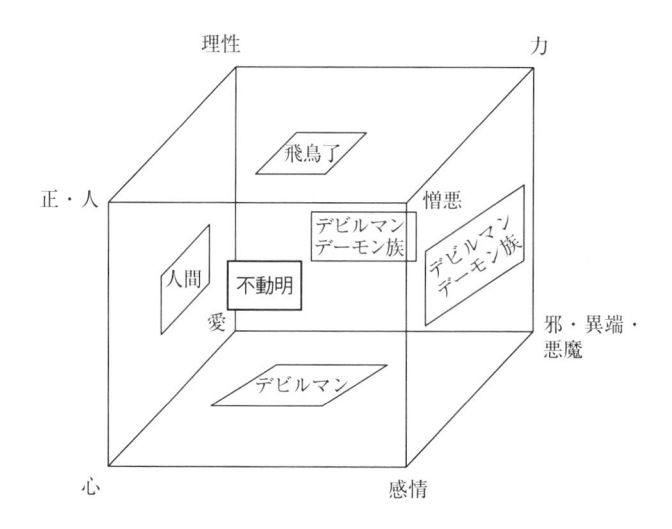

図17 - 14

情─理性」軸となる。これは、「女性─男性」という要素が後退していることによる変更である。図17‐14においては「人間」がその他の面と峻別されているように描かれているが「無差別攻撃」によって、すぐにでも「他の面に移動する可能性がある」というのが、この「無差別合体」の意味である。「[正・人]─理性─愛─心」という図17‐14における「人間」の面は美しいが、この「美しさ」こそが実はすでに破綻している。この美しい面は、「無差別合体」によって常に危機にさらされることとなる。

　この「ストーリー構造」自体は、天才的な才能によるものだと言わねばならない。前述「怪鳥シレーヌ編」で表現された「美しい立方体」の「美しい面（人─理性─愛─心）」が、本編に戻ると「破壊される」。読者は「美」に安住することが許容されていない。美が提示されたと思いきや、すぐにその破綻が示される。そしてその破綻は「作者の恣意による破綻」なのでは決してなく、「読者の選択の可能性の延長上」に明確に存在している。

　この混沌化した状態における欲求不満状態を読者に十分に楽しませたのち、劇的な転換が発生する。それまで「人」だと信じていたものが「獣（悪魔）」であり、それまで「獣」だと思っていたものが「人」だった、という転換である。

　「人」から「悪魔」への意味の変化は、二重に行われる。まず「人（正）」が、邪なる行動をとる。悪魔捜索隊の名のもとに「邪」の限りを尽くす。この時点で「人」と「正」の軸は乖離する。これまでずっと「正」と「人」は同一のものだと感じられてきた（本論における分析においても「正・人」という表現を使っている）。また「邪」とは［異端・悪魔］であり、したがって「邪・異端・悪魔」という表現をしてきた。この段階において「構造」が変容する。また、それまでのストーリー構造において常に「人」側の代表的存在であった「飛鳥了」が「悪魔（サタン）であった」ということが分かる。

　ここまでのストーリーにおいても伏線は何重にも張られていた。冒頭ストーリーにおける不良は仲間となっているし、シレーヌは決して「邪」ではなかった。また、多くの「デビルマン（不動明＝アモンとは異なるデビルマンたち）」は、「異端・悪魔」ではあるものの「正義側」に存在していた。しかし、「人」が「邪」であり、「飛鳥了」が「悪魔である」という構図ほど、そのような「転

換」を如実に表現するものはない。さらに、「悪魔による総攻撃」以降、この「軸の反転」が決定的なものとなる。

　　ストーリー4　悪魔による総攻撃。
　　シーン1　ゼノンによる、人類への挑戦状。
　　シーン2　悪魔の総攻撃が開始される。
　　シーン3　殺戮が繰り広げられる。

　　ストーリー5　人間による反撃。
　　シーン1　悪魔特捜隊が結成される。科学の力をもって、悪魔を撃退する。
　　シーン2　雷沼教授によって「悪魔＝人間」という説が発表される。
　　シーン3　「人間狩り」が始まる。
　　※不穏分子は「事前に抹殺するべき」とまでなる。

　ここにおいて、「人（正）―悪魔（邪）」軸の反転が発生する。さらに、「ゼノン」による「総攻撃」の布告によって、人類は「感情的」となっていく。それに対

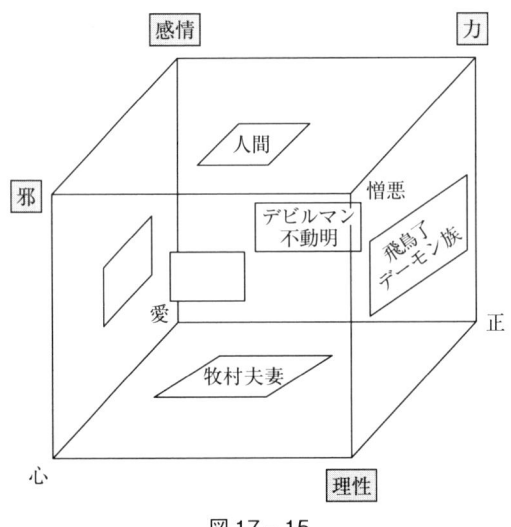

図17−15

応するかのように「デーモン族」は、「理性的」に描かれるようになる。図17
－15に示したように、「理性―感情」軸、「正―邪」軸の二つが反転する。

本来「人間が位置すべき」である［人―理性―愛―心］の面には、限られた
登場人物がわずかに残っているのみであり、「人間」そのものは「邪―感情―
憎悪―力」という「逆の面」に位置することになる。

　　ストーリー6　デビルマン軍団
　　シーン1　不動明は世界のデビルマンと連絡をとり、デビルマン軍団を結
　　　　　　成しようとする。
　　シーン2　ヒンズー教の僧でデビルマンと化したものたちが協力する。
　　シーン3　デビルマンは、研究所でとらわれていた「ミーコ」を助け出す。

ここにおいて「力―心」軸の存在が明確化される。以下に図17－16として、
「力―心」軸のみに焦点をあてた構造を提示する。

かつて図17－16中①［人の心・人の力］に位置していた三者（デビルマン、

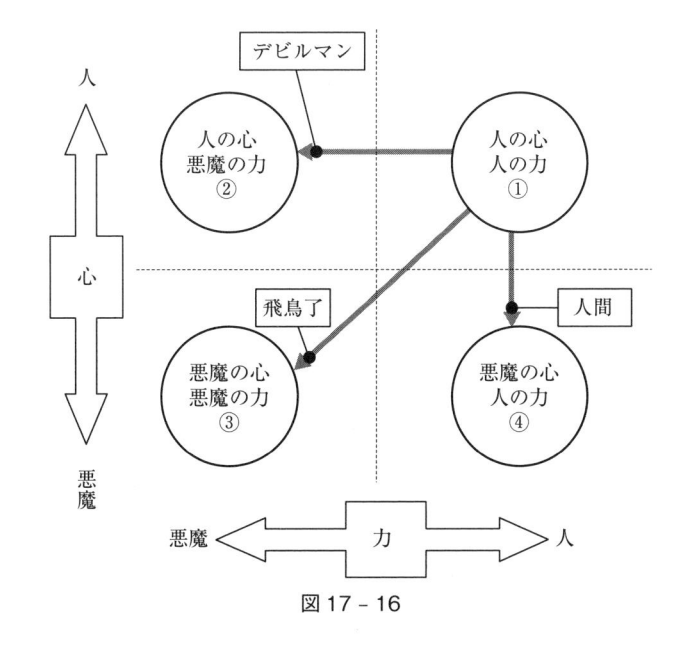

図17－16

296　第Ⅲ部　応用

飛鳥了、人間たち）は、この平面上を移動する。デビルマンは［人の心］を持ちつつ［悪魔の力］を備えるようになる。飛鳥了は［悪魔の心］と［悪魔の力］を持ち、人間たちは［悪魔の心］を持つようになるが、力は［人の力］のままである。そして①の位置には誰もいなくなる。

さらにそれに続くストーリーにおいて、図17 - 15における［正―愛―心―理性］の面が失われる。それは「そのような属性を持った人間が、人間によって殺される」ことによってことさらに強調される。牧村夫妻や不動明の仲間であった不良たち、さらには美樹までもが殺害されてしまう。この段階において「正―邪」の軸は、意味を失ってしまう。「何が正であり、何が邪であるか」は混沌化する（図17 - 17）。

また、この段階において図17 - 15の［邪―憎悪―力―感情］面に存在した「人間」も同時に「消失」してしまう（図17 - 17の②の面）。①を失った不動明は「守るべきものを喪失した」ことにより、憎悪にかられることになる。つまり図17 - 17の②の［邪－憎悪－力－感情］の面に自らが移行する。

この段階から、これまで展開されてきた軸が次々と消失していくことになる。前述のとおり、まずは［正－邪］軸が消失する。［正－邪］軸の消失により、不動明（デビルマン）は［憎悪－力－感情］の面に位置するようになる。つま

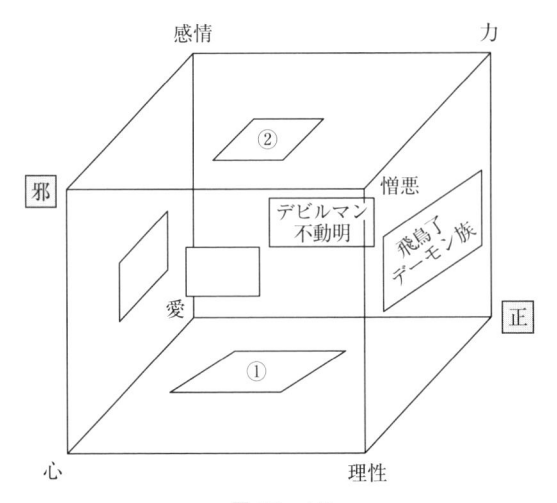

図 17 - 17

り、もはや「邪」ではない。しかしながらそれは決して「正」でもない。

　「デビルマン軍団」と「デーモン族」の決戦は、この構図からしても避けられないものとなる。ここで「飛鳥了」が「両性具有」であり、「不動明を愛してしまっていた」ということが披瀝される。この段階で、長い間ストーリーに隠れていた「アニマ―アニムス」軸が「理性―感情」軸に取って代わることになる。これは、シレーヌ編以前に存在した構造の再演であり、実はこの物語の底流に当初から流れていたものである。

　図17－18においては、図17－13で「合体シレーヌ」が位置していた面に、飛鳥了が置かれる。ただし［正－邪］軸は既に消失しているため、そこは［アニマ－力－愛］の面となる。一方、不動明は［アニムス－力－憎悪］の面に位置する。

　図17－18において、さらに「軸の消失」が行われる。「デビルマン軍団」と「デーモン族」の戦いは、（その帰趨は明確に表現されているものではないが）「デーモン族」の勝利に終わる。それによって［力―心］軸が消失し、図17－18における［アニマ－アニムス］［憎悪－愛］の面のみが残され、飛鳥了は［アニマ－愛］の辺上に、不動明は［アニムス－憎悪］の辺上に位置することとなる（図17－18、図17－19）。

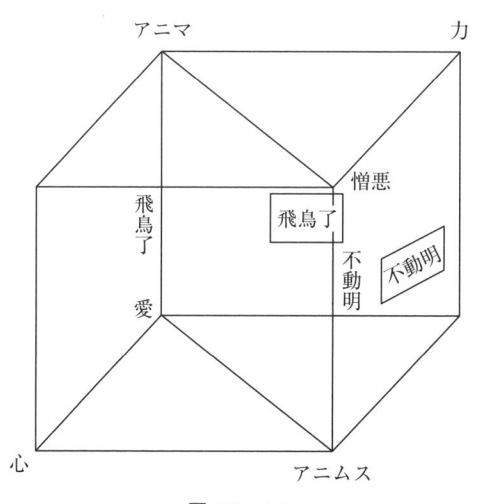

図17－18

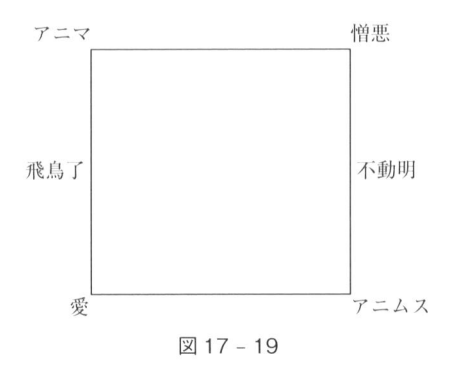

```
アニマ                  憎悪

  飛鳥了                 不動明

   愛                  アニムス
```
図 17 - 19

　コミック版の「最終シーン」の美しさは、両性具有者である飛鳥了の絵姿と、「下半身を失った不動明」によって表現されている。つまり、飛鳥了は男性でも女性でもなく、不動明は男性性を失う。これによって「アニマ―アニムス」軸が消失し、同時に「憎悪―愛」軸も消失する様子が描かれている。そこにあるのはもはや憎しみでも愛でもない「何か」である。これによってすべての軸が消失し、「完全体」が立ち現れる。

　これらの「構造体」の流れを見るだけでも、この「デビルマン」という作品が記念碑的なものであることは理解できると思われる。そこには、［愛―憎悪］［正―邪］［感情―理性］［アニマ―アニムス］［力―心］という、思春期における重要な精神的要素が組み込まれているばかりではなく、その「疾風怒濤」と「混沌」の変遷が表現されつつ、最後に「完全体」を黙示するという構造を有している。これは、思春期を生きる読者の「内面の物語」と相同の構造を有している「現代の神話」である。

文献

Aldrich, V.C. 1968 Visual Metaphor, Journal of Aesthetic Education, 2, 73-86.（ヴァージル・C・オルドリッチ（著）松尾大（訳）1986　視覚的隠喩『創造のレトリック』勁草書房、pp.162-186）

アレナス（著）福のり子（訳）1998　なぜ、これがアートなの？　淡交社

Bandura, A. 1977 Social learning theory. NJ: Prentice-Hall.

Bandura, A. 1986 Social foundations of thought and action: A social cognitive theory. NJ: Prentice-Hall.

Bandura, A. 1989 Social cognitive theory. NJ: Prentice-Hall.

Beardsley, M.C. 1981 Aesthetics: Problems in the Philosophy of Criticism. Indianapolis: Hackett Publishing.

Barthes, R. 1955 Le degré zéro de l'écriture, Paris: Seuil.（ロラン・バルト（著）渡辺淳（訳）沢村昂一（訳）1971『零度のエクリチュール』みすず書房）

Barthes, R. 1964 Éléments de sémiologie, Communications, 4, 91-135.（ロラン・バルト（著）1971　記号学の原理『零度のエクリチュール』みすず書房、pp.85-206〉）

Barthes, R. 1966 Introduction a l'analyse structurale des récits, Communications, 8, 1-27.（ロラン・バルト（著）花輪光（訳）1979　物語の構造分析序説『物語の構造分析』みすず書房、pp.1-54〉）

Barthes, R. 1970 Le troisième sens, Cahiers du cinéma, 221, 12-19.（ロラン・バルト（著）沢崎浩平（訳）1984　第三の意味『第三の意味』みすず書房、pp.73-97）

Barthes,R. 1985 L'aventure sémiologique, Paris: Seuil.（ロラン・バルト（著）花輪光（訳）1988　記号学の冒険　みすず書房）

Belting, H. 1983 Das Ende der Kunstgeschichte, München: Deutscher Kunstverlag.（Belting, H. translated by Christopher S. Wood 1987 The end of the history of art, Chicago: University of Chicago Press.）（ハンス・ベルティング（著）元木幸一（訳）1991　美術史の終焉？　勁草書房）

Bettelheim, B. 1977 The uses of enchantment: the meaning and importance of fairy tales. New York: Vintage books.（ブルーノ・ベッテルハイム（著）波多野完治（訳）乾美子（訳）1978　昔話の魔力　評論社）

Birkhauser-Oeri, S. 1988 The Mother: Archetypal Image in Fairytales (Studies in Jungian Psychology By Jungian Analysts, Vol 34). Tronto: Inner City Books.（S.ビルクホイザー－オエリ（著）氏原寛（訳）1985　おとぎ話における母　人文書院）

Blemond, C. 1964 Le message narratif, Communications, 4, 4-32.（クロード・ブレモン（著）阪上脩（訳）1975　物語のメッセージ『物語のメッセージ』審美社、pp.7-64）

Blemond, C. 1966 La logique des possibles narratifs, Communications, 8, 60-76.（クロード・

ブレモン（著）阪上脩（訳）1975 物語り可能なものの論理『物語のメッセージ』審美社）

Campbell, J. 1990 Transformations of Myth Through Time, New York: HarperCollins. （ジョーゼフ・キャンベル（著）飛田茂雄（訳）1996 時を超える神話 角川書店）

Campbell, J., Moyers, B.D., Flowers, B.S.（ed）The Power of Myth (reissue). New York: Anchor Books.（ジョーゼフ・キャンベル（著） ビル・モイヤーズ（著） 飛田茂雄（訳） 神話の力 1992 早川書房）

Campbell, J. 1949 The Hero with a Thousand Faces. Princeton University Press.（ジョーゼフ・キャンベル（著）平田武靖（訳）伊藤治雄（訳）高橋進（訳）浅輪幸夫（訳）春日恒男（訳）竹内洋一郎（訳） 2004 千の顔を持つ英雄（上・下） 人文書院（オンデマンド版））

Cohen-Séat, G. 1958[1946] Essai sur les principes d'une philosophie du cinéma, -Notions fondamentales et vocabulaire de filmologie, Nouvelle edition, Paris:P. U. F.（G・コアン=セア（著） 小笠原康夫（訳）大須賀武（訳）1980 フィルモロジー――映画哲学 朝日出版社）

Comte, A. 1822 Plan des Travaux Scientifiques nécessaires pour réorganiser la Société, 1854 Reprinted in Appendice général, Troisième Partie, Système de Politique Positive, Vol. IV, pp.47-136.（コント（著）霧生和夫（訳） 1970 「社会再組織に必要な科学的作業のプラン」、『コント　スペンサー』中央公論社（世界の名著36））

Dilthey, W. 1900 Die Entstehung der Hermeneutik. In: Gunter Reiß, Materialien zur Ideologiegeschichte der deutschen Literaturwissenschaft, Band 1, (S. 55-68). Tübingen: Max Niemeyer-Verlag.（ディルタイ（著） 久野昭（訳） 1981 解釈学の成立 以文社）

Dumézil, G. 1958 L'idéologie tripartie des Indo-Européens, Bruxelles: Collection Latomus vol. XXXI.（ジョルジュ・デュメジル（著） 松村一男（訳） 1987 神々の構造――印欧語族三区分イデオロギー 国文社）

Eliade, M. 1949 Le Mythes de l'ésternel retour, archétypes et répétition, Paris: Gillimard. （エリアーデ（著） 堀一郎（訳） 1963 永遠回帰の神話――祖型と反復 未来社）

Eliade, M. 1957 Mythes, reves et mysteres. Paris: Gallimard.（ミルチャ・エリアーデ（著）岡三郎（訳） 1992 神話と夢想と秘儀 国文社）

Franz, M.-L. von. 1970 The Problem of Puer Aeternus, New York:Spring Publications. （M.・L.フォン・フランツ　（著）松代洋一（訳）椎名恵子（訳） 2006 永遠の少年――『星の王子さま』大人になれない心の深層 筑摩書房）

Franz, M.-L. von. Trans. Kennedy, W.H. 1975 C. G. Jung : His Myth in Our Time. New York: Putnam（M.L.フォン・フランツ（著） 高橋巖（訳）1978 ユング――現代の神話 紀伊國屋書店）

Freud, S., 1920. Jenseits des Lustprinzips. Leipzig, Vienna and Zurich: International Psychoanalytischer Verlag.（フロイト（著）中山元（訳）1996　快感原則の彼岸『自我論集』筑摩書房）

Gadamer, H. G. 1960 Wahrheit und Methode: Grundzuge einer philosophischen Hermeneutik. Tubingen:Mohr. (Gadamer, H.-G., 1989[1975]. Truth and Method. (2nd. rev.ed)., Edited and translated by J. Weinsheimer and D.G.Marshall. New York :Crossroad.)（ガダマー（著）轡田收（訳）1985 真理と方法 I—哲学的解釈学の要綱（1）法政大学出版局）（ガダマー（著）轡田收・巻田悦郎（訳）2008　真理と方法 II—哲学的解釈学の要綱（2）　法政大学出版局）．

Gadamer, H.G., 1971 Rhetorik, Hermeneutik und Ideologiekritik. Metakritische Errtungen zu Wahrheit und Methode. in: Hermeneutik und Ideologiekritik. (Theorie Diskussion) Ed. J. Habermas, D. Heinrich, J. Taubes. Frankfurt am Main:Suhrkamp Verlag, 57-82.

Geertz, C. 1973 The Interpretation of Cultures, New York: Basic Books.（クリフォード・ギアーツ（著）吉田禎吾（訳）中牧弘允（訳）柳川啓一（訳）板橋作美（訳）1987　文化の解釈学（1）（2）岩波書店）

Genette, G. 1972 Discours du récit. Figures III. Paris:Seuil.（ジェラール・ジュネット（著）花輪光（訳）和泉涼一（訳）　物語のディスクール　水声社）

Genette, G. 1983 Nouveau discours du récit. Paris:Seuil.（ジェラール・ジュネット（著）和泉涼一（訳）神群悦子（訳）1985　物語の詩学−続・物語のディスクール　書肆風の薔薇）

Giroux, H. A. 1998. Chnnel Surfing :Racism, The Media and the Destruction of Today's Youth. New York: St. Martin's Press.

Greimas, A.J. 1966 Sémantique structurale. Paris:Larousse.（アルジルダス・ジュリアン・グレマス（著）田島宏（訳）鳥居正文（訳）1988　構造意味論—方法の探求　紀伊國屋書店）

Greimas, A.J. 1970. Du sens. Paris:Seuil.（アルジルダス・ジュリアン・グレマス（著）赤羽研三（訳）1992　意味について　水声社）

花輪光　2006　ロラン・バルトの物語論：構造分析からテクスト分析へ　文藝言語研究（文藝篇）、1-25

畑祐喜 1985　隠喩について：E・ユンゲルの神学的視点から　佐賀医科大学一般教育紀要、3, 67-73

樋口善郎　1994　シュライエルマッハーの解釈学における循環の問題　哲学論叢、21, 36-47

Habermas, J., 1970 Ein Literaturbericht: zur Logik der Sozialwissenschaften, Zur Logik der Sozialwissenschaften, 71-310, Frankfurt am: Suhrkamp.

Horkheimer, M.und Adorno,T.W. 1947 Dialektik Der Aufklärung − Philosophische

Fragmente, Amsterdam: Querido-Verlag.（Adorno, T. and Horkheimer, M. trans. Cumming, J. 1973 Dialectic of Enlightment. New York: Continuum.）（マックス・ホルクハイマー（著）　テオドール・W・アドルノ（著）　徳永恂（訳）　1990　啓蒙の弁証法―哲学的断想　岩波書店）

Huesmann, L. R. & Miller, L. 1994. Long term effects of repeated exposure to media violence in childhood. In Huesmann (Ed.), Aggressive Behavior: Current Perspective (pp.153-186). New York: Plenum Press.

五十嵐沙千子　1996　ハーバーマスのガダマー批判：解釈学論争をめぐって　哲学・思想論叢、14, 61-73.

Jauss, H-R. 1986 Literary History as a Challenge to Literary Theory.（Trans. Timothy Bahti. In Adams, Hazard, and Leroy Searle, Critical Theory Since 1965. Tallahassee: FSUP.）

Jauss, H-R. 1970 Literaturgeschichte als Provokation. Frankfurt: Suhrkamp（ヤウス（著）　轡田収（訳）1976　挑発としての文学史　岩波書店）

Jung, C.G.; von Franz, M.-L.; Henderson,J.L.; Jacobi,J.; Jaffé, A.（eds）. 1964 Man and his Symbols. London: Aldus Books.（C.G.ユング　M-L.フォン・フランツ　J.L.ヘンダーソン　J.ヤコビー　A.ヤッフェ（著）　河合隼雄（監訳）　1975　人間と象徴（上・下）　河出書房新社）

加藤哲弘　1992　W・ケンプと絵画の受容美学（ウォルフガング・ケンプ（著）　加藤哲弘（訳）　1992　レンブラント【聖家族】三元社、pp.116-127）

Kemp, W., 1986 Rembrandt Die Heilige Familie: oder die Kunst, einen Vorhang zu luften. Fischer: Frankfurt/M.（ウォルフガング・ケンプ（著）　加藤哲弘（訳）　1992　レンブラント【聖家族】三元社．

Kümmel, F. 1965 Verständnis und Vorverständnis. Subjektive Voraussetzungen und objektiver Anspruch des Verstehens. Neue deutsche Schule Verlagsgesellschaft, mbH Essen.（キュンメル（著）松田高志（訳）1985　現代解釈学入門―理解と前理解・文化人間学　玉川大学出版部）

Lacan, J., 1966. Écrits, Paris: Seuil.（ジャック・ラカン（著）佐々木孝次（訳）　1972　エクリⅠ～Ⅲ　弘文堂）

Lakoff, G. & Johnson, M. 1980 Metaphors We Live By. Chicago: The University of Chicago Press.

Lakoff, G. 1993 The contemporary theory of metaphor.（A. Ortony（Ed.），Metaphor and Thought (2nd ed.). Cambridge: Cambridge University Press, pp.202-251.）

Leach, E., and Aycock, D.A. 1983 Structuralist Interpretations of Biblical Myth, Cambridge: Cambridge University Press.（エドマンド・リーチ（著）鈴木聡（訳）

　　　　1984　聖書の構造分析　紀伊国屋書店）

Lévi-Strauss, C. 1958. Anthropologie structurale , Paris: Plon.（クロード・レヴィ＝ストロース（著）荒川幾男・生松敬三・川田順造・佐々木明・田島節夫（訳）1972　構造人類学　みすず書房）

Lévi-Strauss, C. 1961. La geste d'Asdiwal, Les temps modernes. 16 (179), 1080-1123.（C・レヴィ＝ストロース（著）西澤文昭（訳）1993　アスディワル武勲詩　青土社）

Lévi-Strauss, C. 1985 La potière jalouse. Paris: Plon.（クロード・レヴィ＝ストロース（著）渡辺公三（訳）1990　やきもち焼きの土器作り　みすず書房）

前田愛　1988　文学テキスト入門　筑摩書房

Mâle, E. 1945 L'Art religieux du XIIe au XVIIIe siècle. Paris:Armand Colin.（エミール・マール（著）　柳宗玄（訳）荒木成子（訳）1995　ヨーロッパのキリスト教美術—12世紀から18世紀まで（上・下）　岩波書店）

巻田悦郎　1985　リクール解釈学における疎隔概念の二重性『哲学・思想論叢』3, 85-96.

巻田悦郎　1987　リクール隠喩論における意味と指示『美學』Vol.38, No.3, 22-33.

松村一男　1999　神話学講義　角川書店

Mast, G. and Cohen, M. 1985 Film theory and criticism (3rd ed.), New York-Oxford: Oxford University Press.

McLaren, P., & Hammer, R. 1996. Media knowledges, warrior citizenry and postmodern literacies. In Giroux, H.A., Lankshear, C., McLaren, P. & Peters, M.（Eds），Counter Narratives:Cultural studies and critical pedagoggies in postmodern spaces(pp.81-115). New York:Routledge.

Melamed, E. 1983 Mirror, Mirror: The Terror of Not Being Young. NY: Linden Press/Simon & Schuster.（エリッサ・メラメド（著）　片岡しのぶ（訳）　白雪姫コンプレックス　晶文社）

Metz, C. 1968 Essais sur la signification au cinéma, Paris: Éditions Klincksieck.（クリスチャン・メッツ（著）浅沼圭司（監訳）2005　映画における意味作用に関する試論　水声社）

三浦篤　1997　西洋美術史学の方法と歴史（高階秀爾　三浦篤　編）1997　西洋美術史ハンドブック　新書館、pp.193-217）

水越詩織莉, 高田明典, 林延哉　2008　娯楽制作物の訴求構造抽出のための物語構造分析手法の提案　国際情報技術フォーラム（FIT2008）講演論文集, pp.3-343 - 3-344（2008）．

Muller,F.M. 1977. Comparative mythology. New York : Arno Press.（マクスミューレル（著）南条文雄（訳）2003　比較宗教学（神話学名著選集（1））ゆまに書房）

村越行雄　1996　隠喩理論：サールとレイコフ『跡見学園女子大学紀要』Vol.29, 29-47.

Nancy J.-L.（éd）　1989. Après le sujet qui vient, Paris:Aubier（ジャン＝リュック ナンシー（編著）　港道隆、大西雅一郎、安川慶治、広瀬浩司、鵜飼哲、松葉祥一、加国尚志（訳）

    1996 主体の後に誰が来るのか？ 現代企画室）
西村清和 2003 視覚的隠喩は可能か『美學』Vol.53, No.4, 1-14.
小原克博 1994 神理解への隠喩的アプローチ『基督教研究』Vol.56, No.1, 67-92.
Panofsky,E. 1962 Studies In Iconology: Humanistic Themes in the Art of the Renaissance, New York:Harper & Row; Harper Torchbooks.（エルヴィン・パノフスキー（著）浅野徹（訳）塚田孝雄（訳）福部信敏（訳）阿天坊耀（訳）永沢峻（訳）2002 イコノロジー研究〈上・下〉筑摩書房）
Propp, V. Trans., Laurence Scott. 1968[1927] Morphology of the Folktale. (2nd ed). 1968 Austin: University of Texas Press）（ウラジーミル・プロップ（著）北岡誠司（訳）福田美智代（訳）1987 昔話の形態学 水声社）
Propp, V. 1946 Исторические корни волшебной сказки（ウラジーミル・プロップ（著）斎藤君子（訳）1983 魔法昔話の起源 せりか書房）
Ricoeur, P. 1972 La métaphore et le problème central de l'herméneutique, Revue Philosophique de Louvain, 70, 93-112.（〈リクール（著）久米博・清水誠・久重忠夫（編訳）1985 隠喩と解釈学の中心問題『解釈の革新』白水社、pp.84-111〉）
Ricoeur, P. 1975a La tâche de l'herméneutique, in Exegesis, Neuchâtel–Paris: Delachaux & Niestlé Editeurs, pp. 179-200.（〈リクール（著）久米博・清水誠・久重忠夫（編訳）1985 解釈学の課題『解釈の革新』白水社、pp.143-174〉
Ricoeur, P. 1975b La Métaphore Vive, Paris:Seuil.（リクール（著）久米博（訳）生きた隠喩 2006[1984] 岩波書店）
Ricoeur, P. 1975c Biblical hermeneutics, Semeia, 4, 27-148.（リクール（著）久米博（訳）佐々木啓（訳）1995 聖書解釈学『聖書解釈学』ヨルダン社、pp.221-370〉
Ricoeur, P. 1976 Interpretation Theory: Discourse and the Surplus of Meaning, The Texas Christian U.P.
Ricoeur, P. 1977 Nommer Dieu, Ethudes thèologiques et religieuses, 52, 4, 489-508.（リクール（著）久米博（訳）佐々木啓（訳）1995 神を名指すこと『聖書解釈学』ヨルダン社、pp.186-217.）
Rorty, R.M., ed. 1992[1967]. The Linguistic Turn: Essays in Philosophical Method. Chicago: University of Chicago Press.
佐藤紀子 1985 白雪姫コンプレックス 金子書房
Samuels, A., Shorter, B., Plaut, F. 1986 A Critical Dictionary of Jungian Analysis. London and New York: Routledge.（アンドリュー・サミュエルズ（著）バーニー・ショーター（著）フレッド・プラウト（著）山中康裕（監修）濱野清志（訳）垂谷茂弘（訳）1993 ユング心理学辞典 創元社）
Saussure, F., 1916. Cours de linguistique generale, Payot.（フェルディナン・ド・ソシュー

ル（著）小林英夫（訳）1972　一般言語学講義　岩波書店）

Searle, J.R. 1985 Expression and Meaning: Studies in the Theory of Speech Acts. Cambridge: Cambridge University Press.

Selden, R. 1985 A reader's Guide to Contemporary Literary Theory, Brighton: Harvester. （ラマーン・セルデン（著）栗原裕（訳）1989　ガイドブック現代文学論　大修館書店）

Shleiermacher, F.D.E. 1959. Hermeneutik: Nach den Handschriften. Ed. Heinz Kimmerle. Heidelberg: Abhandlugen der Heidelberger Akademie der Wissenschaften.（シュライエルマッハー（著）　久野昭　天野雅郎（訳）1984　解釈学の構想　以文社）

Soskice, J.M. 1987 Metaphor and Religious Language. Oxford University Press.（J.M. ソスキース（著）小松加代子（訳）1992　メタファーと宗教言語　玉川大学出版部）

Souriau, E. 1950 Les 200.000 situations dramatiques, Paris: Flammarion.（エチエンヌ・スーリオ（著）石沢秀二（訳）1969　二十万の演劇状況　白水社）

高田明典　1997　構造主義方法論入門　夏目書房

氏原寛　1989　童話の深層分析とその理論—ユング派とフロイト派による『白雪姫』解釈の比較—,『名作童話の深層』,創元社, pp.4-41.

Van Evra, J. 1990 Television and Child Development –Second Edition. New Jersey: Lawrence Erlbaum Associates.

Vogler, C. 1998. The Writer's Journey: Mythic Structure For Writers (2nd Edition). CA: Michael Wiese Productions.（クリストファー　ボグラー（著）岡田勲（訳）講元美香（訳）2002　神話の法則—ライターズ・ジャーニー　ストーリーアーツ＆サイエンス研究所）

Wittgenstein, L. 1922. Tractatus logico-philosophicus. London: Kegan Paul, Trench, Trubner & Co. Ltd.（ウィトゲンシュタイン（著）野矢茂樹（訳）2003　論理哲学論考　岩波書店）

Wittgenstein,L. 1934 The Blue Book.（1980 The Blue And Brown Book. New York: Harper & Row, pp.1-74）（ルートヴィヒ・ウィトゲンシュタイン（著）黒崎宏（訳）2001　青色本　『論考』『青色本』読解　産業図書,「青色本　pp.3-126」）

Wölfflin, H., 1943[1915] Kunstgeschichtliche Grundbegriffe: Das Problem Der Stilentwicklung In Der Neueren Kunst. München: Bruckmann.（ハインリヒ・ヴェルフリン（著）海津忠雄（訳）2000　美術史の基礎概念—近世美術における様式発展の問題　慶應義塾大学出版会）

Wollen, P., 1972[1969] Signs and Meaning in the Cinema. Bloomington: Indiana University Press.（ピーター・ウォーレン（著）岩本憲児（訳）1975　映画における記号と意味　フィルムアート社）

横田千晶　2000　バタイユを読むバルト：『テクストの出口』と『第三の意味』における映像と言語,Les Lettres francaises, 20, 47-56.

■著者紹介

高田　明典（たかだ　あきのり）
1961年東京生まれ。
フェリス女学院大学文学部コミュニケーション学科教授。
早稲田大学大学院文学研究科修士課程修了。早稲田大学大学院理工学研究科博士後期課程単位取得満期退学。
日本電子専門学校講師（ゲーム設計・ゲームプログラミング）、東京電子専門学校講師（システム設計・OS）、尚美学園大学芸術情報学部専任講師（Cプログラミング・映像作品研究）、フェリス女学院大学文学部助教授などを経て、2007年から現職。
専門は、現代思想・メディア論・電子通信工学。
茨城大学教育学部非常勤講師（文化記号論）、早稲田大学文化構想学部非常勤講師（物語論と解釈学の系譜）。旧通産省認定第一種情報処理技術者。IEEE会員。情報処理学会会員。芸術科学会会員。日本心理学会会員。

主要著書
『欲望と「禁忌」の心理分析』（芸文社）、『アニメの醒めない魔法』（PHP研究所）、『構造主義方法論入門』（夏目書房）、『ポストモダン再入門』（夏目書房）、『現代思想の使い方』（秀和システム）、『「私」のための現代思想』（光文社新書）、『世界をよくする現代思想入門』（ちくま新書），『難解な本を読む技術』（光文社新書）、等。

物語構造分析の理論と技法
―CM・アニメ・コミック分析を例として―

2010年 5月 1日　初版第1刷発行
2012年 4月10日　初版第2刷発行
2015年11月30日　初版第3刷発行

■著　　者──高田明典
■発 行 者──佐藤　守
■発 行 所──株式会社　大学教育出版
　　　　　　〒700-0953　岡山市南区西市855-4
　　　　　　電話（086）244-1268㈹　FAX（086）246-0294
■印刷製本───モリモト印刷㈱

© Akinori Takada 2010, Printed in japan
検印省略　　落丁・乱丁本はお取り替えいたします。
本書のコピー・スキャン・デジタル化等の無断複製は著作権法上での例外を除き禁じられています。本書を代行業者等の第三者に依頼してスキャンやデジタル化することは、たとえ個人や家庭内での利用でも著作権法違反です。

ISBN978－4－88730－986－9